Le droit et la dramathérapie en psychiatrie et en ergothérapie

Questions contemporaines

Collection dirigée par Jean-Paul Chagnollaud, Bruno Péquignot et Denis Rolland

Chômage, exclusion, globalisation… Jamais les « questions contemporaines » n'ont été aussi nombreuses et aussi complexes à appréhender. Le pari de la collection « Questions contemporaines » est d'offrir un espace de réflexion et de débat à tous ceux, chercheurs, militants ou praticiens, qui osent penser autrement, exprimer des idées neuves et ouvrir de nouvelles pistes à la réflexion collective.

Dernières parutions

Jacques LANGLOIS, *Les liens sociaux en univers néolibéral*, 2024.
Olivier GANDOU, *Perpignan sous mandat RN. Bilan 2020-2023*, 2023.
Rachid BATHOUM (dir.), *Malades du racisme. Souffrances & dignité,* 2023.
Pierre HURTEAU, *Le péché et la garde de la langue. Entre blasphème et culture du bannissement*, 2023.
André FERTIER, *La citoyenneté culturelle. Réalités juridiques, enjeux et perspectives*, 2023.
André PRONE, *Le communisme de la modernité et le Nouveau Manifeste. Dialogue avec une intelligence artificielle*, 2023.
Prune CATOIRE, *La presse agricole, un univers sous contraintes ?*, 2023.
Olivier VASSAL, *La France au défi de ses territoires. De la géographie au vote des citoyens*, 2023.
Cam Liêm LUONG, *La fabrique du démocrate*, 2023.
Louise FINES, *Dynamiques d'oppression : durée et reproduction. Essai sur le mouvement et sur la pensée qui veut s'affranchir*, 2023.
Yahya EL YAHYAOUI, *Mondialisation, web social et identité numérique*, 2023.
Paul-Henri TROLLÉ, *Une démocratie sans idolâtrie ?*, 2023.
Nicole PÉRUISSET-FACHE, *La Loi et le Sacré*, 2023.

Ahamed Youssouf Hassani Mzé Hamadi

Le droit et la dramathérapie en psychiatrie et en ergothérapie

L'Harmattan

Du même auteur

Le Théâtre, acteur de la politique de santé publique et privée. Études de sciences auxiliaires du droit, L'Harmattan, 2023.

Le Corps dans le Théâtre Médical, Éditions universitaires européennes, 2023.

L'Hôpital : un lieu de théâtre, L'Harmattan, 2021.

Aux carrefours de mon cœur, Les éditions Kalamu des Îles, 2019.

Le Dossier médical du patient et ses modalités d'accès, Edilivre, 2016.

Conflit entre générations, Edilivre, 2014.

5-7, rue de l'Ecole-Polytechnique, 75005 Paris

http://www.editions-harmattan.fr

ISBN : 978-2-336-43122-2
EAN : 9782336431222

INTRODUCTION

Il est très sensible et même très risqué de parler du théâtre et de la psychologie dans une recherche en droit, plus particulièrement de la santé médicale et médico-sociale, mais c'est justement sur cette particularité que le travail va se centrer et s'orienter plus profondément pour mieux cerner ce sujet. Le fait de mêler le droit à l'histoire du théâtre et singulièrement à celui qui s'exerce à l'hôpital oblige à un travail très critique, mais il faut oser lancer le débat pour mieux trouver une solution très proche de la vérité ou vraisemblable. Le problème est loin d'être résolu et devient encore plus difficile lorsqu'il s'agit du théâtre dans les établissements psychiatriques. Le droit est présent dans l'arsenal du théâtre, de la santé et de la psychologie. Le seul moyen ou l'une des possibilités de l'identifier est de travailler et d'analyser de près l'exercice effectué par l'ergothérapeute dans les établissements de soins. Ce dernier s'intéresse aux enfants, aux adultes et même aux personnes âgées, notamment dans le cadre de la rhumatologie, de la psychiatrie, de la neurologie et même dans celui de la rééducation fonctionnelle du patient. Ce service a connu un essor non négligeable à partir de la fin de la Seconde Guerre mondiale lorsque les blessés de guerre ont nécessité le soutien d'un service adapté, non seulement à leurs vies, mais aussi à leurs conditions de santé.

Le droit de la liberté d'expression[1] est concerné par cette étude puisque la représentation ou l'expérimentation dramatique ne stimule pas seulement les émotions corporelles et esthétiques, mais aussi elle réveille l'imagination et elle mobilise des sentiments et certains souvenirs du patient, sujet d'étude. Le regard du spectateur le libère de certaines passions, expressions ou émotions que lui-même n'est pas en mesure de faire sortir de son corps. Cela n'empêche pas de dire qu'au final, le théâtre devient, petit à petit, un travail très technique créé à partir des textes de dramaturges et mis en scène par des comédiens. Mais dans ce savoir-faire, il manquait de spontanéité, ce qui faisait que la plupart des hommes du théâtre disaient que le corps et ses

---

[1] Article 19 de la Déclaration universelle des droits de l'Homme de 1948, site CNCDH, consulté le 26 août 2020.

différents gestes étaient seulement des stéréotypes, des banalités au service des écrits des dramaturges. Au début, le public avait une participation très passive du point de vue des sentiments corporels ou des émotions en général. À partir du XXe siècle, le théâtre devient un outil méthodique au service de la science psychiatrique, appelée méthode de psychothérapie, sous l'égide de certains comédiens comme Stanilavski et Louis Jouvet qui l'utilisent comme méthode de psychodrame. D'autres, comme Moreno ou d'autres psychanalystes, le considèrent comme un élément indispensable à l'exercice expérimental du psychodrame analytique. Ils jugent vraiment que les apports du théâtre à l'évolution de la personne ne se limitent pas au spectateur-voyeur, mais que la catharsis s'applique aussi à celui qui joue le jeu de rôle. Ce psychodrame, à travers la catharsis, est un moyen psychothérapeutique, mais sans avoir recours à certaines postures médicales comme la position allongée ou à des méthodes de recherche comme celles qui s'intéressent au passé du sujet ou qui cherchent à interpréter ses rêves. S'agissant des rêves, certains utilisent le jeu de rôle comme une interprétation des rêves et ils introduisent donc dans le psychodrame un esprit psychanalytique. Il serait absurde de ne pas préciser que certaines personnes ont trouvé les atouts du psychodrame dans un travail de groupe ou en individuel, tant dans l'exercice d'improvisation qui demande une certaine spontanéité, que dans celui qui implique une dynamique en groupe. La philosophie des acteurs du théâtre à l'hôpital part de l'idée que l'individu est coincé et emprisonné dans son rôle social issu de la pression du milieu dans lequel il passe sa vie quotidienne. C'est à travers la création, l'invention et le courage que l'art dramatique arrive à changer les comportements, les conduites sociales de la personne qui pratique cet art, tout comme ceux des comédiens eux-mêmes. Ce procédé appartenant au théâtre, s'est petit à petit développé de façon thérapeutique selon divers procédés théâtraux étudiant l'activité du corps humain comme le mime, l'occupation de la scène, les marionnettes, l'improvisation et l'imagination ou d'autres techniques de gestion de l'espace intermédiaire et de création et/ou de rêves.

L'exercice de dramathérapie est utilisé dans le but de soutenir les patients dans leurs démarches de soins et de les aider à prendre, au jour le jour, du recul par rapport à leur situation de santé, c'est-à-dire à leur maladie et surtout à mieux comprendre les conséquences de leur maladie, à mieux appréhender leurs réactions face à l'inédit de leurs souffrances et enfin à leur donner confiance en eux et en leur guérison.

Le psychodrame est non seulement utilisé dans des conditions particulières, mais aussi diverses selon le sujet examiné, le but recherché et les objectifs à atteindre ainsi que la méthode ou la théorie envisagées. Dans la plupart des hôpitaux, l'enfant est mis en exercice, il lui est attribué un rôle qui lui correspond dans une mise en scène que l'artiste-thérapeute lui indique. Il peut être seul ou en groupe, sans ou avec l'accompagnement du thérapeute, des adultes qui vont l'aider et contribuer au travail du psychodrame. Il peut aussi avoir le soutien des membres de sa famille. D'autres établissements appliquent des exercices théâtraux à base de création théâtrale d'une part, et, d'autre part, des ateliers d'animation avec des adultes psychotiques. Le mélange des adultes handicapés mentaux et des enfants au sein des mêmes cercles de travaux témoigne très sensiblement des effets du rôle thérapeutique du théâtre à l'hôpital. C'est dans cette situation que le patient arrive à se restaurer petit à petit grâce aux multiples travaux sur le plan émotionnel, c'est-à-dire sur les sentiments réels du vécu de son personnage et sur les émotions du comédien ressenties par identification. Ce genre d'exercice se retrouve avec force dans plusieurs expérimentations de la spécialiste de la psychologie clinique Patricia Attigui qui précise que le fait d'avoir recours à la fiction peut aider le patient à intégrer très rapidement le champ symbolique. La fiction révisée et réétudiée dans l'espace dramatique permet au sujet de revivre son histoire et de reprendre ses sens. Ici, le rééducateur peut obtenir ou envisager de réels changements avec les enfants qui n'ont plus le désir de jouer, d'apprendre et qui ont perdu toute motivation de développement, d'épanouissement et de croissance. C'est dans le travail de fiction, de créativité ou sur le symbolique que s'expliquent le changement, le remaniement du patient et le point commun entre acteur et spectateur-voyeur.

Au cours de la recherche, un constat peut être fait sur la pratique de l'art théâtral dans les établissements de soins. Dans ces institutions, les artistes et les ergothérapeutes utilisent de façon différente l'art théâtral comme un outil thérapeutique en psychiatrie. La question était de chercher à savoir comment le théâtre pratiqué par l'ergothérapeute constitue une forme de thérapie et sur quelles formations il se base. Il a fallu donc observer plusieurs expérimentations afin de mieux étudier l'utilisation du théâtre thérapeutique en qualité d'ergothérapie et en sciences artistiques et surtout comprendre réellement les effets thérapeutiques du théâtre. La seule chose à retenir est que les ergothérapeutes ne sont pas les seuls à pratiquer l'art de Molière de façon thérapeutique dans les établissements psychiatriques. De ce fait, il est encore possible de se poser plusieurs questions telles que : la pratique du théâtre fait-elle partie des compétences attribuées à l'ergothérapeute ? Est-ce que cela rentre dans le cadre philosophique, culturel et éducatif de leur métier ? Quels sont les apports thérapeutiques ? Cela ne constitue-t-il pas un travail de plus pour l'artiste thérapeute ? Ou ne sont-ils pas dans l'obligation de travailler ensemble et de partager leurs connaissances ? Si ceci est possible, n'y aurait-il pas d'ambiguïté professionnelle entre ces deux professionnels ? La problématique reste de savoir clairement en quoi le travail de l'artiste ou de l'art-thérapeute ou celui du rééducateur, du médiateur ou de l'ergothérapeute se différencie dans la pratique en utilisant tous, le même moyen qui est le théâtre.

C'est donc à travers ces questions que la recherche va se centrer et démontrer comment ils se préparent jusqu'à la réalisation et à partir de quelles techniques ou de quelles théories les exercices se réalisent. Il est indispensable d'approfondir les différents concepts précités afin de bien comprendre le *« Programme Culture à l'Hôpital. »*[2]

Ce travail aura comme plan de recherche : *« L'art théâtral pour les patients atteints d'un problème psychologique »* en Chapitre I, et *« La pratique du théâtre chez le professionnel ergothérapeute »* en Chapitre II.

---

[2] Convention signée le 4 mai 1999, entre le ministère de la Culture et de la Communication et le secrétariat d'État à la Santé et à l'Action sociale.

CHAPITRE I –
L'ART THÉÂTRAL POUR LES PATIENTS ATTEINTS D'UN PROBLÈME PSYCHOLOGIQUE

L'art-thérapie est ici définie comme l'ensemble des méthodes, des moyens ou des procédés utilisés dans l'atelier théâtre comme une psychothérapie à usage artistique. Cette définition rejoint celle qui a été donnée par le psychiatre Jean-Pierre Klein dans son ouvrage intitulé *L'Art-thérapie*[3] : « *On pourrait définir l'art-thérapie comme une psychothérapie à usage artistique.* »[4] La lourdeur de la tâche commence par l'expression « *art-thérapie* », puisqu'elle est polysémique, qu'elle renvoie à des significations très variées et qu'elle touche plusieurs domaines différents. Elle utilise plusieurs méthodes et théories dont souvent les approches sont contradictoires et se démarquent dans leurs finalités très ambiguës. Ce qui fait qu'elle se compose de plusieurs courants qui se réfèrent à différentes méthodes et approches. Ainsi, il est indispensable d'étudier dans cette partie la relation qui lie l'art et la thérapie, mais aussi de repérer les enjeux éventuels de cette relation. L'objet visé ici est l'usage de l'art à des fins thérapeutiques qui tendent vers la guérison du patient. Il y a donc dans la démarche thérapeutique des méthodes de techniques cliniques, des pratiques artistiques, mais aussi des méthodes d'accompagnement social qui contribuent davantage à la relation d'aide et à l'exercice thérapeutique artistique.

Au service de soins psychiatriques, les patients atteints ou souffrant de troubles psychiques ont des traitements différents qui varient selon les styles d'inspirations proposés par le praticien, et aussi selon le contexte d'intervention. Le travail adapté au processus de soins en ergothérapie est constitué de plusieurs branches en partant de la psychiatrie en soins aigus jusqu'à la santé mentale, sociale ou dite communautaire. La ou les valeurs escomptées sont les conséquences et l'illustration des principaux termes mis en pratique par chaque professionnel ou par des situations cliniques variées. Les avancées de la plupart des études et des analyses se font sur l'intégration sensorielle

---

[3] Jean-Pierre KLEIN, « *L'Art-thérapie* », PUF., Paris, 1997, coll., Que sais-je ?.
[4] *Ibid.*, p. 3.

chez les patients schizophrènes dont les éléments principaux sont la thérapie cognitive et comportementale mise en évidence en ergothérapie. Il y a aussi dans les mêmes principes, le modèle de l'occupation humaine ajusté à la science de la psychiatrie. L'étude chez ces patients souffrant de troubles psychologiques a comme analyse interpersonnelle en ergothérapie une ou des approches systématiques telles que : ergothérapie et thérapie cadrées sur les solutions d'un côté, et, d'un autre, côté biopsychosocial en ergothérapie appliquée à des patients d'âge avancé ou en ambulatoire.

Cette recherche intéresse aussi les institutions médicosociales qui pratiquent le théâtre en atelier de soins. L'usage de cet outil artistique, dans toutes ses formes, a des objectifs étroitement liés à la stimulation des émotions, des tensions corporelles et de la catharsis. Ces aspects constituent un ensemble de soulagements que l'art-thérapie procure au corps mental et au corps physique pendant et après l'exercice. Avant que le travail ait commencé, le comédien responsable de l'art-thérapie fixe ses objectifs en mettant au premier plan l'accompagnement et l'aide à la personne. Mais pendant le déroulement de l'activité, d'autres principes ou objectifs vont s'ajouter sous forme d'une rééducation préalable ou d'une thérapie médicale pour qu'enfin l'outil devienne un moyen thérapeutique. Ici, l'exercice théâtral reste toujours dans son rituel, en mettant régulièrement la voix, le corps mental et le corps physique dans le jeu de rôle pour assurer un développement personnel, une confiance en soi et pour favoriser la relation de l'individu au groupe, pour maximiser la concentration et pour défier l'anxiété de chaque minute. Le travail s'élargit et se développe en s'appuyant sur des méthodes qui aident le public et qui poussent les participants à intervenir. Mais la confusion tient dans la finalité des assises, puisque la valeur escomptée par l'ergothérapeute n'est pas celle escomptée par l'artiste ou par l'éducateur. L'implication des participants dans l'exercice paraît importante pour bien réfléchir sur la diversité des méthodes, sur les milieux sociaux, mais surtout pour l'ensemble des objectifs à atteindre et les moyens à utiliser pour y parvenir. Il n'est pas facile bien sûr d'appréhender une démarche qui mêle plusieurs couches sociales et des états de santé différents. C'est la raison pour laquelle il était impératif de mener une interrogation sur des questions diverses comme l'adaptation des exercices en atelier théâtre avec un public cible et/ou chercher à savoir comment ce travail de socialisation peut se faire au sein de l'institution de soins avec un théâtre thérapeutique. Pour ce faire, il est indispensable de penser à la pédagogie du théâtre, de la sociologie, de la psychologie et/ou de l'histoire de la personne mise en étude dans l'atelier.

Le professionnel artistique exerçant seul ou en partenariat avec un ergothérapeute prévoit une démarche éducative dans une activité artistique pour répondre aux besoins des personnes en difficultés mentales. Selon les enquêtes menées et le nombre d'ateliers observés, il a paru logique de prévoir deux axes comme plan de travail – *« Le théâtre : projet thérapeutique »* en Section I et en Section II, *« L'atelier de création artistique à l'hôpital psychiatrique »*.

Section I – Le Théâtre : projet thérapeutique

Pourquoi le théâtre peut-il être considéré aujourd'hui comme un projet thérapeutique au sein des hôpitaux ? Quelle est sa force probante ?

Il serait inutile d'aller chercher la réponse un peu plus loin. Tout d'abord, il faut comprendre que le théâtre est une branche de la grande culture. Cette dernière s'impose sur tout domaine afin que chaque individu reçoive une satisfaction culturelle dans son milieu de vie ou dans l'espace qu'il fréquente. Il s'agit donc du droit culturel. Sa place est dans la renaissance des droits et des devoirs du système de protection des droits de l'Homme qui devient un sujet intéressant le monde entier et surtout au regard de la confrontation des différentes cultures connues actuellement à travers le monde. Ces droits culturels sont indispensables et indiscutables dans le système des droits de l'Homme au même niveau que les autres droits de l'Homme, même s'ils ont été longuement négligés et parfois moins considérés que d'autres équivalents.

La culture trouve effectivement sa force probante dans la *Déclaration de Fribourg, des droits culturels* qui la définit très clairement en son article 2 par les éléments suivants : *« a. le terme « culture », b. l'expression "identité culturelle" et c. par "communauté culturelle. »*[5]

Le fait de lier ou de rattacher ce droit à la vie et au développement humain signifie que ce droit s'exerce dans l'ensemble des éléments constitutifs de la vie quotidienne de l'individu tant dans son épanouissement que dans sa santé, mais aussi dans son économie, que ce soit en groupe ou dans son individualité. Faire du théâtre, ou de la culture d'une manière générale, un projet thérapeutique, c'est reconnaître un droit fondamental de l'Homme, un droit essentiel, intangible et inviolable, mais aussi complémentaire. Ce droit est inhérent à tout individu et actuellement il est reconnu par les instances internationales en charge de la protection des droits de l'Homme. C'est donc à travers ces bases et cette définition que le droit culturel devient indissociable et a comme but la préservation de l'intégrité physique et la protection de la dignité de l'Homme. Ces deux axes sont complémentaires et indissociables ou interdépendants.

Toutefois, les mutations qui touchent le monde entier, notamment à la recherche de l'identité personnelle ou collective, influencent la science médicale et médicosociale pour mieux s'assurer de la satisfaction qu'elle procure à ses patients ou à toute personne sollicitant la reconnaissance de ses droits. Les hôpitaux psychiatriques reconnaissent ce droit à leurs patients, quel que soit leur état de santé, sans discrimination. C'est la raison pour laquelle le Centre Hospitalier Spécialisé de Rennes ne fait pas de l'économie un obstacle pour éviter de mettre en place un projet thérapeutique fondé sur des activités culturelles pour leurs patients. Il consacre du temps de travail et du personnel avec une organisation dédiée, afin que la mise en œuvre effective du projet artistique soit réussie. Néanmoins, l'activité reste tributaire du volontariat et touche la sensibilité de ceux qui y croient et qui s'y consacrent.

Ce centre a connu plusieurs changements avant et après le XIXe siècle, mais l'organisation de la vie professionnelle au sein de ce secteur marque, dans les années quatre-vingt-un, intérêt

---

[5] *Déclaration de Fribourg, « les droits culturels »,* adoptée à Fribourg, le 7 mai *2007*, Journal officiel de l'Union européenne, article 2.

particulier pour les activités culturelles ou artistiques. Celles-ci vont par la suite s'institutionnaliser par le biais de la création d'une association culturelle dont le but est la mise en pratique de la philosophie de la psychothérapie institutionnelle dans le domaine des soins psychiatriques. Le relais est pris par l'association pour assurer le bon déroulement de l'activité.

Le Centre a connu un fonctionnement instable, comme il a été bien expliqué par Sophie Le Coq qui s'intéresse aussi à ce sujet et qui précise que : *« Le Centre Hospitalier Spécialisé de Rennes présente une histoire longue de près de deux siècles. Au début du 18e siècle, il s'agit d'un hospice qui interne les aliénés. La seconde moitié de ce siècle verra changer sa fonction sociale puisqu'il devient un établissement pénitentiaire politique »*[6]. Ensuite, l'établissement a été acheté au milieu du 19e siècle, par le Département, tout en gardant les mêmes objectifs premiers avec une appellation différente *« asile départemental »*[7]. Une autre appellation est retenue en France en 1938, car les asiles sont renommés hôpitaux psychiatriques. Aujourd'hui, ces institutions ont comme dénomination officielle : *« Centre Hospitalier spécialisé. »*[8] Dans la même démarche, le CHS de Rennes qui est un établissement public de santé opte pour les mêmes missions[9] : assurer la prévention, la prise en charge précoce et le traitement des malades mentaux. Toutes les questions concernant l'organisation, la logistique ou d'autres en rapport avec le management constituent des principes éloignés des bases de la thérapie psychologique ou psychothérapeutique. De ce fait, il serait indispensable, pour plus d'informations sur ce sujet, de consulter l'ouvrage de Marcel Sassolas[10] ou celui d'Erving Goffman[11]. Pour mieux fonctionner, le Centre se conforme aux

---

[6] Sophie LE COQ, *« Art et culture à l'hôpital psychiatrique : à la recherche de la personne du patient »*, MDC Sociologie / UEB-Rennes 2, CIAPHS (EA 2241), p. 7.

[7] *Ibid.*

[8] Loi n°70-1318 du 31 décembre 1970 portant réforme hospitalière.

[9] Sophie LE COQ, *« Art et culture à l'hôpital psychiatrique : à la recherche de la personne du patient »*, *op. cit.*, p. 7.

[10] Marcel SASSOLAS (dir), *Malaise dans la psychiatrie. Changements dans la clinique, malentendus dans les pratiques*, Paris, Ères, 2004.

[11] Erving GOFFMAN, *Asiles. Études sur la condition sociale des malades mentaux*, Paris, éd. de Minuit, 1968.

normes mises en place par la Circulaire[12] du 15 mars 1960 relative au programme d'organisation et d'équipement des départements en matière de lutte contre les maladies mentales, mais aussi celle du 16 mars 1972[13]. Ce Centre est divisé en plusieurs branches, secteurs et zones. Le secteur hospitalier de la psychiatrie assistée dépend généralement d'une équipe pluridisciplinaire. Le dispositif de soins est composé par des équipes intra et extra-hospitalières qui se composent d'unités d'hospitalisation à temps plein, de Centres d'Accueil Thérapeutique d'interventions à temps partiel et aussi de Centres médicopsychologiques.

Les artistes sont intéressés par ces circulaires et participent largement au projet avec des psychothérapeutes dans le but de répondre aux obligations mises en place. *« Au cours des dernières années, les données du problème de l'organisation de la lutte contre les maladies mentales ont, dans notre pays, été sensiblement modifiées. En effet, des thérapeutiques et des méthodes nouvelles ont été mises au point, permettant notamment de réduire sensiblement la durée d'hospitalisation. Des efforts importants ont été entrepris pour améliorer les conditions de vie et de soins des malades hospitalisés, notamment grâce à l'ouverture de services libres, à l'augmentation des effectifs du personnel médical, paramédical et soignant, à l'organisation de la formation professionnelle des élèves infirmiers et infirmières »*[14]. Ces acteurs visent ensemble à créer un système d'organisation de soins et de prise en charge psychiatrique facilitant l'intervention de chaque service à tous les stades de la maladie, tels que le dépistage, l'hospitalisation, la réalisation de soins et la réinsertion sociale. Cette nouvelle

---

[12] Circulaire du 15 mars 1960 *relative au programme d'organisation et d'équipement des départements en matière de lutte contre les maladies mentales,* http://www.chameaupsy.com/articles-originaux/18-jf-2011b

[13] Circulaire du 16 mars 1972 *relative au programme d'organisation et d'équipement des départements en matière de lutte contre les maladies mentales et déficiences mentales des enfants et des adultes, Journal Officiel de la République française*, 21 avril 1972, p. 4209.

[14] Circulaire du 15 mars 1960, *relative au programme d'organisation et d'équipement des départements en matière de lutte contre les maladies mentales.*

organisation prendra du temps à se mettre en place *« du fait d'une insuffisance de réglementations juridiques. Il faudra, en effet, attendre 1985 pour qu'un ensemble de lois viennent pallier ce déficit, dont celle du 25 juillet qui dote le secteur psychiatrique d'un statut juridique en le définissant dans son action intra et extra-hospitalière, et celle du 31 décembre qui intègre la psychiatrie au cadre général de la carte sanitaire en France. »*[15]

La philosophie de la prise en charge est soumise à différents concepts progressifs de la pratique psychiatrique. Il est encore évident de constater que des mouvements critiques à dimension politique ne manquent pas, les idées avancées sont contre un modèle de structure et d'organisation sociale du traitement du patient souffrant d'une maladie mentale en asile. C'est pourquoi plusieurs courants de la psychothérapie voient le jour. Le courant le plus présent en France est issu de travaux et d'expérimentations du psychiatre catalan François Tosquelles connu comme l'un des spécialistes de la psychothérapie institutionnelle, mouvement qui a influencé la psychiatrie et la pédagogie au sein de Saint-Alba-sur-Limagnole à la Borde depuis la seconde partie du XXe siècle. Il a encore travaillé sur les rapports entre soignants et soignés. Ce mouvement a eu une certaine efficacité : *« Le premier cercle de diffusion de ce courant, largement influencé par la psychanalyse, se constitue autour de Jean Oury et Félix Guattari œuvrant à la clinique de La Borde à Cour-Cheverny dès 1953 »*[16]. Ce mouvement antipsychiatrique a eu un vrai succès en Europe, notamment en Italie, vers les années soixante, sous l'influence du psychiatre Franco Basaglia. *« Mais ce dernier se démarque très vite tant du courant institutionnel que psychanalytique, en prônant une rupture radicale avec l'institution psychiatrique. Ce rejet repose, entre autres, sur ce que décrit Erving Goffman dans* Asiles*, c'est-à-dire une dépersonnalisation du "reclus", autour de techniques de mortification de la personnalité le rabattant, dans son rapport avec le personnel encadrant, au statut d'objet, ne pouvant dès lors se définir comme relation professionnelle de service : " [...],*

---

[15] Sophie LE COQ, *« Art et culture à l'hôpital psychiatrique : à la recherche de la personne du patient », op. cit.*, p. 8.
[16] *Ibid.*

il faut sans doute souligner d'abord que le travail du personnel, et par là son univers, n'ont d'autre objet que la personne humaine »[17]. Elle précise également que *« ce "travail sur l'homme" n'entre ni dans le cadre du "travail sur le personnel" ni dans celui des relations de service. La tâche du personnel d'encadrement n'est pas d'effectuer un service, mais de travailler sur des objets, des produits, à cela près que ces objets, ces produits, sont des hommes. »*[18] La philosophie de ce mouvement conceptualise le courant de la psychothérapie institutionnelle dans la relation du patient mis en étude et du rapport avec le soignant. C'est justement ce type d'angle de travail que les artistes adoptent pour mieux mener leurs expérimentations. Ils font passer le patient d'un statut *« d'objet »* à celui de *« sujet »* tout en restant dans le sens psychanalytique du terme. Ils développent aussi dans ce même angle une assise sociale dans une autre définition de la maladie mentale, en ne la considérant pas uniquement fondée sur une perspective médicale. Le théâtre d'aujourd'hui considère le patient dans son projet thérapeutique comme acteur, ce qui permet d'étudier les causes de sa maladie psychique. Pour mieux la comprendre, il faut aller chercher plus profondément dans son milieu social qui peut parfois apparaître comme un facteur pathogène le détournant de la construction de sa propre personnalité – sa vie. L'art théâtral met dans son projet trois univers constitutifs de la maladie comme facteurs de la psychothérapie : l'environnement et les différentes conditions sociales d'existence de la personne ainsi que l'organisation de son quotidien hospitalier. Ils questionnent le statut du patient, son activité, sa famille et son entourage afin de prendre en considération chaque avis donné et créer ainsi les moyens d'une prise en charge, avec comme objectif sa réintégration sociale.

Prenons un exemple d'expérimentation théâtrale dont le moyen privilégié est le cercle d'échange et de soutien avec tous les éléments psychothérapeutiques. Au milieu de la scène, un cercle est formé avec des patients dont le centre est occupé par un autre patient qui a la charge d'organiser lui-même le groupe.

---

[17] Sophie LE COQ, *« Art et culture à l'hôpital psychiatrique », op. cit.*, p. 8
[18] *Ibid.*, p. 8

Dans ce cadre de travail, il y a des principes à respecter : donner la parole à tout un chacun, respecter l'opinion de l'autre, éviter de mettre une relation hiérarchique, installer un mode démocratique au sein du groupe, prévoir une situation concrète à gérer et être en mesure de trouver une solution. Le maître du jeu reste en observation et s'assure que les patients sont en situation de formation et de partage dans le groupe pour qu'à la fin, il puisse donner ses observations.

En restant dans l'esprit des multiples interventions, plusieurs intervenants de différentes sciences participent soit sous la forme d'associations ou de compagnies artistiques, soit ce sont des ergothérapeutes ou des psychothérapeutes comme des rééducateurs ou des médiateurs. Il faut aussi signaler que tous ces intervenants ont des statuts juridiques distincts, mais ils proposent néanmoins aux personnels soignants et aux malades ainsi qu'à leurs familles de participer à des projets artistiques et théâtraux et d'être des membres actifs du processus thérapeutique des patients.

Il a fallu donc attendre la fin des années quatre-vingt-dix pour mettre en place une Convention nationale appelée *« Programme Culture à l'Hôpital »* dans le but de structurer l'arrivée de la culture dans les établissements de santé. Elle sera suivie par d'autres, comme celle du 2010[19]. Le théâtre se démarque par une conception positive de la culture, que ce soit le savoir-faire français de Molière ou anglais de Shakespeare ou celui de Sophocle dans la tragédie grecque, de façon restrictive et esthétique. *« La culture est une spécificité humaine, elle n'est pas seulement ce qui renvoie aux connaissances qu'il faudrait avoir, elle ne désigne pas la voie à suivre de l'ignorance vers le savoir à atteindre, ni la différence à intégrer entre ce qui serait le beau ou le bien opposés au banal, au moche ou au mal. Elle est notre*

[19] En 2010, la DRAC, représentée par le ministère de la Culture et de la Communication a signé des conventions pluriannuelles avec sept partenaires, des associations nationales de solidarité : le Secours populaire, le Secours catholique, ATD Quart-Monde, Emmaüs France, la Fédération nationale des associations d'accueil et de réinsertion sociale (FNARS), La Cimade et la Fédération nationale des associations solidaires d'action avec les Tsiganes et les Gens du voyage (Fnasat-Gens du voyage) pour favoriser l'accès à l'art et à la culture en direction des populations en difficulté.

bain ! [...] Elle s'appuie sur [...] le patrimoine local et général, qui lui non plus ne se résume pas à l'avoir ou aux choses [...]. La culture n'est pas seulement quelque chose d'extérieur qu'il faudrait ingurgiter, consommer, elle est surtout intérieure et peut être, de ce fait, un support sur lequel s'appuyer pour développer des potentialités. »[20]

Les spécialistes exerçant à l'hôpital distinguent les pratiques actives qui peuvent se prévaloir de thérapeutiques à travers l'art dramatique. Il y a l'art-thérapie, l'ergothérapie et l'atelier thérapeutique dont la plupart sont pris en charge financièrement par l'Agence Régionale de Santé, surtout celles qui se justifient par la mobilisation d'un temps de travail, de rencontre et d'échange avec les artistes. Ici s'impose la présence d'un artiste expert, habilité à produire des activités créatives et capables de mettre une frontière entre ce qui relève de l'art et ce qui n'en est pas. Lorsqu'il s'agit de la création, il a le monopole de la gestion de l'exercice de la créativité. Il gère toute la démarche parce qu'il est le seul à pouvoir comprendre que tout délire du patient peut être considéré d'une part, comme créatif et, d'autre part, comme élément de création dans la démarche de créativité. Cette dernière n'est pas non plus une spécialité exclusive donnée à l'artiste, même s'il en fait profession. L'important ici est l'intérêt recherché dans l'exercice, pour motiver l'émotion du patient et faire ressortir une potentialité humaine porteuse de création et d'expression.

« Néanmoins, si le délire est créatif et création, il empêche la rencontre, ici entendue non comme une simple mise en présence, mais comme un changement, une modification, une altération de soi, indicible, seulement observable par la façon d'entrer en relation. Or, les activités artistiques organisées par le CHS sont qualifiées de rencontres, c'est-à-dire d'occasions de changements [...] parce qu'elles provoquent des "irruptions", des réactions de surprise, d'étonnement. En ce sens, elles introduisent de la subversion. Cette conception de l'art rejoint

---

[20] Commission culturelle du CHS Rennes, *« Écrits et mises en forme... Place et intérêt de différentes formes d'écrits dans la relation à autrui »*. Les Actes de la journée d'étude et de rencontres, mardi 13 novembre 2007, Centre de formation, Rennes. p. 6.

ainsi les préoccupations psychanalytiques de la psychothérapie institutionnelle : "Je parle d'irruption [...] sur le modèle développé par ailleurs par ce que l'on dit du traumatisme. Une théorie du traumatisme explique que l'irruption traumatique, la catastrophe, sape les fondations sur lesquelles reposait la personne, l'irruption de l'art construit ou reconstruit. »[21]

Paragraphe 1 – Les différents courants d'art-thérapie

Cette partie est difficile à comprendre, surtout pour ceux qui ne sont pas du domaine. Étant chercheur en droit, l'analyse était très compliquée à cerner. Il y a trop de choses et parfois l'analyse reste bloquée et sans issue finale. Le travail compile deux champs lexicaux, celui de la psychologie et celui de l'art dramatique, mélangés dans une seule activité dite art-thérapie au sein des centres psychiatriques.

La relation entre la science juridique et la psychiatrie ne concerne pas uniquement à la qualification en santé mentale. Le psychiatre médecin-chef de l'hôpital psychiatrique de Sarreguemines, Philippe Rappard développait la relation entre ces deux sciences en disant que : *« Le principe de l'irresponsabilité pénale est un fantasme fondateur inanalysable, mais les symptômes que sont les lois liées à ce principe sont analysables et à élaborer en fonction du Droit. Droit, dont le rôle n'est pas d'entériner un état de fait [...] ou, pour parler comme Kelsen, celui de "l'être", mais d'organiser un "devoir d'être", celui de l'existence. [...], il ne serait pas sage de continuer à opposer punition et soin. Dans le cadre de la pénalisation ou de la dépénalisation, punir et guérir ne sont pas antinomiques, et la justice et la psychiatrie sont condamnées à cohabiter pour des raisons, non pas de culpabilité ou de responsabilité, mais d'imputabilité. »*[22]

Dans cette relation apparaît le psychiatre qui a un rôle important dans le rapport de la justice et de la psychiatrie

---

[21] Sophie LE COQ, « *Art et culture à l'hôpital psychiatrique : à la recherche de la personne du patient* », *op. cit.*, p. 11.

[22] Philippe RAPPARD, « *La fin du non-lieu psychiatrique et son incidence sur le but des institutions françaises médico-légales. [...]* », *L'information psychiatrique*, vol. 85, n° 8, 2009, pp. 759-768.

concernant la punition et la guérison. Il est *« venu s'inscrire dans cette zone où la justice ne sait plus quel sens donner à la condamnation de quelqu'un. Car la peine a fini par ne plus conjurer un acte dommageable, mais bien à condamner l'auteur de l'acte. Le psychiatre, dans cette affaire, a été conduit à jouer un rôle auquel peut-être il ne s'attendait pas, à savoir celui de l'enfermement et de la protection paradoxale des libertés individuelles. »*[23]

En revanche, dans les différents courants d'art-thérapie apparaissent la psychanalyse, la psychothérapie et le théâtre thérapeutique. Quelles sont leurs différences ? Il est clair que la psychanalyse et la psychothérapie ont pour objectif de suivre le patient et de l'accompagner dans les moments difficiles et surtout lorsqu'il a des difficultés psychiques. En revanche, elles ne devraient pas être confondues, car elles recouvrent deux réalités différentes.

La psychanalyse peut être définie comme l'investigation psychologique qui a pour but d'élucider la signification inconsciente de certaines conduites. Elle permet au patient de mieux se connaître via l'introspection d'une part, et, d'autre part, via l'exploitation de l'inconscient. Son origine vient du spécialiste en neuropsychiatrie autrichien, fondateur de la psychanalyse, Sigmund Freud, à la fin du XIXe siècle et au début du XXe siècle. Cette science prend en compte chaque détail constituant le souvenir et les rêves du patient avec l'association d'images et d'idées pour bien comprendre les émotions et se défaire des conflits intérieurs. Ces grands principes de recherches en thérapie de psychanalyse se constituent en trois grandes parties : l'inconscient, les rêves et les lapsus. Les deux premiers sont selon lui révélateurs de l'inconscient et des actes manqués et il juge que le dernier donne la possibilité de faire ressortir certains révélateurs qui sont enfouis dans l'inconscient. La psychanalyse est un travail à longue durée, de longue haleine. Sa pratique impose une méthode simple : faire allonger le patient sur un divan et le laisser raconter librement son histoire à son analyste et tout ce qu'il lui passe par la tête. L'analyste est toujours assis derrière le patient et il prend des notes. Son rôle est

---

[23] *Ibid.*

de le guider dans son introspection. En général, le patient pense que la solution vient du psychanalyste, pourtant toutes les réponses sont en lui. Cette science est donc une démarche qui s'inscrit dans le temps. C'est une thérapie analytique qui peut parfois durer de nombreuses années selon le patient en étude. Elle se différencie de la psychothérapie comportementale, car cette dernière constitue une thérapie souvent très brève, de faible durée. Deuxième point qui les distingue : la psychanalyse ne s'intéresse pas aux comportements du patient, mais elle étudie plutôt la profondeur du psychisme et de l'inconscient. Après Freud, la psychanalyse a connu de petites évolutions, telles que les courants de Jacques Lacan et Carl Jung. Ils ont marqué la psychanalyse par le fait que chacun a initié un courant de pensée qui se différencie sur des points légers. Ces courants gardent l'origine freudienne, mais ils apportent leur propre conception. Il y a donc le courant de la psychanalyse lacanienne, jungienne et clinique.

Le courant de la psychanalyse lacanienne a développé quelques idées, mais trois éléments constituent la base du fondement : le statut du miroir : ici, il expérimente par exemple le moment où le bébé arrive à comprendre qu'il est un être humain à part entière lorsqu'il voit son reflet dans le miroir ou le moment où il se différencie d'avec les autres ; le concept de trois structures : le réel, le symbolique et l'imaginaire ; la place du langage dans l'exercice de la psychanalyse.

Le courant de la psychanalyse jungienne fondé en 1913 est plus ouvert à certains phénomènes religieux. Il a développé dans la démarche cinq points d'intervention et d'analyse : l'intervention de la psyché : il disait qu'attirer l'attention sur le fait d'avoir une âme était un bon début pour aborder l'aventure de la vie ; le concept psychologique ou archétype considéré comme des éléments fondamentaux du psychisme qui expliquent les religions, les symboles et les mythes ; une partie réservée au concept du développement de soi ; il tient compte aussi de l'apparition des idées qui montrent l'introversion et/ou l'extraversion ; le dernier point est le concept de l'inconscient collectif. Ce dernier est une telle nouveauté que les spécialistes n'arrivent toujours pas à en donner une définition ou une explication définitive. Ils sont donc restés dans l'inconscient individuel.

La psychanalyse clinique est un domaine qui appartient à la psychologie. L'article 23 du Code de déontologie des psychologues français affirme que : *« La pratique du psychologue ne se réduit pas aux méthodes et aux techniques employées. Elle est indissociable d'une appréciation critique et d'une mise en perspective théorique de ces techniques. »*[24] Sa particularité est de prendre en compte le patient ou le sujet dans son intégralité. Il est étudié sous plusieurs axes : la psychologie cognitive ; la psychologie du travail ; la psychologie du développement ; la psychologie sociale.

Le travail et les effets de la psychanalyse se différencient de la psychologie ou de la psychothérapie comportementale puisqu'elles ont un modèle humaniste imposant au thérapeute d'instaurer une phase d'échange et de dialogue avec le patient et/ou tous les participants à l'atelier.

La psychothérapie peut être définie comme un ensemble de méthodes thérapeutiques à base de moyens psychologiques permettant de prendre en charge le patient pour traiter ses troubles psychiques ou somatiques. La psychothérapie d'Hippolyte Bernheim est fondée sur l'hypnose qui est l'origine de toute forme de pratiques qui visent à soigner le patient ou à l'aider par l'intermédiaire de l'esprit. Elle a aussi bien un impact physiologique – le corps – que psychologique – l'esprit. Le professeur en médecine spécialiste en neurologie, le Français Hippolyte Bernheim a, en 1891, baptisé cette approche comme une forme de psychothérapie. Il s'intéressait profondément à cette étude. C'est justement à cause de cette influence que Sigmund Freud a décidé de lui rendre visite en 1889. Dès lors, la psychothérapie devient un ensemble de méthodes thérapeutiques qui ont recours à l'inconscient ou au subconscient dans le but de soigner les troubles psychiques ou psychosomatiques. C'est un traitement thérapeutique uniquement par la suggestion hypnotique.

---

[24] Code de déontologie des psychologues, France, Actualisation du Code de déontologie des psychologues de mars 1996 et février 2012.

L'artiste thérapeute se trouve au milieu de toutes ces disciplines et il impose son savoir-faire tout en suivant les différentes réglementations des équipes intervenant dans la démarche thérapeutique. Certes, le psychanalyste et le psychothérapeute utilisent des techniques artistiques, mais le comédien reste ici le seul maître du jeu de rôle. Il définit les techniques à mettre en place et s'assure que le patient en difficulté mentale a bien compris l'exercice avant de donner le départ. Comment le travail du comédien dans le service psychiatrique peut-il avoir l'aspect ou la forme de l'art-thérapie ?

A] La théorie de l'art-thérapie psychanalytique – différentes formes

La plupart du temps, dans l'équipe artistique, le comédien travaille en étroite collaboration avec les psychothérapeutes ou les psychanalystes ou avec les deux en même temps. Ils participent et ils contribuent à chaque étape mise en place par l'artiste. Pour que l'art théâtral devienne véritablement utile dans la thérapie du patient, il doit garder son aspect interprétatif qui va tendre à l'amélioration de l'état de santé du patient. La théorie psychanalytique se réfère à la pratique artistique sous plusieurs angles pour susciter une créativité et le maître du jeu, à son tour, incite et initie des créations. Pour mieux comprendre la répartition des tâches et le lien entre l'art et la psychothérapie, il faut donc retourner aux notions du fondement même de la psychanalyse et de l'évolution de la médiation thérapeutique. Au début de l'histoire, quand Sigmund Freud mettait en place le fondement de la psychanalyse, il s'intéressait profondément à l'interaction de ces deux éléments : la création ou la pratique artistique et la notion de la thérapie introspective. Sa philosophie consistait à prendre en compte le processus de création sans s'intéresser à l'œuvre en elle-même. La valeur escomptée du Docteur Freud était l'effet, issu de la création artistique, sur la personne sujet d'étude et par ailleurs il analysait le lien entre l'inconscient et le plaisir esthétique obtenu. La théorie principale était de séparer l'expression, l'émotion et la création, de mettre d'un côté, le processus créateur et, de l'autre, les effets de la création sur la personne. Pourquoi tient-il à cette observation ?

La raison était simple pour lui parce que le contenu du travail artistique ne l'intéressait pas puisqu'il n'en faisait pas le sujet de l'analyse, raison pour laquelle il ne proposait pas dans ses expérimentations une psychanalyse de l'art.

L'intérêt que porte l'art-thérapie à la création c'est d'avoir une intention créative dirigée vers une évolution artistique et qui ne tient pas compte d'une finalité interprétative – psychanalytique. *« Cependant, selon Jean-Pierre Klein, la distance instaurée par l'art comme médiateur thérapeutique entre le patient et la psychothérapie est annulée par la visée interprétative, ramenant le sujet à une thérapie classique. La controverse concernant les différents courants de l'art-thérapie s'enracine dans les fondements mêmes de son utilisation et de sa portée.*

La recherche freudienne [...] du champ artistique concerne également le destinataire d'une œuvre et pas seulement son créateur. L'activité inconsciente d'un sujet peut en effet se transmettre par l'intermédiaire de la création. Ainsi, en s'intéressant à l'œuvre de Sophocle, Freud affirme que "le poète, en dévoilant la faute d'Œdipe [...] oblige à regarder en nous-mêmes et à y reconnaître ces impulsions qui, bien que réprimées, existent toujours." L'œuvre permet d'exprimer un désir inconscient refoulé [...] à la fois chez le créateur et chez le destinataire. La purgation des passions, réalisée par l'intermédiaire de la pitié et de la terreur représentée sur scène au théâtre, en d'autres termes, la catharsis décrite par Aristote dans le chapitre quatorze de la Poétique, *est associée par Freud au plaisir préconscient de la libération des pulsions et peut être étendu aux autres arts. »*[25] Dans ce cas, il existe aussi la théorie appelée le complexe d'Œdipe.

L'utilisation du jeu dramatique comme médiation artistique permet au patient d'exalter, d'extérioriser et de pousser les pulsions inconscientes dans l'exercice réalisé. C'est ce que les artistes appellent ou définissent comme médiation artistique. Elle permet au patient de transposer sa nervosité dans sa gestuelle, son mouvement créateur, jusqu'à la création finale dans le but de

---

[25] Léa ANDREOLETY, *« La pratique du théâtre avec un public atteint de déficience intellectuelle »*, sous la direction d'Alice FOLCO, Université de Stendhal (Grenoble III), année universitaire, 2014-2015, p. 13.

s'échapper de la douleur tant interne qu'externe. Cette méthode est très fréquente chez les acteurs. Ils utilisent l'art théâtral comme médiateur pour éluder ou s'échapper d'une nervosité ou de toutes formes d'expression, de souffrances, de peurs, de stress, d'anxiétés ou d'angoisses. La création théâtrale, en groupe ou en individuel, prend la place du symptôme, mais la souffrance est toujours présente, même si le patient arrive à la contrôler et à la canaliser. Le théâtre est considéré comme un médiateur thérapeutique par plusieurs spécialistes, mais de façon différente. Dans sa recherche, Léa Andreolety a encore expliqué que : *« Le médiateur thérapeutique [...] peut être considéré comme un intermédiaire entre la réalité créée par toi-même et la réalité extérieure appelé "médium malléable" par Marion Milner, psychanalyste anglaise dans* les mains du dieu vivant. *Ce qui croise la théorie winnicotienne de la relation entre psyché du sujet et la relation perceptive qui s'opère grâce à l'œuvre artistique comme objet transitionnel. »*[26].

La pratique théâtrale en forme de psychothérapie est très compliquée chez l'enfant. Elle est aussi utilisée sous forme de médiations thérapeutiques et de psychoses infantiles. Cette expérimentation est observée d'une autre manière par Anne Brun[27] qui applique cette méthode à des pathologies différentes. Selon ses analyses, l'enfant psychotique doit avoir une médiation très adaptée à sa situation tout en tenant compte des difficultés propres à l'enfant pour aborder ou participer au jeu. La plupart des patients souffrant des troubles de la construction de la personnalité ou d'une maîtrise de leur environnement présentent des symptômes psychotiques et sont parfois soumis à des anxiétés ou à des angoisses archaïques. Le dépassement de l'angoisse permet de constater que le patient est capable de construire sa personnalité. Dans le cas contraire, la présence de la psychose peut être retenue comme l'absence du contrôle des angoisses, surtout de types archaïques.

---

[26] *Ibid.*, p.15.

[27] Anne BRUN, *« Médiation thérapeutique et psychose infantile »*, *éd.*, Dunod, Paris, 2007

D'autres spécialistes, comme Patricia Attigui[28], s'intéressent à la question de la pratique théâtrale en qualité de médiation thérapeutique et développent une recherche sur le travail du corps. L'usage des mouvements corporels, liés directement à une interprétation du texte et à un contexte du jeu théâtral, crée un lien avec l'histoire et le vécu du sujet d'étude. C'est pour cela que la personne sur scène doit impérativement maîtriser certaines techniques dramatiques pour bien jouer son rôle dans le jeu et dans la symbolisation – son personnage. Patricia Attigui propose de travailler profondément à partir des émotions qui orientent le corps à réactiver des expériences primitives, tout en faisant référence à la théorie freudienne et à celle de Winnicott. Le langage corporel développe des réflexions sur l'usage théâtral comme médiation thérapeutique. Ce langage permet d'accéder et de comprendre différentes formes inconscientes exprimées tant par les mouvements que par les émotions.

1) Le théâtre ou l'art-thérapie en tant que processus éducatif

Le projet éducatif du théâtre thérapeutique met en question certains éléments afin qu'il soit bien compris non seulement de celui qui le met en place, mais aussi du sujet d'étude. Au sein de l'hôpital psychiatrique, la psychothérapie se propose de guérir et de faire disparaître les symptômes du mal-être. C'est une pratique incitative qui mobilise la réflexion de la psychanalyse. C'est justement sous cet angle que la psychanalyste française Claude Halmos[29] considère que la psychanalyse étudie le patient dans son ensemble, en prenant en compte tout ce qui le fait souffrir et en lui donnant des méthodes pour l'aider à s'exprimer et à faire ressortir ce qui lui paraît difficile à dire avec ses mots. Autrement dit, elle prend en compte le patient dans son ensemble et dans tous ses éléments qui le renvoient étroitement et intimement à son histoire personnelle. Cette psychanalyste appuie son

---

[28] Patricia ATTIGUI, *« De l'illusion théâtrale à l'espace thérapeutique, Jeu, transfert et psychose »*, L'espace analytique, Collection dirigée par Patrick GUYOMARD et Maud MANNONI, *Éditions Denoël*, 1993.

[29] *Pascale SENK, « Psychanalyse et psychothérapie : quelles sont les différences ? »,* https://www.psychologies.com, mise à jour le 28 septembre 2017.

raisonnement sur le fait que chaque symptôme a une représentation unique, même si parfois il est semblable à un autre. La philosophie de base dans les soins théâtraux pour guérir le patient impose à l'artiste de ne pas supprimer uniquement la douleur et tous les symptômes qui l'accompagnent, mais de chercher à savoir le pourquoi de cette maladie et ce qui l'a provoquée.

Le déroulement de la séance d'atelier ne serait jamais réussi sans que se pose la question de chercher à savoir la différence entre la psychothérapie et la psychanalyse. Dans ces analyses, la psychanalyste française Claude Halmos considère que c'est la question du transfert – un amour nécessaire qui est fondamental. Comme il a été défini par plusieurs artistes, il n'y a pas de thérapie théâtrale sans transfert. C'est dans ce transfert que la relation entre le comédien et le patient se noue de façon très spéciale et est renforcée par le consentement éclairé du patient, en faisant du désir et de l'agressivité les éléments indispensables du changement. C'est donc le moteur de la cure analytique. En principe, le rôle que joue le comédien – psychanalyste est de se mettre en retrait, en veilleuse, c'est-à-dire qu'il n'est pas là en tant que personne réelle, mais il doit inciter la personne sujet d'étude à lui donner tous les visages des personnes indispensables et importantes de son histoire, à rechercher les sentiments qu'il éprouve face à ces gens-là et à les mettre en étude, en analyse, afin de s'en débarrasser très vite.

D'autres questions s'imposent sur le champ de l'analyse comme dans le cadre de l'art-thérapie tel qu'il se développe en France, malgré les multiples approches qui les ordonnent. Des réflexions existent sur le travail de groupe, mais elles manquent de dynamique de groupe. Par exemple, lors de l'atelier, le groupe est formé, mais il n'a qu'un rôle d'enveloppe ou de contenant, car l'étude et l'analyse s'adressent tout d'abord à la personne susceptible d'étude, c'est-à-dire à l'individu qui est un élément du groupe et non au groupe en général. Les praticiens du théâtre montrent ici que le patient doit parler dans le processus de soin à la troisième personne, parler en son absence – il parle, mais il n'est pas là. Le processus éducatif tente progressivement d'amener le patient à s'exprimer et à se repérer à travers sa propre création. C'est une manière de communiquer à travers la création, à travers l'œuvre du patient. Ce dernier parle de son œuvre comme si c'était une autre personne qui l'a créée. C'est effectivement dans ce sens-là qu'apparaît la différence entre le théâtre ou l'art-thérapie et la psychothérapie. D'après Jean-Pierre Klein[30], le processus éducatif de l'art-thérapie aide le patient à mettre en forme son mal-être d'une part, et, d'autre part, à décliner son identité à partir de certaines formes artistiques dans lesquelles il y a un parcours de création qui incite petit à petit à la transformation du sujet créateur et qui lui donne un sens. Jean-Pierre Klein parle de la création du patient dans ce projet comme d'un processus éducatif de transformation. Le but est de transformer ou de modifier certains comportements ou fonctionnements du patient. Comme l'a encore dit l'écrivain irlandais Oscard Wilde que *« l'Homme est moins sincère quand il parle en son nom. Donnez-lui un masque, et il vous dira la vérité. »*[31] C'est-à-dire qu'à travers un masque, il dira facilement la vérité. C'est pourquoi le patient, dans un personnage où il joue le rôle d'un autre, dira tout ce qu'il lui traverse la tête. L'art-thérapeute est ici un artiste professionnel et spécialiste de la relation d'aide. Il ne doit pas s'attacher à la technicité de l'exercice créatif du patient, mais plutôt l'inciter à parler de lui-même au moyen de la technique artistique qui lui paraît la plus facile pour s'exprimer et se sentir à l'aise. Dans ce processus, le théâtre permet à tout individu de s'exprimer selon son expérience quotidienne, sa culture et son point de vue sur l'évolution de l'univers à travers les différentes formes artistiques propres à tout un chacun. À travers la forme créée, un suivi permet la transformation de l'individu, c'est pourquoi l'art théâtral reste en soi une des grandes formes de psychothérapie utiles dans la médecine psychiatrique. Dans le théâtre ou sous l'ombre du savoir-faire théâtral, le patient emprunte les yeux de l'art pour s'exprimer ou exprimer son univers tout comme son individualité. Le patient apprend à rendre visible l'invisible, en revanche il ne peut jamais reproduire le visible, mais il tentera de

---

[30] Jean-Pierre KLEIN, *« L'Art-thérapie »,* PUF, Paris, 1997, coll. Que sais-je ?
[31] Oscard Wilde, né le 16 octobre 1854 et mort à Paris le 30 novembre 1900, est un poète et écrivain, https://citation-celebre.leparisien.fr/auteur/oscar-wilde?theme=la+verite

le rendre visible puisque chaque individu est le témoignage d'une histoire. Il essaie de rappeler le passé et de donner un sens au présent.

Winnicott[32] a aussi développé cette approche en disant que l'individu, quel que soit son âge, lorsqu'il est en exercice d'art-thérapie, devient créatif. Mais c'est seulement en jouant qu'il est capable d'être créatif, tout en mettant sa personnalité dans son œuvre. Il se découvre et il fait le lien avec le soi lorsqu'il est créatif. Le travail éducatif consiste à accompagner l'individu pour l'aider à comprendre d'où il vient et vers où il souhaite aller. Le patient apprend à canaliser les tensions et gère les violences tout en proposant instantanément un lieu de décharge et de libération pulsionnelle. C'est un travail d'expressions libératoires en même temps qu'antalgiques.

Il faut aussi comprendre qu'apparaît ici l'éducateur spécialisé qui s'avère très important dans ce travail, sans pour autant faire usage de l'art comme le fait le thérapeute. Il faut donc se poser la question de la place de l'éducateur spécialisé et de l'artiste thérapeutique dans les établissements de soins psychiatriques.

a) Le courant du théâtre occupationnel

Par exemple, l'idéologie freudienne dit que la création artistique de l'homme vient de ses pulsions sexuelles. Freud parle de sublimation dans la création artistique. Or, le sens de la création peut aussi trouver son origine dans une approche loin des pulsions sexuelles. Ainsi, au-delà de ses pulsions sexuelles, chaque nouveau-né est porteur de créativité, il suffit qu'il se trouve dans un espace libre pour cultiver et développer son individualité et s'épanouir, tout en mettant sa vision du monde dans son œuvre.

En pratique, toute art-thérapie ne se situe pas dans le sillage des différentes théories précitées. Chaque spécialiste utilise le théâtre, en regroupant l'ensemble des méthodes et des courants contribuant à la relation entre effets thérapeutiques et usage ou

---

[32] Donald Woods WINNICOTT, *« L'angoisse liée à l'insécurité »*, 1952, *in De la pédiatrie à la psychanalyse*, Paris, Payot, Coll., Science de l'homme, 1969, dernière édition 1989, traduit en anglais par J. Kalamanovitch.

pratique artistique comme le font certains cliniciens à des fins thérapeutiques, comme l'a bien expliqué Anne Brun : *« En ce qui concerne les écrits dits d'"art-thérapie", ils manquent la plupart de temps des références théoriques empruntées au champ de la psychothérapie psychanalytique, et renvoient à des champs théoriques très hétérogènes, parfois même à des pratiques fort discutables »*[33]. Cette nouvelle façon de faire sans lien avec une théorie thérapeutique vient de l'échange lors du travail en atelier qui intègre un processus thérapeutique fondé sur la relation et l'aide à la personne. Pour Jean-Pierre Klein[34], le courant occupationnel est celui qui englobe tout procédé et méthode pratique pour enfin distinguer ce qui relève de l'expression artistique d'une part, et, d'autre part, de l'art-thérapie psychanalytique. Léa Andreolety s'intéresse aussi à cette question et affirme que : *« Ces différents usages de l'art à vocation thérapeutique doivent eux-mêmes être différenciés du travail des art-thérapeutes et des ateliers dits d'art-thérapie qu'ils proposent. [...] artistes et non-soignants cliniciens, ces professionnels travaillent sur la gratification sensorielle, la recherche du plaisir et la valorisation du potentiel du patient pour lui redonner de l'assurance. [...] ce travail n'accède pas au soin, bien qu'une relation d'aide soit établie. La création n'est pas plus la finalité de l'atelier, ce qui instrumentaliserait le patient comme l'exprime Winnicott : "Il se peut qu'un analyste soit un bon artiste, mais, comme je le dis souvent, quelle maladie désire être le poème ou le tableau d'une autre personne ?" »*[35]

b) Le rôle de l'éducateur dans le projet éducatif

L'artiste thérapeute est ici un éducateur – dit spécialisé ou social. Il met son savoir théâtral, que ce soit en individuel ou en association, en groupe ou en compagnie, pour aider le patient ou toute autre personne participant à l'atelier théâtre. Son sens premier est de rendre service tant à la collectivité qu'à la

---

[33] Anne BRUN, *« Médiation thérapeutique et psychose infantile »*, *op. cit.* p. 1.
[34] Jean-Pierre KLEIN, *« L'Art-thérapie »*, *op. cit.*, p. 8, 9.
[35] Léa ANDREOLETY, *« La pratique du théâtre avec un public atteint de déficience intellectuelle »*, *op. cit.*, p. 18.

personne, notamment sur les démarches de soins de santé, de l'aide sociale, de la réinsertion sociale et professionnelle, de l'enseignement et du socioculturel. Il compile dans son outil artistique des mécanismes de la psychologie, de la puériculture, de l'infirmier-e ou de l'assistante sociale. La loi sur le statut de l'éducateur spécialisé mis en place le 29 avril 1994 et publiée deux ans après au Moniteur Belge, définit dans son article 1er la profession de l'éducateur en ces termes : *« Par éducateur-accompagnateur spécialisé au sens de la présente loi, on entend la personne qui, titulaire du diplôme prévu à l'article 2, favorise par la mise en œuvre de méthodes et de techniques spécifiques, le développement personnel, la maturation sociale et l'autonomie des personnes qu'il accompagne ou qu'il éduque. Il exerce sa profession soit au sein d'un établissement ou d'un service, soit dans le cadre de vie habituelle des personnes concernées. »*[36]

Ce travail est actuellement au centre de celui de plusieurs spécialistes comme l'artiste thérapeute. Son métier touche par nature à un travail technique qui provoque la catharsis de celui qui le pratique, mais aussi de celui qui le regarde jouer en impliquant une approche singulière et identique à son public. La conceptualisation de ce travail est complexe puisqu'elle demande en effet plusieurs aspects de mesures de valeurs, mais aussi de critiques. Il est donc important que l'éducateur spécialisé artistique soit au même niveau d'angle d'observation que l'éducateur spécialisé en général ainsi qu'au respect de normes de loi. Il doit être créatif pour l'aide à la personne et il interviendra de façon technique là où le patient souffre d'une difficulté d'expression, là où il faut encourager un développement personnel ou au sens large, mettre en place une resocialisation tant dans l'ordre psychologique que familial ou physiologique. À partir d'une activité artistique, il favorise le développement de l'imaginaire et toutes les potentialités du patient. Il doit reconnaître tous les participants comme des sujets, chacun dans sa singularité, mais aussi les étudier dans leur ensemble. Il faut mesurer le geste de chacun, leur parole, leur

---

[36] La loi sur le statut de l'éducateur spécialisé (niveau graduat) votée le 29 avril 1994 et parue au *Moniteur Belge,* le 20 avril 1996.

identité et les confronter à la loi. Le jeu doit donc avoir un rôle d'accompagnement à chaque prise de décision, aider le patient à faire le bon choix en le situant vis-à-vis de lui-même et de son espace environnemental – et viser par tout moyen l'autonomisation du sujet. Il doit faire en sorte que son patient renoue sa relation avec le social et la solidarité de groupe, il reconnaît son histoire et tout ce qui rentre dans le projet de collectif. Mettre le sujet sur scène et garder un œil sur lui en travaillant en groupe aide l'artiste à s'occuper de la cohésion sociale du patient et l'encourage à une analyse psychique d'intégration ou de réintégration dans les milieux où il se sent marginalisé.

Ici, il y a plusieurs sortes d'éducateurs : éducateur spécialisé, moniteur spécialisé, éducateur thérapeute, éducateur de jeunes enfants, éducateur en animation, éducateur en aide médico-psychologique ou éducateur artistique. Ces deux derniers intéressent beaucoup cette recherche, puisqu'ils ont des métiers sociaux très divers qui varient selon les milieux d'expérimentation et selon le public et/ou le domaine d'intervention. Ils exercent tous les deux un accompagnement du patient dans sa globalité et dans son individualité, afin de prendre des mesures d'accompagnement très adéquates pour mener le patient à une évolution positive.

Il a un rôle considérable à jouer dans la vie du patient : se questionner sur l'origine de la tension qu'il ressent, considérée soit comme individuelle soit comme collective et participant de la vie sociale. Il doit mettre en place un jeu qui favorise le dialogue et qui donne la parole à tout un chacun, afin d'analyser la valeur que chacun accorde à son prochain. Il faut donc retenir que le processus éducatif se réalise dans une approche clinique sous deux angles : d'une part, la réalité sociale et, d'autre part, la réalité psychique du patient. Ils investissent leur efficacité dans trois espaces éducatifs : le social, le clinique et l'institutionnel dans sa globalité.

2) La tragédie de la Grèce antique joue-t-elle un rôle dans l'évolution mentale d'individu – d'acteur – du patient – ou – du spectateur-voyeur ?

Ce savoir-faire culturel et théâtral est né dans la Grèce antique dans le cadre de cérémonies, de fêtes religieuses en l'honneur du dieu Dionysos. Lors de ces cérémonies, Athènes devenait un espace de théâtre – ou entièrement un théâtre. Chaque année, les acteurs se présentaient dans un concours annuel où brillaient trois grandes tragédies issues de la philosophie de trois grands dramaturges athéniens du Ve siècle avant Jésus-Christ. Dans ces spectacles, il y avait à la tête de ces trois courants dramaturgiques : Eschyle, Sophocle et enfin Euripide. Leurs sujets avaient comme source d'inspiration la mythologie – le mythe.

Ce travail va s'intéresser d'une manière considérable aux expérimentations de Sophocle comme à celles d'Œdipe d'une part, et, d'autre part, à celles d'Antigone. Il a mis dans ses récits un destin fatal d'hommes qui ne respectaient pas les valeurs religieuses, les valeurs des dieux et par conséquent, commettent par fierté ou par orgueil une faute qui va avoir une grande importance sur la destinée humaine, sur la valeur et les principes de l'homme face aux dieux. À cette époque, tous les citoyens se retrouvaient dans un amphithéâtre pour regarder, écouter et apprécier une trilogie tragique, des représentations de pièces de théâtre satiriques écrites par ces trois grands dramaturges et poètes d'Athènes.

La tragédie grecque est un phénomène spécial dans l'histoire dramaturgique et culturelle de l'humanité, car elle répond à des valeurs fondamentales de l'homme et elle offre un parallèle avec l'évolution sociopolitique du monde contemporain. Le rôle de cette tragédie était très didactique, surtout lorsque la démocratie athénienne était quasiment absente. Ils utilisaient le théâtre pour exposer au peuple la légende de son passé tout en faisant allusion au contexte religieux et à tout ce qu'ils apportent comme conséquences sociales. La philosophie athénienne disait que la tragédie était destinée à être dite et non pas à être regardée ou lue.

Chaque représentation touchait d'un côté, la vie de l'individu et la cité et, de l'autre côté, les lois divines face aux normes humaines. Il était clair qu'ils s'intéressaient à la démesure, mais aussi aux tabous comme le parricide, le matricide, les relations conflictuelles entre frères et les relations sexuelles illicites[37] entre mère et fils – l'inceste.

Tous ces thèmes jouent un rôle non négligeable dans la vie de chaque spectateur, puisqu'à la fin de la représentation, celui-ci met en cause à la fois sa vie privée, sa vie familiale et sociale. C'est ce qui a poussé Freud à étudier la vie d'Œdipe et ses comportements. Il a approfondi son étude jusqu'à découvrir ce qu'il appelle le *« Complexe d'Œdipe »*.

a) Le psychodrame – l'œdipe

En parlant de la légende d'Œdipe en 1910, Freud a emprunté le mythe de la Grèce antique pour extérioriser de façon très argumentée l'existence d'une sexualité enfantine et expliquer le phénomène psychique et hormonal qui existe chez l'enfant entre deux ans et six ans lié directement à sa relation avec ses parents. Freud a pris l'exemple d'Œdipe qui est un bébé abandonné dès sa naissance par ses parents puisqu'il a été dit auparavant que cet enfant ne leur apporterait que du malheur, selon le message donné par l'Oracle disant qu'il en viendra au fil du temps à tuer son père et à épouser sa mère. Selon la tradition de Sophocle : *« Œdipe tue, sans le reconnaître, son père ; il épouse sa mère ; les dieux aussitôt lui révèlent son crime ; cependant, il continue à régner dans Thèbes, mais "torturé de maux par les dieux ennemis" »*[38]. Lorsqu'il commence à grandir, il a connu le message disant qu'un jour il tuerait son père et il épouserait sa mère. À l'âge adulte, il décide de quitter sa famille adoptive pour éviter de commettre le pire. Au milieu de la route, un homme lui barre la route et ils se battent. Œdipe finit par le tuer sans le savoir qu'il s'agit de Laïos, son père. Ainsi, il accomplit la prophétie sans le vouloir. En arrivant à Thèbes, il se heurte à un monstre sanguinaire, le Sphinx qui a la tête d'une femme et les membres

---

[37] C'est l'ensemble des relations qui sont prohibées par les lois tant sur le plan civil que sur le plan religieux.

[38] *Sophocle*, *« Théâtre complet »*, traduction, préface et notes par Robert Pignarre, *éd*, GF Flammarion, Paris, 1964, p. 340.

d'un lion. Cette créature lui bloque la route vers la ville et tue tous les voyageurs qui ne sont pas capables de répondre à une énigme qu'elle leur propose. À son tour Œdipe doit répondre à la question de la créature : *« Quel est l'être qui marche à quatre pattes le matin, à deux à midi et à trois le soir ? »*[39] Œdipe a répondu à la question sans hésitation en disant c'est l'homme. Il marche à quatre pattes à la naissance et à l'âge adulte sur ses deux pieds et à l'aide d'une canne à sa vieillesse. Le Sphinx, très vexé, se suicide. Œdipe est récompensé par la ville pour avoir libéré Thèbes du Sphinx. Les Thébains le font roi et il épouse la veuve du roi Laïos, c'est-à-dire sa mère Jocaste. Ainsi, la deuxième partie de la prophétie de l'Oracle est accomplie. Le couple a vécu dans l'harmonie pendant plusieurs années et des enfants sont nés, deux filles, Antigone et Ismène et deux garçons Etéocle et Polynice. Après quelques années, la vérité est dévoilée dans la cité et par désespoir, Jocaste se suicide et Œdipe se crève les yeux et renonce au trône. Il part ensuite sur les routes de Thèbes en posant ses mains sur l'épaule d'Antigone afin de chercher un pardon problématique. C'est en principe une tragédie qui illustre et qui démontre la part d'inconscient et la part d'involontaire de l'homme qui est toujours présente dans ses actions.

Freud expliquait que, quelle que soit la culture à laquelle l'enfant appartient, il connaîtrait un désir sensuel, voir érotique et sexuel pour ses parents, plus particulièrement pour celui du sexe opposé. Il y a deux types de catégories de manifestation de ce désir : certains vont l'exprimer de façon claire et franche, mais d'autres vont l'exprimer de façon neutre. C'est pour cela qu'il passe parfois inaperçu et est considéré comme une crise passagère, jugée normale entre l'âge de deux ans à six ans.

Il est logique de se poser la question : comment l'œdipe se manifeste-t-il chez l'enfant ? Premier constat : l'enfant recherche l'attachement, le contact physique avec le parent de sexe opposé puisque cela lui donne du plaisir. Par exemple un petit garçon qui va toucher les seins de sa mère ou se promener tout nu au salon ou encore une petite fille qui veut absolument embrasser son père

---

[39] Martine DENOYELLE, Alexandra KARDIANOU-MICHEL, Sophie MARMOIS-SICSIC & Sophie PADEL-IMBAUD, *« Dossier thématique : Monstres et héros »*, publié sur le site du Musée du Louvre, 26-12-2011.

sur la bouche, rester dans ses bras ou quelquefois se frotter à lui. C'est normal à cet âge, l'enfant va expérimenter toutes formes de plaisir appelées à l'âge adulte, plaisir sexuel, mais de façon enfantine et allégée. Toutefois, lorsque le petit garçon est attiré par sa mère, il aura des sentiments de jalousie envers son père. Le père est perçu comme le premier rival et cela est de même chez la fille vis-à-vis de sa mère.

Plusieurs comédiens qui utilisent le psychodrame comme moteur de recherche de l'œdipe chez l'enfant constatent, chez le petit garçon tout comme chez la petite fille, qu'ils ont leur premier sentiment d'amour envers leurs parents. La relation sensuelle du petit garçon avec sa maman est fondée sur certains éléments d'attraction comme la recherche d'odeur, de la peau si douce ou du contact physique. À un certain moment, la petite fille rentre en conflit avec son petit frère lorsqu'elle constate que ce dernier s'attache de manière définitive à leur maman, elle se retourne au moment de l'œdipe, se détachant de sa mère pour aller vers son père avec une certaine forme de culpabilité. Il n'est pas anodin pour une petite fille de se détacher de sa mère qui est son premier objet d'amour. La relation mère/fille est souvent marquée par l'amphibologie mêlant l'amour et la haine, la tendresse et l'agressivité, c'est-à-dire toute forme d'expression sentimentale et son opposé.

Quels sont les signes qui marquent la sortie de l'enfant de son œdipe ? Existe-t-il une attitude à observer chez l'enfant ?

Il est constaté tout d'abord que l'œdipe chez l'enfant s'éteint à l'âge de six ans. La plupart des artistes thérapeutes utilisent la technique freudienne qui cherche à observer de près l'enfant jusqu'à l'apparition de la pudeur. À ce niveau, le comportement de l'enfant commencera à changer. Au début, il osait se promener tout nu devant tout le monde à la maison, mais à partir de ce moment-là, il commencera à avoir honte et se sentira gêné d'être vu nu. Cela signifie qu'une conscience morale commence à se mettre en place et l'empêche d'exposer, d'exprimer ou de manifester ses désirs sexuels. Le principe de la dramathérapie est d'apprendre à l'enfant que ses désirs sexuels ne peuvent ni s'extérioriser ou s'exprimer ni se manifester ou se réaliser ouvertement. Son corps va devoir suivre le changement d'expressions corporelles d'une part, et, d'autre part, l'évolution de la psyché. L'enfant doit réaliser qu'il y a des moments de plaisir et de déplaisir ou de satisfaction et d'insatisfaction. C'est justement dans cette période qu'il va comprendre qu'il y a des limites à ses désirs. Par exemple : c'est ici qu'il va comprendre qu'il ne peut pas rester longtemps à téter autant qu'il veut ou qu'il ne doit pas rester dormir dans les bras de ses parents toute une journée.

La théorie ne se limite pas à ce premier point. Elle va encore plus loin pour montrer le rôle que joue l'œdipe dans la sexualité à l'âge adulte. À cet âge, le garçon sait déjà ce que c'est qu'être un homme. En revanche, la fille joue toujours de son expérience de la féminité. C'est à travers certaines habitudes ou des balbutiements que l'enfant arrive à s'identifier sexuellement – petite fille – petit garçon, il est différent de l'autre ou il est de sexe opposé à l'autre. Il aura encore une évolution à l'adolescence puisque durant cette période apparaîtront ses premières pulsions liées à son orientation sexuelle.

Parfois, apparaît chez l'enfant un Œdipe inversé. C'est lorsque la petite fille développe dans ses pulsions une relation œdipienne avec sa maman ou le petit garçon avec son père. L'enfant a une attirance sexuelle pour son parent de même sexe, un érotisme très développé dans ses hormones, mais qui ne se manifestera que dans son esprit. Ces désirs sont très fréquents, mais la plupart des parents ne les remarquent pas ou ne les croient pas.

Ces comportements auront-ils des conséquences sur la sexualité future de l'enfant ? La réponse est non. En revanche, il est possible que le garçon qui fait son œdipe avec le père se trouve à l'âge adulte dans une relation très révoltée contre la figure paternelle par exemple. Il peut même se révolter contre toutes normes, toutes les lois ou toutes les formes de représentation de l'autorité, ce qui fera de lui une personne très excitée. En revanche, la fille qui développe son œdipe avec sa mère sera très jalouse et connaîtra une relation difficile et conflictuelle avec les femmes.

Les ateliers de dramathérapie – de psychodrame – à l'hôpital psychiatrique font comprendre que parfois l'enfant présente un œdipe non ou mal résolu. Lorsqu'il garde dans un petit coin de sa tête l'idée que son désir sexuel est fautif, il développe ensuite une émotion de culpabilité intérieure et un sentiment de rage contre ses parents gagne du terrain. Une autre forme de rage contre tous les adultes peut aussi se manifester, surtout contre ceux qui sont importants et indispensables à son épanouissement. C'est la raison pour laquelle il faut garder une bonne attitude lorsque l'enfant a des comportements déroutants ou très agités. Il faut chercher à connaître les facteurs qui provoquent cette déstabilisation de l'enfant.

Il y a des petits exemples à prendre et à corriger tout doucement sans brutaliser ou choquer l'enfant. Parfois, des petites filles s'assoient sur les genoux de leur père en prenant une position à califourchon et qui se frottent contre lui. Dans ce cas, le père ne doit absolument pas réagir de façon sévère afin d'éviter des manifestations de troubles psychologiques chez la petite fille et de risquer un changement brusque dans ses comportements. Le père doit être en mesure de comprendre que l'enfant cherche un plaisir dans sa naïveté de désirs sexuels en prenant le corps de son père comme partenaire. Le père doit impérativement lui faire comprendre qu'il y a des gestes qui ne se font pas comme ça et surtout avec ses parents, c'est-à-dire entre parent et enfant. Le père doit par exemple dire à sa fille en utilisant des phrases simples comme : *« Non ma fille, pas comme ça. »* Si la petite fille persiste, son père rajoute encore une autre phrase en lui disant : *« Si tu veux jouer ce jeu, moi je ne joue pas. »* Son père n'est pas obligé de lui crier dessus ni de la culpabiliser. Il doit tout simplement la prendre dans ses bras en optant pour une simple méthode de détour et en lui faisant des câlins. Si malgré tout elle persiste encore plus, le papa met fin au câlin sans ajouter un mot. La petite comprendra qu'elle a fait une chose qu'elle ne devrait pas.

L'enfant qui vit son Œdipe peut à un certain moment jouer ou manifester ses sentiments avec des phrases très douces et touchantes pour attirer la sensibilité de son parent. Par exemple le cas d'une petite fille qui chuchote à son papa en lui disant : *« Quand je serai grande, je vais me marier avec toi. »* Le père ne doit en aucun cas montrer un sentiment émotionnel à ce propos, même s'il est intérieurement touché et flatté. Il ne faut pas laisser de place à l'ambiguïté qui freinerait la petite fille. Éviter donc le plus rapidement possible que l'enfant installe un schéma d'illusion lui donnant l'espoir de se marier un jour avec son père. Ce dernier doit lui répondre classiquement avec souplesse : *« Moi, je me suis déjà marié avec ta maman ou je vais épouser ta maman dans pas longtemps – très bientôt. »* C'est une manière d'établir de l'ordre surtout entre générations et de lui faire comprendre qu'il n'est pas possible de rivaliser avec sa mère. Le langage reste encore simple : *« Ma fille, cela n'est pas possible, je vis déjà avec ta mère et une fois tu seras grande, tu auras à ton tour un amoureux. »*

Un deuxième cas : lorsque la petite fille veut embrasser son père sur la bouche, la réponse du papa doit être très ferme et catégorique sans choquer ni brutaliser l'enfant. Par exemple : *« Non, pas sur la bouche. On ne fait pas comme ça. Soit tu m'embrasses sur le front, soit sur les joues, mais pas sur la bouche. »* Éviter surtout d'embrasser la petite en public puisque cela provoque son imagination et lui donne une place prépondérante dans son amour. Entre trois ans et six ans, l'enfant ressent une très grande excitation et son corps reste sensible et affectueux. Un simple geste d'attachement peut provoquer ou déclencher des réactions – des émotions corporelles.

Certaines petites filles s'interposent entre leurs parents pour les empêcher de s'embrasser. Cela montre que la petite ne supporte pas de les voir ensemble. Il faut donc faire en sorte qu'elle accepte l'idée que le couple doit exister et vivre son amour. Il est nécessaire dans ce cas que le papa opte pour une phase d'échange en faisant appel à de simples questions telles que : *« Pourquoi veux-tu nous écarter ? Pourquoi tu ne veux pas qu'elle m'embrasse ? Tu es jalouse ? »* ou passer pas des affirmations très réconfortantes comme : *« J'aime ta maman et je t'aime aussi. Vous êtes toutes les deux mes amours, mais chacune représente un amour différent pour moi. »*

Dans le cas du petit garçon qui vit son œdipe, il va essayer de jouer à cache-cache avec son père. Une fois qu'il constate que son père n'y est pas et que sa mère est au lit surtout pendant les heures du matin, il va se glisser sous la couette de sa maman en cherchant à se confirmer en tant qu'homme. Sa maman doit donc mettre de l'ordre en commençant par le refuser dans son lit et de dormir avec lui. Il n'est pas interdit de lui accorder un petit câlin avant qu'il aille au lit. Il faut aussi faire en sorte qu'il puisse revenir au petit matin pour la réveiller s'il le souhaite. Le petit fera tout pour profiter de l'absence de son père pour prendre sa place. L'acte de séparation doit se jouer dans le verbal. L'enfant doit comprendre que son père ne sera pas d'accord qu'il vient passer la nuit avec sa maman. Toutefois, la maman a aussi la possibilité de le faire exister par des paroles, afin que le petit ne se sente pas seul.

Lorsque l'enfant est très tactile, par exemple quand il touche les seins ou les fesses de sa mère, il ne faut pas lui dire des mots qui risquent de le brutaliser et de le culpabiliser encore plus. La mère ou le père dans le cas où c'est la petite fille qui fait l'action doivent tout simplement dire : *« Ne me touche pas comme ça ou je n'aime pas quand tu me touches comme ça. »* Il y a encore une autre possibilité que l'enfant ne serait pas mal à l'aise d'entendre : *« On ne touche pas sa mère comme ça. D'accord ? »* Les mamans doivent être très prudentes puisqu'à l'œdipe du petit garçon, le moindre geste ou comportement de sa mère peut le mettre en émoi. Par exemple surprendre sa mère en train de se changer ou la voir en décolleté. À cet âge, il est trop sensible et très vite troublé. C'est alors aux parents de faire preuve de pudeur, de ne pas exposer leur corps devant leurs enfants à cet âge.

Dans cette étude un autre point de vue paraît logique d'être étudié pour le côté de la jeune fille tout comme le petit garçon dans l'âge œdipien. Il s'agit d'une famille dont il manque soit le papa, soit la maman. Quelle sera la réaction de l'enfant vivant dans une famille dont le sexe opposé est absent ? Comment ça se passe à la maison ? L'enfant aurait-il un moyen de manifester son œdipe ? Lorsqu'il vit avec des parents homosexuels ou lorsqu'il s'agit d'une maman ou d'un papa célibataire, l'enfant se trouvera sans le sexe opposé et il mettra ses yeux à regarder son entourage pour chercher une personne avec laquelle il va se réjouir et manifester ses désirs. Pour pouvoir faire son œdipe, il va trier parmi ses cousins, ses cousines, ses frères et sœurs, ses tantes ou ses oncles. En principe, une personne adulte sera identifiée pour jouer le rôle, le personnage ou le partenaire œdipien. À cette observation, plusieurs comédiens travaillant sur le psychodrame affirment que les grands-parents sont rarement élus pour devenir le partenaire œdipien en raison de leur âge très avancé. En revanche, l'élu doit être une personne qui lui manifeste un sentiment d'amour très attaché et capable de lui manifester de la tendresse à tout moment.

Tout ce que Freud proposait comme enjeux au plus profond de cette étude peut aujourd'hui constituer unc approche de réflexion entre le psychanalyste, l'anthropologiste et l'artiste. Comme il a été bien démontré au début, le docteur Freud initiait ses questions dans l'universalité comme concept analytique établi à partir de l'expérience des cures : traitement des maladies ou des affections graves tout comme des maladies chroniques. Son but était de rechercher l'origine, le fondement anthropologique lié au complexe d'Œdipe. Il demandait de mettre en évidence l'organisation du psychisme individuel inconscient avec certains éléments organisateurs qui jouent collectivement dans le champ du mythe, tel que le totem qui représente le parricide introuvable ou le tabou de l'inceste installé dans les histoires mythiques par le culte des ancêtres.

Chez l'enfant, il existe des valeurs constantes et invariantes que Freud appelle fantasme ou fantasme originaire qui s'expriment chez l'enfant comme des séductions ou des castrations qui sont avant tout une réponse à une scène primitive et non un questionnement pulsionnel. C'est l'une des réponses que l'enfant recherche dans ses questions angoissantes qu'il peut se poser telles que : *« D'où vient la différence des sexes ? »* Ceci interroge la psyché pour comprendre le pourquoi de la différence des sexes. C'est pourquoi les artistes thérapeutes du monde contemporain ne considèrent plus l'œdipe comme un complexe, mais l'observent plutôt pour sa fonction organisatrice. Cette réflexion est encore étudiée en profondeur par le philosophe et psychiatre égyptien André Green[40] : selon lui, le complexe d'Œdipe est une structure qui constitue le sujet – le patient.

La pratique du théâtre aux soins de la médecine expérimentale incite des chercheurs à apporter des analyses sur la production culturelle de l'inconscient, à la différence de celle qui est issue d'autres disciplines qui utilisent des moyens et des méthodes de recherche différentes. Certains chercheurs considèrent que le

---

[40] André Green, (1980), *« La Mère morte »* dans *Narcissisme de vie, narcissisme de mort*, Paris, Minuit, coll. « Critique », 1983.

complexe d'Œdipe est aujourd'hui une expression achevée laissant sa place aux variations de la culture. La pensée universelle de l'enfant ou de l'homme en général se caractérise par des éléments fondamentaux, quelle que soit la position géographique. Autrement dit, l'individu met en étude le temps, le sujet, l'objet et l'espace dans sa pensée et utilise la langue comme outil de mémorisation et de compréhension.

b) Le jeu dans le psychodrame d'Antigone

En répondant toujours à la question posée sur le rôle que joue la tragédie de la Grèce antique dans le mental du patient ou d'individu, il est indispensable d'étudier le personnage d'Antigone. Tout d'abord, Antigone signifie dans le sens grec : « Contre la progéniture ». Qui est donc Antigone et comment parle son histoire dans l'imagination du patient – de l'individu – du spectateur-voyeur ou de l'imaginaire collectif ? Son histoire, qui a plus de 2 500 ans, est-elle seulement un vieux mythe ou représente-t-elle le destin funeste et destructif d'une héroïne de la tragédie antique et romantique ? Ou est-ce tout simplement une tragédie jouée par des comédiens antiques sous les masques d'autres personnages ? Antigone peut-elle aujourd'hui être considérée comme la jeune fille révoltée et militante du droit, du devoir et du respect au corps humain avant et après la mort ? Ou ne représente-t-elle pas dans l'imaginaire collectif une jeune fille militante au respect des lois divines ? Qui est donc cette jeune fille et après 2 500 ans, qu'a-t-elle encore à dire dans ce monde contemporain ? Quelle est la valeur ou l'image de son personnage dans le monde du droit et au respect des règles ?

Pour bien comprendre Antigone et tous les enjeux qui pèsent sur son personnage, il serait logique de revenir à son histoire, l'histoire de sa famille qui remonte à celle des Labdacides[41]. Une famille maudite de génération en génération. Les Labdacides sont des descendants du fondateur de la ville de Thèbes, Cadmos. Leur malédiction remonte à la troisième génération, celle de

[41] Dans la mythologie grecque, les *Labdacides* sont les descendants du roi des Thèbes – *Labdacos.* Ils forment la famille, la dynastie royale de cette cité. Ils sont représentés dans leur célébrité par *Œdipe* et *Antigone*.

Laïos, fils de Labdacos. Ce dernier meurt très jeune et son fils Laïos est élevé par le roi Pélops[42] à Pisa. Un peu plus tard, il tombe amoureux de son fils Chrysippe et il fait de lui son amant. Le roi Pélops devient très furieux et il attire la malédiction d'Apollon sur le destin de Laïos. Quelque temps après, ce dernier épouse Jocaste, mais un oracle leur interdit d'avoir un enfant, car il leur apportera la malédiction, il tuerait son père et épouserait sa mère. Ils n'écoutent pas la prophétie et un enfant naît. Œdipe voit le jour, fait partie des descendants des Labdacides et perpétue la malédiction et le sort jeté dans cette famille. Il a joué son rôle dans la famille comme il a été bien démontré précédemment, inutile de revenir sur son histoire. Après avoir épousé sa mère et donné naissance à ses deux filles Antigone et Ismène et à ses deux fils Etéocle et Polynice, frères et sœurs, Œdipe se crève les yeux et Antigone le guide jusqu'à Colonne où il meurt aussitôt. Cette jeune fille souffrira encore plus puisque la malédiction continuera et cette fois-ci, ce sera le tour de ses deux frères qui vont s'entretuer dans un combat pour conquérir le trône de Thèbes. Etéocle devait régner, mais Polynice a refusé. Ils ont tous les deux perdu leur vie et Créon, l'unique frère de Jocaste, devient donc le roi de Thèbes.

L'histoire révoltante d'Antigone commence de là et surtout lorsque le roi Créon met en application son premier décret qui ordonne d'une part, de rendre les honneurs à son neveu Etéocle pour avoir défendu l'honneur de la ville et du trône qu'il mérite, et, d'autre part, de laisser le cadavre de Polynice pourrir sur la terre sans sépulture pour montrer l'exemple à son peuple. Il est prévu que celui qui contreviendrait à ses ordres serait puni de mort comme le précise son frère *Ismène* lorsqu'*Antigone* veut donner une sépulture à *Polynice : « Je ne peux pas dormir. J'avais peur que tu sortes, et que tu tentes de l'enterrer malgré le jour. Antigone, ma petite sœur, nous sommes tous là autour de toi […]. Nous t'aimons et nous sommes vivants, nous, nous avons besoin de toi. Polynice est mort et il ne t'aimait pas. Il a toujours été un étranger pour nous, un mauvais frère. Oublie-le, Antigone, comme il nous avait oubliées. Laisse son ombre dure errer*

---

[42] C'est le plus grand personnage de la mythologie grecque venu en Elide dans le but de conquérir la main d'Hippodamie, fille d'Œnomaos, roi de Pisa.

éternellement sans sépulture, puisque c'est la loi de Créon. Ne tente pas ce qui est au-dessus de tes forces. Tu braves tout toujours, mais tu es toute petite, Antigone. Reste avec nous ne va pas là-bas cette nuit, je t'en supplie. »[43] Cette norme prévoyant la mort est encore clairement apparue dans le dialogue entre *Antigone* et le roi *Créon* et *Le Garde* : *« CRÉON :*

Qu'allais-tu faire près du cadavre de ton frère ? Tu savais que j'avais interdit de l'approcher.

LE GARDE :

Ce qu'elle faisait, chef ? [...] Elle grattait la terre avec ses mains. Elle était en train de le recouvrir encore une fois.

CRÉON :

Sais-tu bien ce que tu es en train de dire, toi ?

LE GARDE :

Chef, vous pouvez demander aux autres. On avait dégagé le corps à mon retour ; mais avec le soleil qui chauffait, comme il commençait à sentir, on s'était mis sur une petite hauteur, pas loin [...]. On se disait qu'en plein jour on ne risquait rien. Pourtant, on avait décidé [...] qu'il y en aurait toujours un de nous trois qui le regarderait. Mais à midi, en plein soleil, et puis avec l'odeur qui montait depuis que le vent était tombé, c'était comme un coup de massue. J'avais beau écarquiller les yeux [...] je voyais plus. Je vais au camarade lui demander une chique, pour passer ça... Le temps que je me la cale à la joue [...] le temps que je lui dise merci, je me retourne : elle était là à gratter avec ses mains. En plein jour ! Elle devait bien penser qu'on ne pouvait pas ne pas la voir. Et quand elle a vu que je lui courais dessus, vous croyez qu'elle s'est arrêtée, qu'elle a essayé de se sauver, peut-être ? Non. Elle a continué de toutes ses forces aussi vite qu'elle pouvait [...].

CRÉON, à Antigone :

C'est vrai ?

ANTIGONE :

Oui, c'est vrai. [...].

CRÉON :

Et cette nuit, la première fois, c'était toi aussi ?

---

[43] Jean ANOUILH, *« Antigone », éd.* La Table Ronde, 1946, version, 2008, p. 45.

ANTIGONE :

Oui. C'était moi. Avec une petite pelle de fer qui nous servait à faire des châteaux de sable sur la plage [...]. C'était justement la pelle de Polynice. Il avait gravé son nom au couteau sur le manche. C'est pour cela que je l'ai laissée près de lui. Mais ils l'ont prise. Alors la seconde fois, j'ai dû recommencer avec mes mains. [...]

CRÉON :

Alors, écoute : tu vas rentrer chez toi, te coucher, dire que tu es malade, que tu n'es pas sortie depuis hier. Ta nourrice dira comme toi. Je ferai disparaître ces trois hommes.

ANTIGONE :

Pourquoi ? Puisque vous savez bien que je recommencerai. [...]

CRÉON :

Pourquoi as-tu tenté d'enterrer ton frère ?

ANTIGONE :

Je le devais.

CRÉON :

Je l'avais interdit.

ANTIGONE [...]

Je le devais tout de même. Ceux qu'on n'enterre pas errent éternellement sans jamais trouver de repos. [...] Polynice aujourd'hui a achevé sa chasse. Il rentre à la maison [...]. Il a droit au repos.

CRÉON :

C'était un révolté et un traître, tu le savais.

ANTIGONE :

C'était mon frère. [...]

CRÉON :

Tu savais le sort qui était promis à celui, quel qu'il soit, qui oserait lui rendre les honneurs funèbres ?

ANTIGONE :

Oui, je le savais.

CRÉON :

Tu as [...] cru que d'être la fille d'Œdipe, la fille de l'orgueil d'Œdipe, c'était assez pour être au-dessus de la loi.

ANTIGONE :

Non. Je n'ai pas cru cela.

CRÉON :

La loi est d'abord faite pour toi, Antigone [...]

ANTIGONE :

Si j'avais été une servante en train de faire sa vaisselle, quand j'ai entendu lire l'édit, j'aurais essuyé l'eau grasse de mes bras et je serais sortie avec mon tablier pour aller enterrer mon frère.

CRÉON :

Ce n'est pas vrai. [...] tu as pensé que tu étais de race royale, ma nièce et la fiancée de mon fils, et que, quoi qu'il arrive, je n'oserais pas te faire mourir.

ANTIGONE :

Vous vous trompez. J'étais certaine que vous me feriez mourir au contraire. »[44]

Antigone intervient donc avec amertume en offensant le décret du roi et elle met davantage l'idée de devoir d'honorer ses frères et de leur donner de sépulture dans les mêmes conditions sans distinction. Elle considère que cela est un impératif familial et religieux qui est important et plus contraignant que le décret du roi *Créon*. Son mental était très touché par la valeur et le respect du corps après la mort. Elle était ferme sur ce droit accordé au corps humain par le pouvoir divin. Ce droit est aujourd'hui retenu dans le Code civil français en son article 16-1-1 qui édicte que : *« Le respect dû au corps humain ne cesse pas avec la mort. Les restes des personnes décédées, y compris les cendres de celles dont le corps a donné lieu à crémation, doivent être traités avec respect, dignité et décence. »*[45]

L'histoire mythique d'*Antigone* se déroule dans une vie mettant enjeu deux normes, celle des lois divines auxquelles elle se sent très attachée et celle des lois politiques publiques impliquant la cité et représentées officiellement par le roi *Créon*.

Le travail tant collectif qu'individuel de l'histoire d'Antigone lié au devoir de la sépulture se résume à l'idée de la mort. D'une part, il y a la mort recherchée et acceptée par lui-même et, d'autre part, aussi celui de son frère Polynice dont son cadavre était l'axe principal refusant de le laisser sans sépulture et pourrir peu à peu à la vue de tous. Quant à la réflexion avancée par la version de

---

[44] *Ibid.*, p. 61, s.

[45] Code civil français, 117e édition, éd, Dalloz, 2018.

Jean Anouilh, chaque personne défendant les droits, les devoirs et les valeurs du corps aurait fait la même chose qu'Antigone puisque le corps de son frère devient puant et affecte tout le monde. Même le roi est touché par les conséquences de sa décision. Il dit à Antigone : *« CRÉON : [...] Tu crois que cela ne me dégoûte pas autant que toi, cette viande qui pourrit au soleil ? Le soir, quand le vent vient de la mer, on la sent déjà du palais. Cela me soulève le cœur. [...] je ne vais pas fermer ma fenêtre. C'est ignoble, et je peux te le dire à toi, c'est bête, monstrueusement bête, mais il faut que tout Thèbes sente cela pendant quelque temps. Tu penses bien que l'aurais fait enterrer, ton frère, ne fût-ce que pour l'hygiène ! Mais pour que les brutes que je gouverne comprennent, il faut que cela pue le cadavre de Polynice dans toute la ville [...]. »*[46]

Dans la Grèce antique, le devoir de sépulture est lié à la notion de l'immortalité et de la survie. Le fait de ne pas respecter le devoir de sépulture démontre un manquement à la mémoire. C'est donc un maintien de l'image du mort de la personne et de son corps dans la conscience collective. Il est bien beau de faire la sépulture de la personne morte, mais la négliger sous le soleil et la laisser pourrir au petit vent est une manière de la tuer encore une fois. En revanche, Antigone lie son moral à la défense du devoir de la personne vivante de prendre en charge, de s'occuper et de prendre soin des corps sans vie soumis à ses yeux. L'acte de sépulture réalisé par l'humain comme droit du défunt est aujourd'hui considéré encore comme un acte de cohésion sociale.

La jeune fille révoltée respectait les lois divines, mais aussi les lois humaines puisqu'elle n'acceptait pas que son oncle le roi de Thèbes la libère. Elle a refusé de fuir, elle se livre aux mains de la loi pour être punie pour la faute qu'elle a commise. Il y a ici une question de morale et de respect des règles : selon la norme, quiconque désobéira à la parole du roi mérite la peine de mort. La jeune révoltée est prête à être punie. À plusieurs reprises, le roi cherche à la persuader de partir or le roi est sorti de la prison sans succès. La jeune fille s'est pendue dans sa cellule et sa mort provoque de conséquences dans la famille, puisque cela entraîne le suicide de son fiancé Hémon, le fils du

[46] Jean ANOUILH, *« Antigone »*, *op. cit.*, p. 77

Créon, et sa mère femme du roi, ainsi que celui d'Eurydice. Créon se trouvant seul et abandonné commence à avoir des troubles mentaux et finit par perdre la raison.

Le théâtre de la Grèce antique avait comme poids le mythe et son attachement se substituait à la création antique de la fatalité. Le poids d'une sanction divine incarnait le spectateur-voyeur de la Grèce antique. Toute mort apportait, en soi, un sentiment tragique plus ardent et ferme puisque le public croyait aux dieux. Lorsqu'ils commençaient à perdre leur croyance, les dramaturges grecs optaient pour une autre vision de la fatalité et imposaient d'autres règles, celles du mythe. Le théâtre a donc vite installé ses conventions dans le regard du spectateur afin de toucher son psychisme et de ressortir les paroles du corps – l'expression corporelle.

La défense d'Antigone peut s'appuyer sur les premiers rites du toilettage mortuaire, comme le faisaient les Grecs antiques avant d'exposer le défunt sur un lit. La tête doit être levée et tournée vers le haut et les pieds vers le seuil de la maison. Antigone voulait faire bénéficier son frère d'un rite digne d'un être humain. Son frère Polynice est privé du droit d'un cortège funèbre jusqu'au cimetière. Le corps dans son tombeau – inhumé ou incinéré – symbolise le respect des cultes engagés. Lorsqu'une personne est morte, cela est considéré comme une libération faite par Dieu et cela est un honneur lorsque les rites sont effectués correctement.

Une question se pose sur l'intervention et la désobéissance d'Antigone aux normes du roi sur les différents corps qui ne bénéficient pas de sépulture, de rite funéraire. Que deviendraient-ils ? Par exemple les corps des soldats, des victimes de guerres : hommes, femmes et enfants pendant les deux grandes guerres ou des génocides. Les cadavres étaient comptés par millions, les corps restaient sous le soleil sans sépulture, sans identification et ils disparaissaient dans la boue et les odeurs. Y avait-il le respect de mort et de toutes les manifestations de la mort ? Où était l'esprit d'Antigone, la jeune fille révoltée à cette époque ? N'y a-t-il pas aujourd'hui d'autres Antigone ?

Toutefois, pour qu'il y ait un deuil, il y a besoin de la présence de trois éléments dans chaque rite : le défunt, l'endeuillé et le lieu de repos du défunt.

Ce dernier et troisième élément, représente le processus de sépulture effectué, or, lors des grandes guerres et des génocides, il n'y a ni le corps du défunt ni la sépulture. Il n'y a que des endeuillés comme dans le cas du Rwanda : jusqu'à aujourd'hui, des rescapés continuent toujours à rechercher les corps de leurs proches sans l'espoir de les retrouver. C'est dans cet aspect que naît l'idée de la tradition de la tombe du Soldat inconnu depuis la Première Guerre mondiale. Actuellement, l'idéologie d'Antigone s'installe dans plusieurs pays comme la France et l'Angleterre. Cette tombe représente les restes des soldats tués au combat et le fait que leurs identités restent inconnues – pas de nom ni de nationalité. Le premier soldat inconnu en France est inhumé le 11 novembre 1920 à l'Arc de Triomphe pour représenter tous les soldats morts pour la France pendant la Première Guerre mondiale. La tombe du Soldat inconnu anglaise se trouve à Londres à l'abbaye de Westminster. Il a été inhumé le même jour, le 11 novembre 1920.

B] Les enjeux possibles de la rencontre entre le théâtre ou l'action théâtrale et l'espace psychiatrique

Cette rencontre met en étude la personnalité du sujet-patient au centre d'une grande réflexion liant l'art dramatique et les centres psychiatriques. C'est dans la personnalité du patient qu'apparaît son histoire individuelle et collective, ainsi que l'ensemble de tout élément responsable de son système de conduites et de comportements. Introduire le théâtre dans la démarche d'étude psychique du patient constitue un outil dynamique pour l'individu dans le but d'activer son système psychophysique qui définit ses ajustements, ses adaptations singulières à son environnement. La recherche met en relief toutes les particularités cognitives, physiques et affectives qui distinguent une personne des autres. Le travail de ces deux grandes figures estime que la personnalité de l'individu est représentée par une unité sociale, biologique et psychologique marquant les particularités de chacun et qui ne ressemblent à aucun autre. Il faut donc aborder l'individu dans sa totalité sans négliger aucune partie qui est en relation avec son unité, son milieu de vie et son physique.

La notion de santé mentale et les phénomènes d'exclusion sociale et culturelle qu'elle produit ont été interrogés par plusieurs compagnies intéressées par cette question, à savoir celle d'Acteurs de l'Ombre en Belgique, de Locos por el teatro en l'Espagne et du Théâtre de l'Arcane en France dans un projet commun mettant le savoir-faire du théâtre comme outil de base (cf. le titre[47]). Le Réseau Art et Santé a un projet *« Théâtre Action et Champ psychiatrique »*[48] organisé le 23 octobre 2010 au Théâtre Le Moderne à Liège qui a pour objectif d'encourager le développement de projets artistiques en milieu de soins. Ce projet avait comme invité aux débats des professionnels du domaine culturel et des spécialistes du champ psychiatrique. Les questions ont été centrées sur la création théâtrale en milieu psychiatrique. *« Quels sont [...] les enjeux pour le théâtre-action d'intervenir en milieu psychiatrique ? Et quels sont les effets d'un projet théâtral développé en milieu de soin ? Quelles réactions suscite-t-il auprès des patients ? Avec quelles conséquences et quels changements du regard sur les personnes souffrant de maladies mentales ? Pour certains, prendre part à un atelier artistique, émancipe, développe la communication, ouvre l'esprit et la réflexion. Pour d'autres, c'est avant tout un moyen d'expression particulier [...], un outil politique et social, une ouverture vers un changement de regard sur la folie et les normes sociétales. Certains [...], cherchent la création artistique là où elle se trouve, dans les fondements de la personnalité de chacun, de ses émotions, son ressenti, son éducation... D'où l'intérêt de voir des personnes porteuses d'un certain vécu, fortes d'une certaine situation, l'exprimer via la forme théâtrale. »*[49]

Dans cette politique de rencontre, Jean Florence schématisait les enjeux de la rencontre en cherchant à définir la nature du lien

---

[47] 1) L'expérimentation de trois partenaires artistiques impliqués dans l'art-thérapie, p. 56.

[48] *« Théâtre Action et Champ psychiatrique »*, Rapport d'une rencontre autour du projet *« Terra Incognita.europe »*, organisée par le Réseau Art et Santé, coordonné par Culture et Démocratie ASBL, la Compagnie Acteurs de l'Ombre et le Centre de théâtre-action dans le cadre de la 13e édition du Festival International de Théâtre-Action (FITA 2010), le 23 octobre 2010, au Théâtre Le Moderne à Liège.

[49] *Ibid.*, p. 2

créé par l'alliance du théâtre et de la psychiatrie. L'idée principale est de faire jouer le dynamisme, l'énergie du théâtre en qualité de recherches artistiques liées à la liberté d'expression corporelle, la liberté d'agir, la liberté de manifestations émotionnelles, la liberté de transformer la personne désireuse de changement de comportements et toutes réalités sociales qui mènent ou aliènent l'individu à se dépersonnaliser, à s'isoler ou le poussent au retrait, au désespoir, à la haine ou à la révolte impuissante. Cette observation implique une réflexion sur une dimension politique de l'activité théâtrale indissociable de la politique de santé mentale – maladie mentale. Depuis toujours, l'art n'a jamais cessé d'être au service de la psychiatrie et montre toujours son efficacité dans la connaissance psychiatrique. Dans chaque atelier-théâtre, les malades sont observés par des soignants afin de rechercher tout indice, facteur ou élément intéressant la connaissance de la maladie dont souffre le patient d'une part et, d'autre part, ses comportements. Cette réflexion est totalement différente de celle qui a poussé les États-Unis à introduire l'art dans les milieux psychiatriques. Ils se sont intéressés à l'ergothérapie à partir d'une base très simple : éviter que le malade s'ennuie à l'hôpital psychiatrique, d'où l'idée de faire agir – ergo[50] –, aider le patient à être actif et contribuer au projet thérapeutique de l'hôpital. C'est la raison pour laquelle le métier d'ergothérapeute ne cesse de se développer dans les centres psychiatriques tant en Europe qu'en Amérique. Certains ergothérapeutes se donnent la nécessité d'être formés sur certaines notions de base artistiques afin de répondre aux attentes du patient et de la médecine. Il s'agit donc de mettre en place des moyens artistiques au service de l'efficacité thérapeutique. *« Dans ce contexte, en 1996-1997 [...], Jean Florence a créé un groupe de réflexion "Intervalle" sur les liens entre art et thérapie. [...], les personnes qui se revendiquaient de l'art-thérapie passaient à côté et de l'art et de la thérapie. Prendre une activité artistique comme un moyen thérapeutique signifie qu'on attend quelque chose de l'activité. Et l'activité n'est validée que si elle est efficace. Le thérapeute va utiliser des moyens qui relèvent*

[50] En ergothérapie, *« ergo »* à partir de son sens étymologique, est la racine grecque d'*« ergon »* qui veut dire travail, activité, ouvrage, etc.

davantage de la psychothérapie. Il n'y avait pas réellement de prise en compte de ce que déclenchait la pratique artistique en elle-même [...]. Les art-thérapeutes étaient très démunis lorsqu'ils étaient confrontés à cette violence et se sentaient eux-mêmes en échec. L'art dispose d'effets qui ne sont pas programmables, ce qui ramène au processus créateur que chaque artiste connaît. L'activité de peindre produit quelque chose chez celui qui peint. L'œuvre crée aussi l'artiste. »[51]

L'usage des moyens théâtraux à l'hôpital psychiatrique est une libre exploration avec une expression très démonstrative qui risque plusieurs interrogations : de critiques, d'imaginations, d'idées, de rêves, de moyens, mais aussi de problèmes du langage théâtral. Ce dernier comporte le langage corporel et le langage de l'esprit. Tous les deux expérimentent les données du corps en donnant une forme à toutes les productions du corps humain dans l'émotion, la haine, le plaisir, la joie, la passion ou la peine. La recherche peut être collective ou individuelle dans le dialogue et dans toute autre forme d'expression artistique. Le corps est un art et l'art est un moyen, une possibilité d'agir. La plupart des chercheurs de cette problématique précisent que la réaction du théâtre commence par une réaction fictive avant de toucher la réalité. Ils observent l'alliance de la fiction et de la réalité dans un seul élément : le corps humain en recherchant tout ce qui le fait exister. Comme tout ce qu'il aime et tout ce qu'il n'aime pas. Dans certains cas, il faut être soi-même et dans d'autres renoncer à soi-même. L'atelier-théâtre à l'hôpital psychiatrique crée un espace de raison et de liberté qui parfois fait peur lors de ses expérimentations, mais il libère celui qui le pratique. Il s'agit de mettre du lien social et culturel à la disposition des malades ou de toute personne en difficulté de discernement, de vivre et en souffrance sociale ou tous ceux qui sont en manquent. Par exemple ceux qui font appel aux exercices de la psychiatrie – des soins psychiatriques. Le projet de mettre en place le théâtre au sein des établissements de soins psychiatriques soulève un défi, mais demande avant tout de donner confiance aux forces et aux expériences théâtrales sur leur capacité à mobiliser et d'activer

---

[51] *« Théâtre Action et Champ psychiatrique »*, Rapport d'une rencontre autour du projet *« Terra Incognita.europe »*, *op. cit.*, p. 4.

toute personne par le biais des forces résidant dans le jeu de rôle. Le corps affronte sur les scènes les aspects matériels d'une mise en scène pour extraire une réalité. Il doit donc être rigoureux dans son travail, chercher sa singularité dans le collectif tout en travaillant l'imagination et chercher l'essor de la liberté dans la fiction. Le pari exige du patient qu'il soit ouvert à l'inattendu de la réalité issue de l'apprentissage de techniques et de langages afin d'affronter le public et de faire face à l'évolution de soins. C'est dans cet ensemble d'exigences de pratiques théâtrales que naissent les éventuelles énergies et ressorts thérapeutiques.

Une autre dimension non négligeable du projet est la phase de rencontre de l'autre. Une telle pratique délibère des ressources insoupçonnées de chacun. Elle peut susciter des angoisses, des doutes, des incertitudes, des découragements, des échecs. À cela s'ajoute tout ce que peut éprouver l'artiste saisi par son étude. *« Les difficultés de vie peuvent encore amplifier l'impact de ces moments difficiles. [...] La part du négatif fait partie intégrante de toute expérience humaine soutenue avec exigence : tout est mis en œuvre pour respecter cette dimension et pour la rendre supportable et lui trouver des voies de dépassement. Une question particulière se pose [...] : qu'est-ce que l'apport d'une pratique théâtrale dans une institution rencontre comme accueil, comme résistance ? Transforme-t-elle l'institution, les travailleurs, les patients ? Apporte-t-elle du bien-être ? Comment les personnes ici présentes rejoignent-elles cette question d'une politique de l'art à l'intérieur de l'institution ? Introduire de l'artistique dans une institution [...] d'une prison ou d'un hôpital, constitue un acte politique [...] Quel renoncement au pouvoir, les psychiatres doivent-ils admettre pour laisser travailler des artistes chez eux ? Quel conflit de territoire cela peut-il provoquer ? Des thérapeutes peuvent se sentir dépossédés par ce qui se passe dans l'atelier. Cela peut créer des conflits, des jalousies, du sabotage. Si le psychiatre admet qu'il se passe [...], des pratiques artistiques liées à l'improvisation et que les malades vivent cela agréablement, il aimerait savoir ce qui s'y passe. Quel est donc le degré de secret, d'intimité de l'atelier artistique à préserver pour qu'il puisse exister ? Le psychiatre, responsable de l'institution et de ses malades, peut-il accepter que certaines choses qui se passent en atelier ne lui reviennent pas dans ses rapports et diagnostics.»*[52]

Toutefois, il n'est pas évident que le fait de proposer une création artistique et théâtrale va directement aider le patient puisqu'il y a dans cette pratique des enjeux attachés à la réalité psychique de la psychose provoquant une confrontation réelle et angoissante. Il faut donc la présence d'une disponibilité de taille de la part du praticien et une grande compréhension et tolérance au refus, au silence, à l'inaction ou à l'inertie qui doivent absolument faire partie de l'expérimentation. Les artistes maîtrisent bien cette partie négative de l'expérience et ils en cherchent de solutions à tout moment. Les patients savent aussi qu'être acteur de théâtre signifie acteur de sa vie, mais ils ignorent qu'être acteur de sa vie est indéfini. Il y a quelque chose de thérapeutique dans le jeu d'acteur, mais sa réalité reste un peu obscure pour certains profanes.

1) L'expérimentation de trois partenaires artistiques impliqués dans l'art-thérapie

a) Théâtre de l'Arcane

La Compagnie Théâtre de l'Arcane ne limite pas son intervention au sein des établissements psychiatriques, mais elle élargit sa rencontre à la ville de Marseille vers le public en difficulté tels les sans-papiers, les jeunes dans les quartiers, les malades à domicile, les femmes prostituées et autres dans le but de mettre en place des actes de création. Elle intervient principalement à l'Hôpital Valvert à Marseille. Son centre d'inertie n'est pas le champ thérapeutique, mais plutôt le mieux-être de chaque individu ciblé par l'activité. Les comédiens de la compagnie proposent aux patients de construire ensemble avec le personnel soignant une démarche de création et de manifestations émotionnelles. L'idée a été bien accueillie par l'hôpital et les ateliers deviennent un espace d'échanges et de liberté. Lors de l'atelier, les malades n'ont en aucun cas été

[52] *Ibid.*, p. 5

observés ou soumis à un regard thérapeutique. Ils étaient considérés comme des acteurs et des maîtres de leur vie. Des infirmières et des patients ont été engagés dans la création, mais cette activité ne parle pas de personnages ni d'interprétation. Elle vise l'expression de quelque chose et non l'expression de soi.

Le Théâtre de l'Arcane cherche à comprendre comment se met en place cette expression ; c'est la raison pour laquelle il travaille beaucoup plus sur la méthode d'improvisation à partir d'objets indéfinis. Chaque participant apporte un objet qui lui paraît important et qui lui plaisait beaucoup et qui avait ou représentait une histoire très attachante pour lui. Par exemple, un des patients avait amené un oiseau en papier et il l'a laissé à l'atelier. Chaque séance, il venait vérifier si l'oiseau allait bien. Au début, le patient n'avait pas l'envie de participer à l'atelier, mais à force de venir, il finit par rejoindre l'atelier. Les comédiens de la compagnie travaillent souvent sur des exercices d'écoute et ils les multiplient lorsqu'ils travaillent avec des malades souffrant de psychose – des psychotiques. La méthode d'accueil et d'écoute permet à la personne qui fait l'objet d'étude d'entrer dans une atmosphère d'invention et surtout de rentrer dans un univers qui n'est pas le sien. Il a été bien dit dans le rapport du projet que : *« Le projet théâtral à Valvert n'a pas d'autre ambition que de construire avec les soignants et les patients une aventure de création. Il participe à l'invention d'une "île de liberté" où les gens peuvent se poser hors du regard thérapeutique. Le rôle essentiel de la direction de l'hôpital [...] est d'avoir marqué son accord sur ce préalable. Le travail théâtral traduit une volonté d'expression non de soi-même, mais de quelque chose. La question posée à l'intervenant est comment mettre ce quelque chose en place. Elle exige de lui d'être à l'écoute de l'infime, de créer l'ambiance qui permet d'entrer dans le champ de l'invention. »*[53]

b) Locos por el teatro

Dans les exercices et les répétitions du spectacle Perceptio de la Compagnie Locos por el teatro (Fous de théâtre), Leslie (nom

---

[53] *Ibid.*, p. 6

prénom) est le porte-parole de cette organisation espagnole et Celdran Alberto est acteur et metteur en scène et le fondateur de la compagnie. Cette dernière a été créée suite à un atelier théâtral mené à l'hôpital en qualité d'éducateur d'une association œuvrant au sein des établissements de santé. Les premiers résultats de ces ateliers-théâtre ont été présentés cinq ans après la création. Raison pour laquelle des comédiens professionnels ont très vite embrassé les ateliers de la compagnie et de cela est venue l'idée de sortir de l'hôpital pour se représenter en public et se dégager du pouvoir de surprotection institutionnelle. C'est ainsi que la Compagnie Locos por el teatro a vu le jour. Elle travaille sur plusieurs thèmes, mais leur thème central est la *« folie »*. Les comédiens, les patients, les participants ainsi que le personnel soignant avaient le désir d'ouvrir un espace moderne et relationnel tant à l'hôpital en premier lieu que dans la ville d'Alicante en second lieu et petit à petit de se propager dans toute l'Espagne avec leur projet actuel, *« L'Europe »*. Ils ont des questionnements qui font avancer rapidement leurs expériences et qui portent surtout sur leur thème capital : *« Comment se positionner par rapport à la folie [...] ? Qu'est-ce qu'un processus de création ? Comment travailler théâtralement ? Qui est-on sur le plateau ? Comment se positionner dans cet espace de liberté ? Comment sortir de ces étiquettes que la société nous a données ? Ils travaillent sur leur réalité. Le souci d'apporter à la culture une image réelle de la maladie mentale est très présent également. [...] Ils se définissent tous comme acteurs. Le travail théâtral évite toute distinction liée à l'expérience personnelle de la folie. »*[54] Lors de la création, il n'y a ni patient ni professionnel de santé, ils ont tous le même titre – des comédiens – et ils prennent tous ensemble les décisions d'une manière collective. Ils sont tous des artistes participants à l'œuvre commune – la création. La parole est donnée à tout le monde et chaque proposition est travaillée d'une manière respectueuse sans rejet. Une fois que les propositions ont été travaillées et retravaillées, c'est la personne elle-même qui constate si son idée est bonne ou non. Si elle mérite d'être encore remaniée ou améliorée. *« Ils participent ensemble à une expression artistique interrogeant*

---

[54] *Ibid.*

aussi bien des dérives portées par la peur de la maladie mentale que la question même de la schizophrénie. Perceptio *est né de cette recherche. Le spectacle aborde [...] la question de la médicalisation de la différence : implique-t-elle de rester à l'hôpital ou va-t-elle de pair avec une revendication d'autonomie et un choix de vie ? Le thème du spectacle ajoute à cet enjeu celui d'apporter une vision plus juste de la schizophrénie : comment se perçoit la peur de ceux du dedans de l'univers de la maladie – elle n'est pas niée par le spectacle – envers ceux du dehors et réciproquement, en miroir ? »*[55]

c) Les expériences de la Compagnie Acteurs de l'Ombre

La Compagnie Acteurs de l'Ombre est la troisième organisation qui participe à ce projet : *« Terra Incognita. Europe »*[56]. Ce projet se réalise à Liège en partenariat avec Asbl Réflexion, Revers, Isosl et Article 23. Le premier partenaire est une association qui s'occupe des souffrants de problèmes psychotiques, elle est une organisation en partie de l'hôpital et une partie dépend de subsides, de soutiens spécifiques de la Région. Dans ce même rapport du projet, il a été précisé qu'*« À Liège, il y a une grande filière classique, Le Petit Bourgogne et l'Agora, maintenant devenu l'intercommunale Isosl, qui comporte tout ce qu'il y a dans une structure hospitalière classique, mais en même temps aussi, toutes les structures ambulatoires [...] et notamment l'ASBL Réflexion. C'est dans ce cadre que s'est développée la collaboration avec les Acteurs de l'ombre et que sont nés les projets de théâtre-action. »*[57]

Le système du travail du théâtre action s'exerce dans toutes formes de créations artistiques collectives en atelier avec des gens qui souffrent d'une extrême solitude ou qui survivent dans des conditions de dépendance. Ils travaillent sur des créations artistiques et théâtrales avec des gens qui sont atteints d'une maladie mentale et qui souffrent dans la peur de l'extérieur tout

---

[55] *Ibid.*

[56] Le project *Terra* Incognita est un projet *européen* (n°2009-0758), organisé et financé dans le cadre du programme Culture 2007-2013.

[57] *« Théâtre Action et Champ psychiatrique »*, Rapport d'une rencontre autour du projet *« Terra Incognita.europe »*, *op. ci.*, p. 7.

comme de l'intérieur et qui présentent au regard des autres une situation étonnante dans un sens particulier. Plusieurs interrogations étaient dans le planning du travail de recherche telles que : quelle est la valeur sociale et médicosociale que présente la création théâtrale à l'hôpital ? Pourquoi travailler avec des personnes qui souffrent d'une maladie mentale ? *« En quoi le vécu d'une personne qui souffre de maladie mentale va-t-il influencer son imaginaire artistique ? En quoi ce qu'elle va créer est-il une expression, un partage, un acte de réinvention de soi et d'interrogation du regard des autres ? »*[58]

La méthode du travail de cette compagnie a comme axe principal – la folie – et elle expérimente dans une démarche de création théâtrale avec la compagnie Asbl Réflexion depuis 2004 ainsi qu'avec plus de soixante participants et résidents sans que l'objectif visé soit accompli sur une scène de spectacle et surtout devant le public spectateur. *« L'interrogation des Acteurs de l'Ombre est différente – mais complémentaire – de celle de "Locos por el teatro" axée sur la folie. Le travail théâtral des Acteurs de l'Ombre avec les personnes confrontées personnellement à la maladie mentale et les psychoses, porte davantage sur l'imaginaire. Chacun a un imaginaire sur le monde : interroger le lien entre l'imaginaire et la maladie mentale a un sens très particulier dans la création théâtrale. »*[59]

2) Quelques observations psychiatriques

a) Les observations de Nicolas Dauby et de François Monville

Le premier psychiatre, Nicolas Dauby, précisait que la philosophie principale de l'art-thérapie au sein de l'hôpital psychiatrique est de mettre l'art au service de la psychiatrie. Les éléments de base de l'art pratiqués dans le processus de soin du patient participent effectivement à l'efficacité thérapeutique. Dans son observation entre la créativité du théâtre et la thérapie psychique, il précisait que : *« Les art-thérapeutes sont cependant à côté de la question lorsqu'ils attendent quelque chose de*

---

[58] *Ibid.*
[59] *Ibid.*

l'activité qui ne pourrait être utile que si elle rend compte de son efficacité. Les effets d'une pratique artistique ne sont pas programmables. Ils dépendent de la pratique de chaque artiste, confronté aux phénomènes d'angoisse et de dissociation qui peuvent mener à "l'explosion" du malade. Il faut s'écarter de ce modèle [...] "l'œuvre crée l'artiste." Le jeu crée une potentialité en faisant passer le désir dans la réalité, mais il comprend un risque de destruction. Proposer de la créativité ne va pas nécessairement arranger les choses du point de vue clinique et psychique. L'art doit rester un "champ de surgissement" en maintenant un lien entre réalité et fiction. »[60]

Dans ce même point de vue, Nicolas Dauby expliquait que le fait d'introduire l'activité artistique dans un milieu fermé est spécifique au soin médical. Cela peut être un acte politique puisque l'intervention de l'artiste extérieur au milieu et à la fonction médicale sous-entend une remise en cause des pouvoirs conférés aux professionnels médicaux. Son argumentation est encore développée en étayant qu'*« il s'agit pour les soignants de lâcher le pouvoir et l'emprise sur l'identité de la personne malade et de son projet de vie. En bref, il s'agit de créer un espace de liberté à l'abri tant des relations individuelles que des réalités institutionnelles, ce qui implique de penser le degré d'intimité à respecter. L'espace de liberté de créer doit nécessairement laisser la place au refus, aux absences, au négatif. »*[61] François Monville[62] développait son point de vue en relatant quelques extraits d'un événement d'un de ses patients qu'il suit depuis plusieurs années. Dans sa lecture des notes qu'il prit lors des échanges avec son patient, il illustrait certaines interrogations de l'imaginaire de Jean-Marc Munaretti. Il a commencé par : *« Ce patient me dit "J'ai quelque chose de très important à vous dire : je suis schizophrène." Cette phrase faisait rupture avec ce qu'il me disait auparavant : quand il venait me voir, c'était pour essayer de comprendre [...] pour se rassurer, puis de comprendre des phénomènes qu'il reconnaissait pour étranges sans pouvoir leur assigner une cause ou un sens. Une*

---

[60] *Ibid.*
[61] *Ibid.*
[62] *Ibid.*, p.7.

multitude de petites indications dont il osait ou pas me faire part venaient accentuer son anxiété d'avoir été manipulé par quelques personnes qu'il avait à peine connues. [...] Les découvertes récentes réorientaient la compréhension des événements passés, les souvenirs d'enfance étaient infiltrés de soupçons [...] Perdu dans cette crise d'incertitude, il vivait chaque seconde la déconstruction de son monde. [...] Mais voilà que dans le moment précis que je relate aujourd'hui, s'opère un changement de scène, un lever de rideau comme on dirait lever le voile, ou un tomber de rideau comme on laisserait tomber les bras. Le patient poursuit : "[...] je sais qu'il n'y a aucun sens à ce qui s'est passé et à ce que je vous ai raconté, je vais pouvoir tourner la page et arrêter de me questionner." [...] La certitude des informations qu'il a glanées sur Internet est le relevé de quelques symptômes faisant sens en syndrome. Ils imposent un nouveau titre à son histoire : schizophrénie. [...] Du théâtre à visée thérapeutique, un jeu de rôle grandeur nature dans un hôpital psychiatrique, surgit une critique presque antipsychiatrique qui, en toute fin, devient le modèle d'une thérapie audacieuse. Dorénavant pour mon patient, les différents paragraphes, les différentes scènes, les différents échanges avec les autres participants trouvent une place dans le paradigme médical psychiatrique. [...] Mais qui est l'auteur ici ? La science, anonyme, pour les idéalistes ? Les firmes pharmaceutiques pour la théorie du complot ? [...] Aux soignants de prendre garde que la définition médicale et ses enjeux de pouvoir de la maladie répertoriée ne soit pas la définition de l'être de la personne. Nos discours théoriques et nos méthodologies sont rapidement aspirés par la tentation ontologique et la définition de l'être des choses [...]. Une fois nommé le personnage, schizophrène, le costume est vite découpé et le rôle est trop vite distribué, entre ce qu'il pourra faire et ce qui lui sera interdit sur la grande scène du monde. Cela n'a pas toujours été le même costume qu'ils ont dû enfiler, mais c'est souvent les mêmes qui disent, qui écrivent le scénario, qui doivent porter les costumes. [...] À nous aussi sans doute le devoir de soutenir ce décor nouveau, mais sans trop vite croire que nous sommes porteurs du vrai, de la vérité. [...] Nous tenons une position fragile entre conseil éclairé et imposition d'un modèle de comportement. »[63]

Il a continué ses observations en posant certaines interrogations sur l'intervention du théâtre dans le processus de soins psychiatriques. Il a encore poussé ses analyses en examinant les propos et les interrogations de ceux qui ne croient pas à l'intervention du théâtre dans les soins. Il poursuit en disant : *« Alors pourquoi le théâtre, et le théâtre action en particulier, s'intéresse-t-il à la psychose, à la schizophrénie ? [...] Pourquoi pas alors théâtre action et diabète ou théâtre action et angine ? L'ASBL Réflexion ne voudrait pas être le vestiaire et donner le costume du fou, mais aider chacun à écrire son propre scénario pour composer avec les autres une histoire multiple faite de respect et de tolérance. C'est là [...] le chapitre qui peut être partagé par les deux acteurs, l'ASBL Réflexion et les Acteurs de l'Ombre, où se noue leur dialogue. L'émergence de la parole de cultures minoritaires. »*[64]

Ceux qui veulent que le théâtre intervienne dans la maladie de diabète ou l'angine oublient que cet art dramatique peut intervenir sous plusieurs formes. Dans ce genre de maladie, le théâtre intervient de façon politique et éducative. S'agissant du théâtre et du diabète par exemple, le patient apprend comment se nourrir sans mettre sa santé en danger de façon très élevée. Il n'a pas le même style d'intervention. Il change de méthode selon le service de soins et les moyens d'interventions.

b) Les paroles des participants aux ateliers

Selon le rapport de ce projet *« Terra Incognita Europe »* mené par ces trois compagnies, Yana, une des comédiennes participantes à cet échange, est une passionnée de théâtre. Elle a travaillé avec différents directeurs de théâtre et metteurs en scène. Elle s'interrogeait sur l'acte de création lorsqu'elle expérimentait dans les services de la psychiatrie. Elle a pris la parole lors d'un atelier théâtre et a donné son analyse en se référant à certaines de ses expériences et à tout ce qu'elle avait

---

[63] *Ibid.*, p. 8.
[64] *Ibid.*

comme information. *« Elle fait remarquer qu'on lui a toujours fait croire que c'était de la création, mais au fil des rencontres, elle s'est rendu compte que seulement certaines rencontres professionnelles et artistiques lui permettaient d'approcher le champ de la créativité et de l'invention artistique. [...], on peut aussi intervenir, inventer une histoire avec quelqu'un ou faire inventer une histoire à quelqu'un sans que ce soit vraiment créatif. Dans tous les exercices de théâtre, on peut être créatif, mais cela ne dépend-il pas de comment sont mises en place les choses ? La question posée aux acteurs qui travaillent avec ce public est ce qu'est pour eux ce champ de création, d'invention, cet espace de liberté dont ils parlent. Comment définir cet espace de liberté ? »*[65]

Yana a eu la réponse à ses questions dans les explications de l'intervenant Jean-Marc Muniretti ; il précisait que les gens ont souvent tendance à prendre ou à définir la culture comme un espace autonome alors qu'en réalité, chaque individu a son espace culturel et sa richesse créative. Il est donc important de savoir comment exploiter cet espace pour susciter des émotions. Ce même spécialiste explique clairement : *« Il faut "seulement" lui donner les conditions – et notamment le temps – de son surgissement. Tout particulièrement dans le travail avec des personnes qui sont en souffrance, la démarche ne poursuit pas un résultat, mais un processus [...]. Il faut accepter de faire et refaire des exercices sans que longtemps les résultats s'envolent, mais qui mènent la personne à un climat de confiance [...] en elle et dans le groupe, est une condition essentielle pour que l'histoire, le vécu de la personne elle-même soient le creuset d'une véritable création artistique. Cette condition de la confiance dans ses propres capacités de créer est déterminante pour amener à un acte réellement créatif. »*[66]

Leslie Logero du Théâtre de l'Arcane a à son tour répondu aux problématiques de Yana en lui partageant les expériences artistiques acquises dans sa compagnie et dans les expérimentations de l'hôpital Valvert ou dans d'autres espaces de liberté : *« Au Théâtre de l'Arcane, on parle d'acte de création,*

---

[65] *Ibid.*, p. 9. s.
[66] *Ibid.*, p. 10.

de nécessité, d'authenticité, de travail organique. Ces mots [...] impliquent une ambiance de travail qui permet que cet espace de liberté existe. Cependant, la personne qui se retrouve dans cet espace de liberté n'est pas là pour s'exprimer. Quand on parle d'acte de création, on parle aussi d'engagement. Comment [...], l'individu s'engage et prend le risque de créer ? On n'est plus dans l'expression, mais dans quelque chose qui nous dépasse. Quand on parle de création, il y a un surgissement qui se produit. Quand on parle de surgissement, de création, d'émergence, on ne parle plus de schizophrène, psychotique, normal, pas normal. On est ailleurs et l'essentiel est là. La vigilance fait partie de l'ambiance de travail [...], on veille à ce que l'autre ne soit pas en souffrance. La création ce n'est pas que du bien-être, ça peut aussi être un surgissement horrible. On ne peut le contrôler. C'est ce qu'on met en place à l'hôpital Valvert comme ailleurs : est-ce que cet espace de liberté se déplace ? Comment le définit-on ? [...] Pour y faire quoi ? »[67]

Nicolas Dauby affirme que les personnes atteintes d'une maladie mentale, de problèmes psychiques ou toutes formes de déficiences mentales perd très souvent la capacité de jouer ou même le courage de s'exprimer. Toutefois, le théâtre leur donne le plaisir de jouer tout ce qui leur plaît. Elles retrouvent le plaisir, l'épanouissement et la capacité de jouer de l'enfant. Il dit que : *« Les psychologues savent que pour qu'un enfant puisse jouer, il faut qu'il ait acquis une sécurité de base, c'est-à-dire qu'il ait développé les capacités d'être suffisamment en confiance pour pouvoir développer des choses de lui-même. Peut-être est-ce cela l'acte créateur ? Notre travail serait, pour résumer, de rendre progressivement à la personne une certaine sécurité pour lui permettre d'être dans quelque chose de créateur et de ludique. »*[68]

Ainsi, une personne dont le fils souffre d'une adolescence timide qui l'envoie dans un atelier théâtre pour qu'il regagne confiance en soi. C'est dans le même réflexe que le praticien de santé envoie son patient dans un atelier théâtre en visant les mêmes objectifs, le mieux-être du patient. Le théâtre représente un aspect très spécial puisque le malade retrouve sa confiance en

---

[67] *Ibid.*
[68] *Ibid.*

lui, petit à petit, parce que les gens qui travaillent avec lui, ils lui font confiance. Cette spécificité est dans le travail en groupe, le collectif ou la création collective, mais parfois, en individuel. Dans la création collective, le produit final n'appartient à personne.

Jean Florence expliquait cette phase d'échange selon Winnicott : *« Le début de la culture, c'est ce qui se passe entre la mère et l'enfant, c'est le germe de l'humain et de la culture. La culture est à tout le monde et à personne. Souvent, on a une conception de l'art marquée par sa signature [...]. Au théâtre, c'est impossible. Il y a quelque chose de l'effacement, mais qui est en même temps de la vraie affirmation. C'est le côté paradoxal du théâtre et cette puissance paradoxale du théâtre en est son ressort thérapeutique, s'il y en a un. Mais [...] personne n'est le thérapeute de quelqu'un. C'est cette puissance paradoxale de l'action qui n'est ni l'un ni l'autre, mais qui émerge et qui est très spécifique. »*[69]

D'autres problématiques ont été soulevées par Patrick Duquenne, membre de la Compagnie de Théâtre-Action (du Collectif Libertalia). Sa question se centre sur le texte de François Monville qui *« pose la question du rôle du médecin dans le processus de création. Patrick relate une expérience lors d'un stage de jeu non verbal, de jeu d'acteur sur le silence, un stage assez physique et qui dure sept jours avec vingt stagiaires. Certains d'entre eux s'avèrent un peu plus forts, un peu plus présents, d'autres un peu moins. [...] Mais après quatre jours, un formateur français lui annonce que, parmi les stagiaires, se trouve une personne gravement psychotique qui a des problèmes de santé mentale et qui serait venue ici parce qu'elle est interdite de stage un peu partout à Paris. [...], est posée aux formateurs la question de la poursuite ou non du stage avec cette personne, et la décision d'assurer la fin du stage avec elle, tout en sachant les risques par rapport à l'institution, et [...] la personne elle-même. Le stage s'est très bien passé sauf que pendant trois jours, l'attitude de Patrick était complètement différente, il se censurait, il véhiculait des peurs et les communiquait. Comment*

[69] *Ibid.*, p. 10. s.

fait le psychiatre qui est en permanence confronté à ce type de personne ? »[70]

François Monville répond à cette interrogation en disant que cette question revient à chaque fois dans les diagnostics et les travaux cliniques. Il précise qu'il ne faut pas se limiter aux résultats diagnostiqués, mais plutôt qu'il faut avancer un peu plus, aller au-delà du diagnostic médical dans le but de faire émerger autre chose. Il dit qu'*« avec la créativité, toute personne devrait avoir la possibilité d'épanouir quelque chose d'elle-même dans un cadre rassurant et rationnel tel qu'il serait possible d'être créatif toute sa vie. Le diagnostic [...], il est cette chose rassurante, car, pour une fois, il y a quelque chose qui se dit sur ce qui se passe et permet de comprendre, mais de l'autre, il ne doit pas être le couvercle qui vient tout renfermer et tout fermer. Ce sont les limites de l'action psychiatrique dans son sens stricto sensu où il suffirait de poser un diagnostic et d'administrer un traitement. »*[71]

Paragraphe 2 – Le psychodrame psychanalytique

Cette partie a pour but de faciliter la compréhension et de cerner plus largement ce qu'est le psychodrame psychanalytique en faisant référence à quelques exercices observés en atelier d'art dramatique. Elle vise davantage les émotions des professionnels et des patients et porte un intérêt particulier sur l'ensemble des méthodes d'intervention psychothérapeutique fondées sur des activités théâtrales, comme l'improvisation dramatique, le jeu de rôle en individuel ou en groupe, la déclamation et la prononciation des mots et des phrases.

Lors des enquêtes menées pour cette recherche, des patients, des participants, différents publics et des praticiens ont chacun défini le psychodrame psychanalytique en fonction de leurs ressentis, leurs besoins, leurs attentes, leurs objectifs, mais aussi leur compréhension. Cette recherche a respecté le choix des interviewés lorsqu'ils désiraient garder l'anonymat. Leurs

---

[70] *Ibid.*, p. 11.
[71] *Ibid.*

définitions étaient construites en petites phrases simples, claires et compréhensibles.

Le psychodrame psychanalytique est défini par le patient sous plusieurs angles d'observation : celui de la personne en tant que sujet, celui de sa famille, celui de son entourage, celui de sa maladie, de sa souffrance, de son angoisse, de sa classe sociale, de son âge ou de sa profession.

Selon les définitions données, le psychodrame psychanalytique est :

- une situation jugée dramatiquement tendue et/ou révélatrice d'un conflit. Il est une représentation théâtrale généralement dirigée et orientée par un artiste thérapeute, sur un imaginaire ou une scène vécue, dans le but d'extérioriser les ressorts d'un conflit que la personne en situation de jeu réactualise dans sa relation avec soi-même ou avec les autres comédiens qui participent à la scène ;
- une forme de thérapie utilisant comme moyen unique l'art dramatique, la théâtralisation dramatique avec ses propres méthodes, mais aussi les scénarios improvisés par les patients pour trouver une solution à leurs problèmes ; en jouant, ils mettent en scène leur problématique intérieure et la partagent avec les autres ;
- un des patients participant à plusieurs ateliers théâtre précise que le psychodrame psychanalytique correspond à un jeu théâtral dont le résultat est psychothérapeutique ;
- Madame G. explique que le psychodrame psychanalytique est une forme particulière de thérapie qui s'inspire du théâtre pour inciter et favoriser l'expression de l'inconscient et de ses manifestations de défense névrotique ou psychotique, au travers de la création, de l'improvisation – de l'imagination et de l'incarnation des personnages.

Le psychodrame est aussi utilisé dans le cadre de la psychothérapie ou de la thérapie familiale ou individuelle. Expérience artistique, culturelle et thérapeutique, le psychodrame fut inventé par le médecin viennois Jacob-Lévy Moreno (1892-1974), émigré aux États-Unis. Il faisait son expérimentation en créant un théâtre de la spontanéité. Il mettait ses participants et/ou ses patients en ateliers ou sur la scène d'un théâtre afin de les inviter à une catharsis de leurs expressions corporelles, physiques et mentales, leurs émotions, tout en jouant des rôles improvisés devant un public. La plupart du temps, le public est choisi parmi les proches des patients dans le but de les aider à retrouver rapidement l'équilibre et se libérer de leurs blocages relationnels ou affectifs. Jacob-Lévy Moreno mettait l'accent sur des personnages qui pouvaient aider le patient à changer de rôle par rapport à celui dans lequel il était bloqué ou enfermé afin de retrouver facilement ses ressources créatives.

Ce psychodrame psychanalytique se développe aujourd'hui sous plusieurs formes telles que le psychodrame individuel, le psychodrame analytique de groupe ou psychodrame humaniste.

Il est indispensable de savoir ce que représente le psychodrame psychanalytique utilisé par les artistes pour des fins thérapeutiques au sein des établissements de santé. Qu'est-ce que le psychodrame psychanalytique pour eux ? La réponse des artistes est claire et simple : c'est une forme de psychothérapie faisant référence à des jeux d'improvisation, surtout de la mise en mouvement du corps à l'opposition de la thérapie analytique qui est fondée sur des méthodes verbales (échange face-à-face ou assise sur le divan avec des échanges contrôlant un processus psychique).

Dans les ateliers théâtre, le psychodrame psychanalytique est conçu de façon méthodique et systématique pour recadrer le soin du patient en mettant en avant un modèle de cure psychanalytique. Les exercices centrent l'attention sur les analyses et les implications affectives des patients ou des participants et sur les actes relationnels et transférentiels avec l'acteur-comédien psychodramatiste, afin de mieux comprendre ce dont souffre le malade, ses répétitions et ses nœuds conflictuels et inconscients. Toutefois, ce dispositif artistique et l'ensemble des outils de figuration ainsi que le répertoire des expressions des conflits internes et relationnels de la personne étudiée lors d'un exercice de psychodrame paraissent très éloignés des échanges purement verbaux d'une séance de psychanalyse.

Le psychodrame a connu une grande évolution dans les pays occidentaux depuis les années soixante, particulièrement en France sous l'influence des avancées des psychanalystes d'enfants et d'adolescents comme Serge Lebovici, Évelyne

Kestemberg, René. Diatkine ou de Didier Anzieu, Mireille Monod, G. Testemale, Paul Dubuisson qui, dans leur ensemble, réforment la technique de Moreno en psychodrame psychanalytique. Leurs idées étaient d'inventer de nouvelles techniques ou approches thérapeutiques pour soigner les enfants en souffrance psychique dont le dispositif classique n'était pas approprié ou adapté.

C'est donc à partir de là que Didier Anzieu, René Kaës et Jean-Bertrand Pontalis commencent à s'intéresser à la dynamique de groupe et aux phénomènes inconscients dans le groupe à des fins d'études ; ils ont proposé par la suite d'utiliser les techniques du psychodrame dans les différents groupes analytiques. Ces techniques, tant en groupe qu'en individuel, sont finalement conçues de façon différente du psychodrame morenien. La nouvelle méthode qui est le psychodrame psychanalytique thérapeutique devient un outil qui dépasse la base initiale pour donner différentes variantes. Il reste donc un dispositif thérapeutique qui appréhende la douleur, la souffrance psychique du patient en fonction de l'écoute et de la pensée psychanalytique.

La multiplication des expérimentations étudiant la mise en jeu du corps, la recherche de l'imaginaire et le faire-semblant sur les scènes de théâtre ainsi que l'influence de la présence de plusieurs thérapeutes psychanalystes favorisent la prise en charge de l'affectivité d'une part, et, d'autre part, l'ensemble des mouvements internes du patient. Il y a toujours dans les séances théâtrales de psychodrame une liaison entre les mots, le corps, le jeu improvisé et le rôle incarné. Grâce à cette liaison, une trace de passage se dévoile entre eux.

L'article 24 du Code de déontologie de l'art-thérapeute précise : *« En institution, seul le médecin (psychiatre et/ou généraliste) est habilité à prescrire des séances d'art-thérapie à l'exclusion de tout autre professionnel.*

Le médecin qui prescrit des séances d'art-thérapie laisse l'art-thérapeute libre d'utiliser les moyens techniques qu'il estime adaptés à la problématique du patient.

L'art-thérapeute ne calque pas ses interventions sur le temps institutionnel.

L'art-thérapeute doit tout mettre en œuvre afin de respecter temps thérapeutique et temps psychique.

Pour garantir cette condition technique essentielle, il prévoit au sein de l'espace art-thérapeutique un espace de repos et un espace de travail art-thérapeutique.

Il peut ainsi décider à tout instant qui lui paraît favorable d'interrompre la séance tout en garantissant la sécurité des patients. Il peut aussi moduler l'interruption de la séance en fonction de chaque patient d'un même groupe. »[72]

A] Le psychodrame individuel

1) Le déroulement du psychodrame en atelier

Afin que la théorie du psychodrame soit considérée dans toute sa portée applicative dans les ateliers théâtre et pour montrer qu'elle étudie des interrogations survenues lors des exercices en situation réelle ou fictive, il soit indispensable de présenter brièvement en quoi consiste l'activité culturelle et théâtrale sous forme d'ateliers psychothérapeutiques. Ceux-ci sont fondés sur le jeu de rôle auprès d'un public et/ou des participants souffrant d'un problème de santé mentale. Il convient donc d'étudier les fonctionnements, les comportements ou les émotions pouvant susciter les expressions du patient lorsqu'il est en phase d'étude sur la scène théâtrale.

En principe, les ateliers sont proposés aux participants au rythme des activités hebdomadaires, leur donnant la possibilité de se découvrir ou de se redécouvrir par le biais du jeu dramatique individuel, appliqué à voix haute surtout pour certaines expressions. Le déroulement de l'atelier s'effectue dans un espace d'échange autour d'un public et accorde à chacun plus de temps de création et d'improvisation selon l'état physique et mental du sujet d'étude. Le psychodrame individuel se pratique avec un patient, des cothérapeutes analystes et un maître de jeu, parfois appelé directeur de jeu, lequel doit être à la fois comédien psychanalyste et psychodramatiste.

---

[72] Code de déontologie de l'art-thérapeute, *op. cit.*

Au début, le patient est libre de choisir le thème et d'énoncer l'idée qu'il compte développer sur scène avant de commencer son exercice. Le maître de jeu l'aide à la mettre en scène, à faire le choix de la séquence et du mode de déroulement. Ainsi, ils fixent ensemble le but du jeu, en tenant compte du niveau de compréhension du patient et de ses problèmes éventuels. Le leader-maître de jeu et son équipe écoutent silencieusement le résumé du sujet choisi par le patient et chacun d'eux prépare mentalement son jeu et sa façon d'interpréter le thème, au cas où il serait choisi par le patient devant être accompagné dans sa démarche. Celui-ci est libre de choisir parmi les comédiens psychodramatistes en ne dépassant pas cinq pour son histoire. Ces acteurs vont jouer cette scène, mais ils peuvent refuser de jouer un rôle.

Mais pourquoi ne sont-ils pas obligés de jouer intégralement le rôle attribué par le patient ? Ils ne sont forcément pas obligés de jouer la scène énoncée pour des raisons manifestes : ils savent peu de choses sur la réalité du patient, sa vie et le mobile du choix du thème d'une part, et, d'autre part, certains comédiens essaient de jouer concrètement ce qu'ils ont interprété ou compris dans le discours du patient.

Par exemple : si le patient énonce son histoire en se plaignant de ses camarades de classe, de ses collègues, de ses voisins ou de ses parents et de ses proches, le comédien choisi joue un personnage sain et irréprochable pour mieux analyser ce qui peut être provocant dans le comportement de son patient. Par moment, le maître de jeu intervient, lors du déroulement de la scène, pour envoyer un autre comédien-thérapeute jouer un personnage cité dans l'histoire, afin de débloquer une situation à des moments où la scène se répète, se banalise, perdant alors de sa valeur. En revanche, lorsqu'apparaissent des éléments émotionnels tels que le rire, la colère, les larmes, etc., le maître du jeu met fin à la scène, car toutes ces émotions venant des tréfonds de la conscience sont l'expression de la réapparition du soi.

Le traitement psychanalytique chez l'adolescent, l'adulte ou même chez l'enfant affronte généralement des impossibilités défensives liées à des images, des idées ou attachées à des sentiments librement construits. Pour le cas de l'enfant, le comédien psychodramatiste peut contourner cette impossibilité qui freine l'évolution chez l'enfant par la présence des dessins, de coloriages ou de jeu de marionnettes ou simplement par toute forme d'activité qui permet des associations graphiques, jeux de courses, gestuelles, chants ou expressions verbales.

Il est donc important de comprendre que chaque séance de pratique psychodrame analytique alterne, quelles que soient ses variantes, avec des moments ou des temps d'échanges verbaux et avec des séquences de jeu scénique improvisé de psychodrame. Le lieu doit toujours être partagé en deux parties : une réservée pour l'espace de parole et une partie pour l'espace de jeu, c'est-à-dire qu'il n'y a plus de scène ni de spectateur comme le faisait Moreno, tout au début de ses expérimentations. Il faut retenir que dans un jeu psychodramatique, l'accent est sur l'improvisation d'un scénario de départ qui établit brièvement une situation à mettre en scène et les personnages appropriés. La première question d'ouverture de la séance est toujours celle-ci : *« Quelqu'un parmi nous a-t-il un problème qu'il souhaiterait explorer ou partager par le psychodrame ? »*

Un des participants aux ateliers, Madame W. de l'hôpital de Villejuif livre des témoignages lors de différentes enquêtes de cette recherche et elle dit : *« Lorsqu'on joue au psychodrame à l'hôpital dans l'espace qui nous est réservé, on parle, on bouge, on esquisse les gestes et surtout et c'est très important, on interagit avec les autres personnages. Les comédiens psychodramatistes nous disent à chaque fois que l'essence du psychodrame est de rester dans le registre, le répertoire de la représentation, c'est-à-dire le faire-semblant. Les participants doivent faire "comme si". Chacun d'eux doit comprendre qu'il ne s'agit pas de théâtre, ou d'une représentation de théâtre, mais plutôt d'improviser et de la recherche de soi. »*

Un autre exemple du déroulement de la séance d'art-thérapie en atelier de psychothérapie peut être cité puisqu'il reprend les mêmes démarches des pratiques théâtrales. Sara Bédard-Goulet explique : *« Dans un souci de répondre aux exigences d'un atelier d'art-thérapie dans notre propre atelier de lecture littéraire, nous avons choisi d'adapter une formule expérimentée par Mme Monique Coconnier, psychologue au service de psychiatrie, psychothérapie et art-thérapie de l'Hôpital Purpan à Toulouse. L'atelier se déroule de la manière suivante : accueil des participants, bref rappel des règles de l'atelier, choix individuel d'un texte [...], lecture partagée avec le groupe et discussion, écriture libre ou semi-dirigée, seul ou à deux, puis lecture des écrits, réponse à un très court questionnaire sur l'atelier, lequel est remis avec les écrits, fin de l'atelier. L'accueil des participants se fait [...], avec le matériel préalablement disposé, afin que chacun s'installe confortablement. Une présentation de l'atelier se fait à la première séance et les consignes sont rappelées au besoin [...] lorsque de nouveaux participants se joignent à l'atelier, et de manière régulière pour ceux dont la mémoire défaille. Le choix individuel du fragment à lire est important, car il donne la possibilité d'une rencontre entre texte et lecteur, impliquant un certain hasard, mais aussi des préférences personnelles. [...] Les œuvres étaient choisies non en fonction d'une "utilité éthique", mais de manière à aborder des thèmes et des genres variés, susceptibles d'intéresser les participants. Malgré une première appréhension à utiliser certains textes dans l'atelier, nous avons rapidement conclu que notre censure n'avait pas lieu d'être. [...] En présence d'une œuvre qui ne leur parle pas ou qui contient un matériel trop chargé émotionnellement pour eux, les participants choisissent [...] naturellement un autre texte. »*[73]

a) La fonction psychodrame analytique

La première idée ou la fonction principale de la pratique du psychodrame analytique à base de jeu de rôle est d'explorer, en soi, des fantasmes et des inhibitions sans aucune autocensure. Le patient est invité à mettre en scène ses fantasmes de façon qu'il soit lui-même le scénariste de ses pulsions, en empruntant directement au théâtre son jeu de rôle, sa psychanalyse freudienne, sa dimension ludique et sa spontanéité. Ce sont les raisons pour lesquelles le psychodrame analytique individuel devient petit à petit une technique très appliquée.

---

[73] Sara BÉDARD-GOULET, *« Lecture et réparation psychique, Le potentiel thérapeutique du dispositif littéraire »,* Littératures. Université de Toulouse le Mirail - Toulouse II ; Université de Montréal, 2012. Français, p. 27, s.

Ceci à un autre fondement non négligeable. Le fait de mettre en scène ses problèmes ou sa vie devant un public, de façon restreinte ou ouverte, ne prend pas la dimension d'un spectacle, mais cela a l'image d'un soutien, d'une aide ou d'un accompagnement dirigé par un directeur de jeu secondé par des cothérapeutes. Le psychanalyste et psychodramatiste Patrick Delaroche affirme que l'efficacité de l'activité thérapeutique du psychodrame repose sur la fiction du jeu qui empêche ou étouffe la censure. En effet, jouer comme au théâtre, surtout savoir bien faire semblant, permet très rapidement au patient de réduire les refoulements les plus profonds et lui permet d'aller encore plus au bout de ses fantasmes.

Le psychosociologue et écrivain français, Jacques Salomé, né le 20 mai 1935 à Toulouse, explique sa démarche de la pratique du psychodrame analytique individuel : le patient sujet d'étude doit se trouver seul avec un analyste qui parfois est appelé directeur de jeu ou leader assisté par un groupe des cothérapeutes, soit trois hommes et trois femmes. Tous ces psychanalystes sont chargés de jouer la scène du patient et chacun doit en principe jouer un rôle attribué par le patient.

Avant de commencer l'exercice, le directeur de jeu discute du scénario à jouer avec le patient. En général, le sketch est issu d'une pensée qui lui vient en tête et dont il souhaiterait comprendre les difficultés à partir de son imaginaire. Ce peut être, par exemple, une histoire de terreur de sommeil ou de nuit chez l'enfant ou un problème d'agressivité ou de concurrence chez l'adolescent comme il peut être un problème conjugal ou professionnel chez l'adulte. Lorsque le patient n'est pas en mesure de proposer une scène, le directeur de jeu commence par lui poser quelques questions pour déclencher son imaginaire et censurer les émotions qui empêchent la communication. Par exemple : *« Quelle est votre idée ? », « Ça se passerait où ? »* et il serait mieux aussi de chercher à savoir : *« Il y aurait qui ? ».* Jusque-là, les idées commencent à venir. Après la sélection des comédiens psychodramatistes et la répartition des tâches, le jeu peut commencer. Jean-Pierre Bourgeron, psychodramatiste, précise aussi que tout est jouable dans le jeu dans la mesure où les règles sont respectées, telles que l'interdiction de toucher les patients ou les participants en général pour éviter toute démarche de séduction. Le cothérapeute choisi par le patient ne pose aucune question, ils ne sont plus des analystes classiques. Ils jouent leurs rôles comme ils veulent. C'est donc la richesse de la méthode d'improvisation, mais le patient est tenu de travailler avec son propre inconscient et avec celui des autres personnages parce qu'ils vont jouer un scénario très différent de celui qui a été imaginé par le patient. Le psychodrame permet de représenter, en long et en large, dans un mode visuel, les instances inconscientes du moi ou de surmoi, jugées sadiques qui peuvent commettre des actes de violence.

Le jeu reste dans la verbalisation. Le leader reste en écoute et il peut intervenir en cas de déviation de la scène, d'un acte manqué ou de la présence d'une parole inédite et subversive. Il peut aussi demander à un des comédiens cothérapeutes en réserve d'intervenir et de faire revenir le sens et le but du jeu. Il est le seul habilité à stopper l'exercice et à marquer la fin de celui-ci. L'interprétation de la scène est accordée seulement au patient, sujet d'étude, pour donner sa satisfaction et dire comment la scène a été jouée, ensuite le psychodramatiste intervient. Ce dernier va donner l'écart qui représente l'épaisseur de l'inconscient dont la personne faisant l'objet d'étude n'est pas en mesure de se rendre compte. Toutefois, il faut faire attention puisque les analyses données ne vont pas directement chez le patient, mais plutôt pour montrer comment la scène a été jouée pour aider l'aider à une prise de conscience. Le fait de jouer et rejouer la même scène aide le patient à progresser de séance en séance.

Patrick Delaroche explique la fonction du psychodrame analytique selon les expérimentations de Moreno en disant clairement que *« le psychodrame analytique, qui a emprunté à Moreno la spontanéité universelle du jeu chez l'être humain, a le même but que la psychothérapie [...]. Mais il n'utilise pas le même moyen, à savoir l'association d'idées, impossible pour des raisons déjà évoquées, mais aussi à cause de certaines carences culturelles. Il est donc indiqué pour une frange importante de la population des Centres Médico-Psycho-Pédagogiques (CMPP) celle des enfants et adolescents en souffrance, désirant une aide psychologique sans [...] pouvoir y accéder et ne présentant apparemment pas de "demande", alors que le poids de leurs symptômes, scolaires en particulier, pèse sur la famille ou la collectivité.*

Le psychodrame permet [...] de faire parler des sujets qui ne demandaient en fait que cela ! C'est ce qui explique notre étonnement renouvelé quand un enfant ou un adolescent bloqué, fermé, réticent dans le dialogue de la consultation se met à jouer dès le début de la première séance, ajoutant même après la séance, comme l'un d'eux récemment : "C'est génial le psychodrame ! Il s'agissait d'un enfant [...] adopté à cinq ans et présentant à quinze ans des cauchemars répétitifs : on venait de jouer le scénario même de ses cauchemars. Car le psychodrame permet surtout au patient lui-même de découvrir que, dans la peau d'un autre, il peut enfin parler. Cela lui permet de connaître ses problèmes à travers cette identification (à lui-même), alors que jusqu'à présent seul son entourage s'en plaignait. »[74]

b) Le domaine d'intervention du psychodrame analytique individuel

Le psychodrame analytique individuel présente en général trois champs d'intérêts majeurs : le champ du diagnostic, le champ thérapeutique et enfin le champ de formation.

Le champ du diagnostic, dans l'activité du psychodrame analytique individuel, permet au patient de participer lui-même au travail qui le concerne et d'essayer de découvrir et de comprendre son mode de fonctionnement mental. Dans ce champ du diagnostic, Patrick Delaroche explique dans l'article précité en prenant quelques exemples d'expérimentations pour appuyer son analyse : *« Il arrive fréquemment qu'il soit impossible cliniquement de se faire une idée de la place du symptôme ou de la structure du sujet. Deux exemples très récents montreront au contraire comment une seule séance de psychodrame psychanalytique individuel peut nous éclairer.*

X. ne demande rien. Il a le visage triste et fermé de quelqu'un qui a épuisé, en vain, quatre psychothérapeutes successifs [...] Il souffre, parce que les autres le tarabustent. Les profs lui disent

---

[74] Patrick DELAROCHE, *« Le psychodrame psychanalytique individuel »*, *Enfances & Psy* 2000-4, n° 12, p. 89-95. p. 3.

qu'il a un problème. Sa mère le conduit de spécialiste en spécialiste. Elle l'a eu d'un homme marié qui ne s'est jamais occupé de lui et pense que tout le problème est là. Il accepte le psychodrame d'un air désabusé. À la première scène, nous jouons le couple mère-fils. Dans le rôle du fils, il est collé à sa mère, lui répond comme un bébé, puis comme un fils unique, comme un amant presque [...], puis comme un mari et un père quand le directeur de jeu fait intervenir successivement la sœur et son petit ami, puis la sœur aînée. Il nous montre dans le jeu le lien réellement incestueux qui l'empêche d'avoir tout désir autre et [...] celui de savoir.

Y. se fait renvoyer sans cesse du collège. [...] Très vite, l'enfant commençant à se dissiper au Portugal [...]. Actuellement à 13 ans en 6e, il travaille moyennement, mais surtout est présenté par le lycée comme un cas pathologique et asocial. N'a-t-il pas été jusqu'à marquer à l'encre de Chine la voiture d'un professeur femme ? Or, il adhère immédiatement aux consignes du psychodrame et comprend vite l'intérêt du jeu. Les scènes montrent que sa mère le surprotège [...] d'une façon quasi incestueuse et, ce qui en est fréquemment le corollaire, sévit de façon sadique quand elle est à bout. Bien entendu, elle évite que son ami intervienne ou dise son mot, alors que l'enfant ressent le besoin de l'autorité : cette situation d'enfant roi existait déjà au Portugal et peut-être avant le décès du père. Y. est très assidu et montre que ses passages à l'acte ont en fait une visée autopunitive. »[75]

L'intérêt du champ thérapeutique découle directement de l'intérêt du champ du diagnostic. Tout d'abord, il faut comprendre que, dans le travail du psychodrame, ces deux temps sont inséparables ou plutôt complémentaires d'une part, et, d'autre part, parce qu'ici le patient participe et arrive à maîtriser le processus thérapeutique très rapidement et bien mieux qu'en psychothérapie. L'enfant ou l'adolescent n'est jamais passif lors de l'expérimentation. Parfois, lors d'une deuxième séance, l'enfant propose lui-même d'inverser les rôles après avoir joué le sien. Cela est très intéressant puisque ça l'aide de comprendre ce que les autres rôles donnent.

---

[75] *Ibid.*, p. 3, s.

« Cette participation [...] a cependant une limite : l'enfant n'accepte plus de parler en jouant dès que le jeu revêt tant soit peu la forme de l'interrogatoire. Aussitôt, le jeune patient se ferme. C'est que la tentation est grande, pour les cothérapeutes débutants, d'arriver enfin à savoir ce qu'on leur "cachait".

En revanche, seule la participation réelle et active des adultes dans le jeu peut permettre à certains patients [...] silencieux de dévoiler leur position subjective. Le doublage qui consiste à se placer derrière le patient pour dire ce qu'on imagine qu'il pense a souvent un résultat étonnant : le patient ose dire ce qu'il pense et reprend le discours du double. Cette efficacité du psychodrame peut servir à débloquer une psychothérapie et il arrive souvent qu'on nous confie un jeune sujet qui ne veut pas arrêter son traitement, mais qui n'arrive pas à parler. Le psychodrame agit [...] au traitement individuel jusqu'à ce que le but soit atteint. »[76]

Le dernier intérêt est le champ de formation qui apporte un rôle considérable dans la formation des psychodramatistes, des psychothérapeutes ou de tous les professionnels qui participent dans la démarche de soins du psychodrame. L'atelier du psychodrame psychanalytique individuel permet de mettre en place une confrontation d'idées pour tous les participants, une initiation aux mécanismes de l'inconscient, mais aussi il facilite une révélation d'un problème personnel au professionnel soignant ou aux étudiants en formations, ignoré ou qui n'est pas encore analysé. Patrick Delaroche poursuit son article et précise : *« En contraste avec le secret de la psychothérapie et de la psychanalyse, il offre un champ d'applications thérapeutiques vérifiables et contredit [...] les accusations de non-scientificité faites à l'analyse.*

En revanche, car là aussi il y a un envers, l'intensité émotionnelle de certains jeux fait que la plupart du temps les protagonistes oublient quasi immédiatement ce qui vient de se passer. Ce refoulement quasi immédiat illustre la force de nos propres mécanismes de défense [...] nous avons eu recours à l'enregistrement pour notre travail théorique. »[77]

---

[76] *Ibid.*, p. 4, s.
[77] *Ibid.*, p. 5.

2) Le dispositif individuel

Dans cette partie, il y a quelques éléments qui sont cités encore une fois par nécessité. Il est mieux de le préciser pour éviter qu'ils soient considérés comme répétition.

Le dispositif individuel est constitué d'une équipe de plusieurs psychanalystes psychodramatistes exerçant autour d'un seul patient. En principe, ils sont au nombre de deux à cinq et ils ont pour unique fonction de participer au scénario du psychodrame. Parfois, ils sont appelés des acteurs ou des comédiens cothérapeutes. La séance de psychodrame est toujours dirigée par le directeur de jeu (meneur de jeu), lui ne joue pas, il observe. Il est le seul responsable habilité à dialoguer avec le patient, même en dehors des scènes jouées. Il met en place des rencontres préliminaires afin de discuter et de mettre en application le projet de thérapie psychodramatique.

a) Les techniques du théâtre dans la psychanalyse psychodramatique

Il y a dans cette partie d'étude des techniques de transformation qui apparaissent comme l'originalité du psychodrame, par exemple la technique de la frustration. Elle survient en psychodrame lorsque le psychodramatiste refuse de travailler un ou des personnages que l'enfant lui propose dans le déroulement du scénario, surtout quand il constate que ce rôle lui permettrait de se désengager d'une responsabilité personnelle dans la situation. Le psychodramatiste maître du jeu est tenu donc de représenter la réalité de l'histoire face aux désirs de l'enfant. S'il persiste et il refuse de jouer le jeu, cela signifie qu'il veut contrer ou empêcher la répétition du même rôle pour remanier son appareil psychique.

Il y a d'autres types de frustrations qui peuvent se manifester lorsque le jeu du psychodramatiste est jugé rigoureux et sobre face au sujet que le patient attend pour s'épanouir. Certaines résistances et oppositions ont des formes particulières dans les séances de psychodrame telles que les mécanismes de défense visant à étouffer l'angoisse ou les jeux qui visent à se prémunir du fait de manifester symboliquement la situation conflictuelle.

Toutefois, lorsque le patient a la volonté de participer et qu'il se présente chez le psychodramatiste, cela montre déjà qu'il fait face à la résistance et à l'angoisse dont il souffre. Il peut aussi être atteint d'un trouble de passage à l'acte dramatique par le fait de la présence d'une pensée taboue liée au contact physique, raison pour laquelle le directeur du jeu doit expliquer que le travail est ou a un plan strictement verbal.

Les techniques du théâtre dans la psychanalyse psychodramatique donnent naissance à trois dynamismes différents dans la pratique de l'atelier du psychodrame. Il y a l'efficacité symbolique, les effets cathartiques et enfin l'exercice des rôles.

Dans le premier point qui est l'efficacité symbolique, il y a trois registres indispensables dans le processus du psychodrame : l'imaginaire, le réel et le symbolique, c'est-à-dire l'exercice de la réalité présenté par la capacité d'assumer les rôles et d'adhérer à la règle de faire semblant – *« comme si »*. Chaque thème qui donne des expressions fantasmant le patient se situe dans le registre de l'imaginaire. Parfois, il est encore risqué que certains thèmes soient enregistrés et privilégient la réalisation des fantasmes. C'est pour cette raison que Moreno a imaginé très rapidement l'idée de faire intervenir le personnel de soins – des comédiens – cothérapeutes dans le but de contourner la satisfaction narcissique d'une activité ou jeu dont l'imaginaire se fonderait complètement sur le désir du sujet. Dans l'activité psychodramatique, le dialogue véhiculé par le temps dramatique – le geste, la parole et le silence (actions, silences et mots) – entre le patient et les auxiliaires de soins garantit la fonction symbolique similaire à la parole en psychothérapie individuelle. Ainsi une fantaisie imaginaire dépourvue de signification symbolique comme la répétition ou la représentation intégrale d'un récit déjà lu et vu au cinéma, son efficacité symbolique dans le jeu du psychodrame reste le même ou elle est de même nature que celle attendue et issue des jeux spontanés ou des dessins libres en psychothérapie conventionnelle.

Dans le deuxième point, il y a les effets cathartiques. Le but du psychodrame est de motiver le patient à manifester ses ressentis. En général, le fait d'extérioriser une émotion aide ou soulage l'individu. Toutefois, la catharsis psychodramatique reste différente dans le processus du jeu théâtral. Ce dernier permet au patient de s'attacher aux émotions et aux expressions propres au personnage ou au rôle joué et de revivre quelques situations passées et surtout d'en retrouver le contexte émotionnel et de reprendre acte sur soi-même. Dans ce même angle d'observation, le jeu théâtral permet de découvrir des tendances affectives cachées il y a longtemps, dont le développement n'avait pas été facile ou même possible pour plusieurs raisons telles que l'interférence de différents mécanismes de défense ou l'absence d'occasion favorable. Par exemple, après le déroulement de l'exercice, l'enfant inhibé assimile des choses dans son rôle joué et retient un certain comportement à mettre en place et ainsi découvre une autre ou nouvelle manière d'être. En effet, le savoir-faire des comédiens psychodramatistes réalise un nouveau mode ou construit un nouveau monde. Il est possible de tout rejouer et de tout revivre.

Dans le troisième et dernier point, l'exercice des rôles, le patient peut jouer son propre rôle ou le rôle d'un autre personnage. Lorsqu'il joue son propre rôle en psychodrame, il est confronté à des résultats illimités d'attitudes réalisables. En revanche, le but est atteint davantage lorsqu'il joue un rôle d'un autre personnage : par exemple, l'enfant joue le rôle de son père ou de sa mère, c'est un rôle qui lui est étranger, il occupe alors une place inhabituelle, mais qui lui permet d'éprouver une meilleure compréhension, tant de la relativité des rôles que des situations vivables. Cela ne se résume pas uniquement dans le sens de bien comprendre réellement qui est son père ou sa mère, mais il peut aussi ressentir la lourdeur d'être un parent et comprendre qu'il n'est pas facile d'honorer ses obligations. Il doit donc assimiler ce rôle pour pouvoir l'assumer dans son personnage. L'enfant opte pour un changement de comportement psychologique et personnel afin d'améliorer ses soins.

b) Les effets psychothérapeutiques du psychodrame analytique individuel

Les effets thérapeutiques directs du psychodrame individuel se rassemblent dans la prise de conscience du sujet mis en expérimentation, le psychodrame chez l'enfant par exemple. À travers les exercices d'improvisations dramatiques, l'enfant engage le chemin de la découverte de façon plus ou moins implicite. Il apprend petit à petit que certains rôles qu'il a joués ont ou représentent pour lui des responsabilités, des charges ou des significations qu'ils lui paraissent très difficiles à tenir – à incarner particulièrement : par exemple, le fait de jouer des rôles parentaux ou à la place des camarades de classe, des rôles fictifs ou plutôt des rôles chargés des valeurs symboliques portant sur certaines images de la famille ou des proches. Il peut aussi s'agir de son propre personnage qu'il hésitait à assumer. Les effets de la prise de conscience commencent à partir de la dimension imaginaire de tous les rôles joués lors de l'atelier. Cette prise de conscience intéresse cette recherche dans deux sens. D'une part, elle permet au patient ou à l'enfant mis en atelier de découvrir les rôles ou personnages qui lui sont très difficiles à incarner ou à assumer et, d'autre part, elle lui permet encore de prendre conscience des rôles imaginaires qu'il a joués et qu'il projette dans son univers réel pour les confronter à sa réalité.

À la fin de l'exercice, l'analyse du thème est aussi importante. Dans certaines situations, l'analyse et l'interprétation du sens symbolique sont souhaitables, voire indispensables, surtout si le moment et/ou la situation sont flagrants et si le fait d'apporter plus d'explications facilite la compréhension et la maîtrise de cette situation. Il en est de même lorsque les sentiments ou les émotions mobilisées sont beaucoup plus intenses et qu'il est très risqué de les passer sous silence afin d'éviter l'inhibition, le trouble émotionnel ou la gêne chez l'enfant. Il est important de souligner que l'interprétation doit être brève et explicative. Elle n'a pas besoin d'être longue et complexe. Le directeur de jeu doit en principe donner une simple accentuation à la formulation des improvisations faites et préciser le sens symbolique qui se dessine dans chaque action jouée. C'est donc une manière d'activer, de corriger et de pousser la prise de conscience de l'enfant et aussi de ses attitudes envers les autres. Le psychodrame aide l'enfant dans sa prise de conscience à rompre et à se débarrasser des implications imaginaires, en lui prêtant très rapidement une autre manière de regard ou de mode de vie tant dans son propre rôle que ceux des autres. Il lui arrive enfin de comprendre la portée symbolique des situations dans lesquelles il est placé. C'est ainsi qu'émerge et se développe naturellement le sens de la réalité de vie du patient – l'enfant. C'est un mécanisme de dégagement du *« moi »* qui s'oppose très concrètement à l'ensemble des opérations défensives. Jouer de manière réaliste les rôles de son existence, la scène réelle, aide à entrer dans le sens et dans la restructuration de la personnalité. C'est là la force probante et la richesse technique du psychodrame – c'est faire comprendre à travers le jeu de rôle, tous les investissements possibles envers des personnages de la réalité de la vie externe et/ou interne, mais aussi les différentes identifications ou les sentiments affectifs mettant en question la personnalité réelle du patient.

B] Le psychodrame de groupe

Dans le processus culturel, artistique et théâtral psychodramatique existent, de manière générale, des activités de groupe appelées psychodrames de groupe. Cette manière de travailler l'art de Molière en groupe permet à chaque membre du groupe de mettre en scène son histoire ou de jouer une situation de sa vie, qu'il s'agisse de son passé, de son présent ou de son futur. L'aide du groupe et celle du directeur de jeu permettent de mieux comprendre ce qui s'est passé lors du déroulement de l'exercice. Le psychodrame du groupe se déroule de façon ouverte sous trois angles de recherche et de mise en situation.

- L'angle numéro 1 est la préparation de la scène : le choix du thème à jouer par le groupe de recherche. La personne désignée fait le choix du thème choisi parmi les membres du groupe, ceux qui vont jouer le scénario avec lui.
- L'angle numéro 2 est le jeu : chacun des membres du groupe participe soit en tant que comédien acteur de sa vie, soit comme spectateur, soit en qualité de figurant ou de spectateur.
- L'angle numéro 3 est l'analyse des performances des membres : chacun exprime à la fin de l'exercice ce qu'il a ressenti et tout ce que la situation mise en évidence a évoqué pour lui. La présence de la démocratie participative est vivement constatée à la fin de l'exercice. Le maître du jeu, après avoir orienté l'activité théâtrale, aide l'ensemble des participants à comprendre la mise en scène. Il y a d'autres éléments à prendre

en compte dans chaque travail de groupe. Il s'agit des personnes concernées. Le groupe doit être composé par cinq personnes au minimum et huit personnes au maximum. Il y a plusieurs manières de composer le groupe : soit par des personnes souffrant des mêmes troubles psychiques ou réunissant les mêmes symptômes ou des troubles somatiques divers, soit par des personnes qui ne présentent pas les mêmes douleurs, ni les souffrances, ni la même maladie. Lorsque le groupe est composé par un groupe varié, la valeur de l'expérience devient très enrichissante, puisque chaque membre apporte sa contribution et sa richesse. Il y a donc une ouverture à différents modes de vie et à plusieurs façons d'être et de penser. La durée des séances du psychodrame est en principe une fois par semaine avec une durée d'une heure ou de deux heures selon la motivation des participants pendant douze mois à dix-huit mois ou vingt-quatre mois si vraiment une nécessité de prolongation s'impose. Si la composition ne varie absolument pas, sa durée reste indéterminée puisque le groupe devient lent – c'est un groupe lentement ouvert. Il y a deux possibilités d'accéder à ce groupe : soit par les différentes places laissées ou indisponibles, soit en fonction des départs.

Durant l'exercice du psychodrame de groupe, la dimension groupale est placée au centre de la recherche et du travail interprétatif de chaque analyste. Ils forment un demi-cercle dans l'aire de parole sous le regard des analystes psychodramatistes. Une particularité est à faire remarquer ici : il n'y a pas un meneur de jeu comme dans l'expérimentation du psychodrame individuel. C'est dans l'ensemble du groupe que les échanges et les associations de chacun sont sollicités dans les débats de séance et c'est tous ensemble que se décide quand il faut jouer le scénario de base – improvisation, les rôles à mettre en place et qui doit incarner les personnages. Il est évident bien sûr que pendant ou à la fin de l'exercice, certains participants peuvent s'identifier – consciemment ou inconsciemment – à d'autres personnages du groupe afin de pouvoir mobiliser des identifications conflictuelles ou de mobiliser des nœuds ou des émotions qui lui sont propres. La plupart des analystes affirment que le travail du groupe assure à tout un chacun une enveloppe psychique apaisante d'un côté, et, de l'autre, une source de transformation bien ordonnée par les analystes. Ce même travail favorise l'élaboration des liens entre membres de groupe, tisse une phase d'échange entre eux et permet davantage une reprise de valeur et de vie psychique. Chacun joue et rejoue dans le groupe ses aléas jugés traumatiques, ses liens familiaux et les obstacles de son histoire. Le psychodrame est jusqu'à aujourd'hui une figuration des liens inconscients qui se jouent en activités dramatiques entre les patients, les participants – le groupe et les psychodramatistes dans les centres des soins psychiatriques ou d'autres centres réservés.

1) La proposition d'une séance de psychodrame psychanalytique de groupe

Tout d'abord, la proposition d'une activité psychodramatique groupale dépend du nombre des participants ou des patients choisis, du mode d'intervention des psychodramatistes ou des analystes et du type de scénario de psychodrame mis en scène. Le psychodrame psychanalytique de groupe peut être proposé au patient soit comme une alternative à une thérapie engagée, soit comme une analyse classique. Toutefois, dans d'autres situations, cette indication est proposée de façon complémentaire en accompagnement avec une prise en charge individuelle. Avant de laisser le patient exprimer son consentement, il faut lui expliquer que des reprises et des discussions avec son maître du jeu du psychodrame individuel sont prises en compte pour faciliter la prise de décision et de diagnostic dans son rapport au psychodrame de groupe auquel il a participé. Lors du travail collectif, le sujet n'est pas le seul à improviser son propre rôle. Il y a la participation du groupe et toute improvisation devient l'œuvre d'un ensemble. Il s'agit donc de co-improvisation. Dans la section suivante, la valeur de ce travail évoque aussi la dimension juridique de coproduction des œuvres des patients.

a) Le psychodrame psychanalytique de groupe dans un atelier de théâtre

Travailler en groupe dans le psychodrame élargit considérablement l'observation du traitement psychologique chez l'adolescent ou même chez l'enfant. Cet avantage ne se limite pas au fait qu'il s'adresse à des structures ou à des organismes mentaux qui ne pourraient pas en bénéficier tels que les névroses de la psychothérapie, mais il va jusqu'au cadre nosologique et il augmente les moyens d'un traitement psychologique. Dès le début de l'expérimentation de la psychanalyse, celle-ci s'intéresse aux troubles de l'enfant fondés sur la psychose, tout en excluant les débiles dans l'exercice. Les résultats de l'expérience de Maud Mannoni[78] ont montré largement que la débilité ou l'imbécillité pouvait certainement être une forme d'explication tant du côté névrotique que de celui du psychotique. Son expérience était une analyse qui a tenté, avec un certain succès, surtout dans la forme grave de débilité psychotique, de soigner les troubles en faisant usage de dessins, de marionnettes, de pâte à modeler ou de poupées, moyens dont certains s'associent au psychodrame. Cette même technique est similaire à celle utilisée pour les syndromes autistiques qui parfois bénéficient en permanence des techniques dérivées de la psychanalyse. Il n'y a donc pas de structure mentale qui ne bénéficie pas de ce genre d'analyses. Lorsque dans un atelier de psychodrame psychanalytique de groupe, il y a une stricte application des règles associées à la psychanalyse, cela peut probablement bloquer l'épanouissement du sujet pour des raisons de complexité à la fois culturelles et symptomatiques. La présence de certaines inhibitions, très fréquentes en tant que formes de névroses, obsessionnelles par exemple, peut pousser au psychodrame. Il y a des cas qui permettent de lutter contre la dépersonnalisation de façon directe comme le fait de créer une alliance entre le geste et la parole, ou la voix et le regard, ou le geste et le silence, ou la parole et le silence – c'est le cas des psychoses dissociatives. L'activité théâtrale facilite chez le patient la faculté d'éradiquer des inhibitions intellectuelles partielles ou globales, puisque celles-ci peuvent aussi paralyser la démarche des soins psychothérapeutiques. L'initiative

[78] Maud MANNONI est une psychanalyste néerlandaise, née le 22 octobre 1923 à Courtrai et morte à Paris le 15 mars 1998. Elle est une grande figure de l'éducation, mais aussi de la science française de la psychanalyse. Elle est une personne importante du mouvement lacanien et créatrice d'espace analytique.

unipersonnelle du passage à l'acte, motivée par la volonté de changer, constitue un bon signe qui permet de prendre la mesure de sa valeur autocorrective.

Cette observation est fréquemment utilisée chez les juristes confrontés à certaines normes de la loi ou des réglementations et cherchant des circonstances atténuantes ou aggravantes. De façon générale, toute situation provocatrice joue un rôle au psychodrame du sujet et lui permet de s'identifier à l'acte antagoniste, qu'il soit rival ou persécuteur ; tout cela se déroule avant qu'il saisisse sa propre implication ou s'interroge sur elle. Dans ce genre de situations, le juge peut soumettre le mental du patient à une étude d'expert avant de se prononcer. Il a cette possibilité selon l'article 156 du Code de procédure pénale qui dispose que : « *Toute juridiction d'instruction ou de jugement, dans le cas où se pose une question d'ordre technique, peut, soit à la demande du ministère public, soit d'office, ou à la demande des parties, ordonner une expertise. Le ministère public ou la partie qui demande une expertise peut préciser dans sa demande les questions qu'il voudrait voir poser à l'expert.*

Lorsque le juge d'instruction estime ne pas devoir faire droit à une demande d'expertise, il doit rendre une ordonnance motivée au plus tard dans un délai d'un mois à compter de la réception de la demande. Les dispositions d'avant-dernier et dernier alinéa de l'article 81 sont applicables.

Les experts procèdent à leur mission sous le contrôle du juge d'instruction ou du magistrat que doit désigner la juridiction ordonnant l'expertise. »[79]

Il en est de même lorsque l'enfant se plaint des autres et que le psychodramatiste n'est pas en mesure de formuler un jugement ni de justifier l'acte des autres. Il est en position d'impuissance et il se sent débordé et sans moyens. La situation reste critique et défensive. Le psychodramatiste maître de jeu est incapable de faire la part des choses. Il se trouve dans l'impossibilité de s'identifier au problème dont se plaint le patient pour pouvoir tenter de le consoler ou de refouler sa plainte et lui permettre de s'imaginer au même niveau que celui de l'agresseur. Certes, le

---

[79] Légifrance, Code de procédure pénale, version en vigueur au 10 mars 2004, consulté le 18 mars 2019.

psychodramatiste est dans l'embarras, mais tout est jouable sur scène. Ceci veut dire que la seule solution qui lui reste est de mettre en scène le scénario en inversant les rôles. L'enfant plaignant jouera la place de son agresseur et l'agresseur à la place de sa victime – l'enfant. Ce qui permettra sans doute d'avoir le plaisir de jouer ; mais inconsciemment la solution surviendra dans la conscience de l'ensemble des protagonistes. Toutefois, le sujet lui-même, en jouant l'agresseur, peut comprendre son implication de manière clairement définie sans se sentir victime de façon permanente. Il faut admettre aussi que l'enfant agisse parfois par peur et par sentiment inconscient de culpabilité, mais aussi en raison de sa situation à laquelle il se juge lui-même incapable de répondre, de se défendre ou pour laquelle il manque de mots pour riposter. C'est donc dans le psychodrame que l'enfant arrivera à dépasser ce genre de situations.

b) Le déroulement de l'atelier

Comme dans le psychodrame individuel, les séances du psychodrame de groupe se déroulent en trois temps importants et complémentaires :

- Le premier temps est celui de la conception et de l'élaboration d'un scénario groupal tout au début de l'association des idées de chaque participant, ensuite le choix des participants et leurs rôles. Chacun d'eux peut imaginer son rôle et sa manière d'intervenir selon la situation fictive choisie par le groupe. Nul n'est tenu obligatoirement de jouer. Il est laissé à l'appréciation du participant de donner son consentement et de participer volontairement. Le psychodramatiste oriente et soutient la mise en œuvre du scénario tout en soulignant les éventuelles évolutions de l'activité du groupe, ou tout indice de résistance groupale freinant la démarche psychodramatique du groupe.
- Le deuxième temps est celui de la mise en jeu du scénario psychodramatique de groupe. En principe, le scénario psychodramatique se déroule dans l'aire de jeu et ceux qui ne jouent pas restent en observation de la scène depuis l'aire de parole. Or, rien ne les empêche, s'ils le souhaitent, d'intervenir en cours du jeu. Il suffit à celui qui désire participer d'annoncer le personnage qu'il va jouer et s'ajoute ouvertement à la scène en

cours. Cependant, le psychodramatiste peut participer au jeu soit à la demande du groupe ou soit à sa propre initiative ; son rôle apporte au scénario une valeur d'interprétation ou de déblocage.

- Le troisième temps est celui de la reprise du scénario, c'est un temps très difficile puisqu'il va se poser des questions, dans un premier temps, sur l'expression verbale, puis en un second temps, sur les vécus et les associations mentales de chaque participant du groupe, c'est-à-dire tous les acteurs de la scène et même les spectateurs y figurant. Dans la reprise du scénario, les observations des spectateurs-voyeurs sont aussi acceptées en qualité de retours du grand public. Le psychodramatiste intervient ou interprète les mouvements groupaux, mais rarement les actions individuelles. Il répond aux questions des participants ou du grand public pour améliorer la reprise du scénario. Il est donc évident qu'après avoir procédé à l'ensemble des observations psychodramatiques groupales, la verbalisation par chacun des patients de ses vécus très personnels, provoqués par la mise en jeu d'une scène psychodramatique, permet à tout un chacun d'élaborer et de s'approprier très rapidement les effets émotionnels et/ou les souvenirs personnels les plus lointains.

Dans l'ensemble des observations faites par cette recherche, il se déduit que ce dispositif de travail en groupe permet à chaque participant de faire des remaniements personnels.

2) Le psychodrame psychanalytique individuel en atelier de groupe

Il est aussi possible en psychodrame de groupe d'analyser individuellement un sujet soumis à des études psychodramatiques. L'atelier prend la forme d'un psychodrame individuel, mais il s'organise et se déroule en présence de plusieurs participants. En revanche, chaque participant est au centre de l'attention du psychodramatiste le temps du déroulement des ateliers.

Les dispositifs d'atelier en groupe sont comme dans le dispositif du psychodrame individuel : chaque patient choisit et décide lui-même à son tour de son propre scénario ; mais les autres patients peuvent aussi avoir des rôles à la demande du patient dont c'est le tour de proposer son scénario. Il peut y avoir une autre participation des psychodramatistes, à la demande du patient initiateur du scénario de groupe ou de leur propre initiative, pour des raisons de déblocage d'une situation inattendue dans la scène. L'équipe des psychodramatistes accompagne de près l'ensemble des patients et surtout celui qui définit le scénario et la mise en scène du jeu dramatique. Ils l'aident à proposer et/ou ils élaborent ensemble avec lui, mais en principe ils ne jouent pas de rôle. Une partie des analystes reste à l'écoute des mouvements groupaux et retransmet leur analyse en fin de séance : une observation ou une synthèse du scénario. Le fait d'alterner les promoteurs des scénarios sous forme d'enchaînement des uns et des autres participants apporte souvent une valeur associative groupale, mais l'attention, l'interprétation et l'observation du psychodramatiste restent plus individuelles que groupales. Comme certains psychodramatistes l'affirment, le groupe de travail fonctionne ici comme une caisse de résonance dans l'ensemble des scénarios et non comme moteur du travail.

a) L'analyse de groupe.

Dans l'expérimentation groupale, il y a trois éléments indispensables à l'analyse de groupe :

- Le premier élément est le principe de résonance : ici, il existe dans l'atelier de groupe une stimulation dans le rôle ou dans la fonction auto-soignante. Ceci veut dire que la méthode du savoir-faire dramatique, qui met les autres participants en phase d'observation de leur parole, de leur écoute, de leur façon d'agir et de leur manière d'être, provoque chez les participants des résonances telles que : *« Je pense que... », « Cela me fait penser à ... », « Et si on fait comme ça... »* ou *« L'autre fois, ce qu'on avait fait n'était pas ... »,* etc. L'ouverture ainsi installée permet de prendre de la distance par rapport à des obstacles qui auparavant étaient considérés ou jugés très difficiles à surmonter puisqu'ils étaient assimilés à des causes extérieures. Par cette recherche, il est clairement compréhensible dans les ateliers théâtre qu'une personne souffrante puisse toutefois aider une autre personne malade, présentant les mêmes symptômes ou d'autres, à travers une compréhension réciproque du scénario.

- Le deuxième élément est le sentiment d'isolement : quelquefois, le patient en observation présente ou a un sentiment d'isolement. Il est atteint de la maladie de la solitude. Il pense à tout moment qu'il est seul, surtout face à des problèmes insurmontables, et, incapable de pouvoir imaginer un moyen de s'en sortir – une issue possible. Il essaie de faire comprendre à tout le monde qu'il est isolé et que personne ne lui apporte aucune attention. L'accompagnement, la participation et la confrontation à d'autres patients membres du groupe apportent un sentiment de soulagement, un soutien moral et un allègement de la souffrance psychologique. C'est le premier pas du psychodrame psychothérapeutique.

- Le troisième élément est le sentiment d'existence : le travail d'écoute des autres renforce le sentiment d'existence et amène les patients à mieux se connaître et à mieux savoir se défendre face à toute chose qui jusqu'à présent apparaissait menaçante dans telle ou telle situation. La technique de verbalisation dans la mise en scène des situations liées à des difficultés personnelles aide en permanence le patient à prendre position dans le développement de soi-même.

Dans chaque analyse les membres du groupe s'expriment verbalement et procèdent à une phase d'échange dans le principe de la démocratie participative – échange libre dans un dialogue ouvert entre tous les membres, et avec le psychodramatiste qui aide à la compréhension du scénario et à résoudre les problèmes survenus sur la scène, tant en groupe qu'individuellement, et enfin, il facilite la réinsertion sociale de chacun. Certes, son implication est différemment constituée dans l'atelier et, par conséquent, la progression des participants sera inégalement établie, comme dans le développement relationnel et comportemental. À chaque début de séance, quatre règles principales sont expliquées avant le commencement de l'exercice : il faut respecter le secret du groupe, les règles de discrétion, les règles d'abstinence et d'assiduité, et enfin s'abstenir de se rencontrer en dehors de l'atelier.

b) Pourquoi le psychodrame dans le processus de soins du patient ?

Ce n'est pas en fonction de telle ou telle pathologie que le médecin pensera à proposer à son patient la thérapie du psychodrame, mais c'est plutôt en fonction des douleurs, des difficultés de se prononcer, de rêver, des problèmes de psychose ou de somation, des difficultés de symboliser ou de mettre en mots les histoires vécues ou les différents conflits internes ou externes. Il y a des moments où le patient ne se souvient de rien et se retrouve confronté à des vécus vides et blancs. Il est en pleine confusion quant à son passé : sans aucun souvenir ni d'événements, ni de rêves, ni de jeux. Il est sans fantasme ni imagination et il ne se sent pas un sujet maître de sa vie ou de son corps. Il présente souffrance et blocage dans ses relations amicales, amoureuses, professionnelles et/ou familiales. Dans ce genre de situations, le patient se sent aliéné par sa propre vie et se sent décalé ou coupé de ses propres sentiments.

Tous ces éléments indispensables précités dans l'activité du psychodrame ne sont pas entendus de façon exhaustive, mais ils permettent de démontrer l'esprit dans lequel le champ du psychodrame est indiqué et de comprendre comment il doit se terminer. C'est dans ce sens que, la plupart du temps, le patient qui a bien suivi le psychodrame est en difficulté pour dire qu'il ne veut plus continuer son traitement parce qu'il se sent déjà en dette vis-à-vis du groupe auquel il a participé, mais aussi parce qu'il est dans l'embarras du choix. Le psychodrame n'a été pour lui que le moyen de pouvoir comprendre le pourquoi, l'utilité de ses paroles et la valeur d'un traitement qui est en cours et qui est loin d'être terminé. L'important du psychodrame dans le processus psychothérapeutique est d'offrir de façon idéale une ouverture à la psychothérapie psychanalytique. L'avantage de cette activité dramatique dans les centres hospitaliers est que le patient, qui n'osait pas prendre la parole devant un public, devient leader dans les milieux et les espaces publics. Surtout, il s'éloigne de l'obstacle qui l'empêche de parler de sa maladie devant un public. Il ne considère plus sa maladie comme un sujet tabou, mais plutôt comme une évidence qui mérite d'être partagée. Elle n'est plus une honte, il a retrouvé dans la honte qu'il avait une certaine dignité. Les patients trouvent une certaine levée du refoulement dans leur précédent langage qui n'était que du mépris pour soi-même.

Section II – Atelier de création artistique à l'hôpital psychiatrique

Le *« Programme de la Culture à l'Hôpital »* prend appui sur les droits culturels, la Déclaration de Fribourg, pour mettre en place les activités artistiques et culturelles dans les établissements de soins ou dans la politique générale de santé publique. Ce même dispositif fait référence à l'article 5 de la même Déclaration, donnant accès et participation à la vie culturelle, qui dit que : *« a. Toute personne, aussi bien seule qu'en commun, a le droit d'accéder et de participer librement, sans considération de frontières, à la vie culturelle à travers les activités de son choix.*
b. Ce droit comprend notamment :
- la liberté de s'exprimer, en public ou en privé dans la, ou les, langues de son choix ;
- la liberté d'exercer, en accord avec les droits reconnus dans la présente Déclaration, ses propres pratiques culturelles et de poursuivre un mode de vie associé à la valorisation de ses ressources culturelles, notamment dans le domaine de l'utilisation, de la production et de la diffusion de biens et de services ;
- la liberté de développer et de partager des connaissances, des expressions culturelles, de conduire des recherches et de participer aux différentes formes de création ainsi qu'à leurs bienfaits ;
- le droit à la protection des intérêts moraux et matériels liés aux œuvres qui sont le fruit de son activité culturelle. »[80]

---

[80] Déclaration de Fribourg, *« Les droits culturels », op. cit.*, p. 7.

Paragraphe 1 – L'atelier artistique et théâtral du comédien - éducateur spécialisé

A] La conduite artistique de Gérard Creux[81]

Qu'est-ce qu'une conduite artistique menée par un comédien ou un éducateur spécialisé selon Gérard Creux ?

Dans le travail ou le projet artistique et éducatif, le comédien acteur social peut mener une conduite artistique. Cette conduite comprend à la fois un courant de pensée associant une manière de penser, de voir, d'agir sur des choses orientées par certaines valeurs, mais aussi par certaines normes bien définies sur un schéma social et culturel. Le comédien utilisant le théâtre comme moyen visant à faciliter la réinsertion sociale, la resocialisation, l'information, l'éducation ou la communication est un médiateur artistique. L'utilisation de tous ces moyens est aussi un outil de construction personnelle ou identitaire du travailleur social selon la philosophie de Gérard Creux. C'est ainsi que Léa Andreolety explique les expérimentations de Gérard Creux[82] en précisant qu'il *« mène un travail de qualification des apports de la conduite artistique chez l'éducateur dans la structure et auprès du public.*

Son étude statistique met en évidence deux éléments : 75,1 % des travailleurs sociaux ayant participé au sondage disent que la relation avec le public de l'établissement évolue grâce aux ateliers artistiques, et 66,5 % perçoivent la création de l'atelier comme un espace de liberté. [...] Sylvain Bordiec [...] analyse[83] le rapport entre les travailleurs sociaux, le public et la culture et plus particulièrement la façon dont les différents intérêts culturels se rencontrent et encouragent la communication. Le

---

[81] Gérard CREUX est docteur en sociologie et attaché de recherche à l'Institut Régional du Travail Social de Franche-Comté. Il est auteur d'une thèse intitulée : *« Pour une analyse des conduites artistiques des travailleurs sociaux en milieu professionnel. »*

[82] Gérard Creux, *« Les conduites artistiques des travailleurs sociaux en milieu professionnel »*, publié dans les sciences de l'éducation – Pour l'Ère nouvelle, 2006-3, vol., 39, pages 53 à 72.

[83] Sylvain BORDIEC, *« La culture comme vecteur d'ancrage dans le social »*, *Le Sociographe* 3/2014, n°47, pp. 111-119.

goût d'un travailleur social pour la culture et pour l'utilisation d'un médiateur artistique dans un projet éducatif est donc à la fois intéressant pour le public de l'établissement et pour la relation entre membres de l'équipe et employeur. [...] Cependant l'éducateur n'est pas [...] en mesure de mener un atelier artistique dans le cadre de son travail, il peut ainsi déléguer à un tiers, un comédien pour l'atelier théâtre par exemple ou alors amener son groupe à un atelier extérieur à la structure, proposé par exemple par une compagnie de théâtre. L'insertion d'une personne extérieure au groupe change également les relations entre les acteurs du projet et le type de travail accompli. De plus, l'éducateur peut participer à l'atelier, bénéficiant du même statut que les participants et que le public de l'établissement. [...] Quatre types de conduites artistiques sont évoqués : les "Pratiques artistiques à orientations occupationnelles", les "Pratiques artistiques à finalités éducatives et pédagogiques [...]", les "Pratiques artistiques dont l'objectif est plus prioritairement thérapeutique", et les "Pratiques artistiques comme moyen de réinsertion professionnelle et d'intégration sociale". »[84]

Il précise dans le paragraphe suivant que les objectifs de ces différents courants peuvent parfois s'entrecroiser selon l'étude, la méthode et le moyen mis en place. Il poursuit son analyse en proposant également d'autres classifications qui distinguent explicitement la représentation et la non-représentation selon la tonalité des différents apports d'une pratique avec ou sans finalité de création. Ces différentes catégories de pratiques sont issues de la diversité ou des mobiles motivant un comédien thérapeute à mettre en place un atelier théâtre au sein des établissements de santé. Parfois, cet atelier ou la pratique artistique sont soit la priorité d'un établissement de soins, soit la demande d'un public intéressé. Pour ces raisons, le maître du jeu – comédien thérapeute – oriente son atelier en fonction des missions éducatives escomptées au sein de son groupe de travail d'atelier d'expression. *« Ainsi, la rencontre entre les instances sociales,*

---

[84] Léa ANDREOLETY, *« La pratique du théâtre avec un public atteint de déficience intellectuelle »*, sous la direction d'Alice FOLCO, Université de Stendhal (Grenoble III), année universitaire, 2014-2015, p. 28, s.

médicales et le domaine culturel est de plus en plus fréquente dans les établissements, et l'art placé en tant que médiateur entre un public et un objectif thérapeutique ou éducatif est largement utilisé par les travailleurs sociaux. »[85]

1) Le déroulement de la conduite artistique

a) Le travail éducatif dans l'art-thérapie

Parmi les moyens déployés pour assurer le bon déroulement de l'atelier et l'accompagnement d'un individu examiné, il y a la création d'une relation éducative entre le comédien médiateur artistique et le sujet d'étude ainsi que le théâtre. Ce dernier est un vecteur d'apprentissage développant la relation directe entre intervenant et participant tout en gardant une dimension éducative. Il assure un autre type de travail qui se résume dans l'acte et l'accompagnement éducatif et informatif. L'art-thérapie est utilisée en tant qu'un moyen médiateur aidant le patient souffrant ou atteint de déficience intellectuelle ou souffrant d'autres pathologies à rechercher un équilibre entre ces différents domaines cités. Le théâtre détient donc une utilité dans le projet du travail éducatif ou dans la démarche artistique d'accompagnement. La participation aux actions culturelles et théâtrales entraîne un épanouissement de l'individu et aide à la croissance et au développement personnel. Il apporte à celui qui le pratique une confiance en soi accrue et des processus éducatifs qui développent les rapports sociaux et professionnels. Il en est de même dans le cas du développement du langage, de l'ouverture à la resocialisation, mais aussi grâce à la créativité et à la productivité autonome.

b) Le rôle et la limite de l'éducateur spécialisé

Dans cette partie du travail, le problème juridique qui peut être soulevé est un problème de compétences puisque, jusqu'à présent, le législateur n'a pas réparti les compétences du comédien artiste thérapeute et de l'éducateur spécialisé, dans le

---

[85] *Ibid.*, p. 29.

projet artistique théâtral. Toutefois, pour pallier l'absence de législation, les praticiens de cette art-thérapie ont séparé le rôle respectif du comédien intervenant artistiquement et celui de l'éducateur spécialisé – travailleur social. Ce dernier gère le groupe de travail et supervise les problèmes disciplinaires, la relation entre participants ou celle de ces derniers avec l'artiste, il mesure le niveau d'écoute et le dynamisme du groupe. *À contrario*, le comédien intervenant assure la gestion de l'activité, en conduisant le projet. Pour éviter qu'une tension ou une résistance se manifeste entre ces deux parties, d'une part, la partie visée, les animateurs sociaux, et, d'autre part, les concepteurs de l'activité artistique, parfois appelés les aspirants artistiques de l'art, il faut que l'intervenant extérieur intègre à sa pratique d'un côté, les difficultés des participants et, de l'autre, l'adaptation régulière au travail du groupe en fonction des situations et des objectifs visés par l'institution. Cela veut dire que le projet artistique proposé par le comédien et sa pratique, ainsi que la finalité du travail doivent toujours évoluer.

Conformément au contenu informatif et éducatif de cette recherche, la distinction entre la créativité et la création esthétique est indispensable dans ce genre d'études. Le comédien se trouve dans l'obligation d'adapter son projet et de redéfinir les objectifs de la démarche artistique ainsi que de l'axer sur un système pédagogique tout en tenant compte de l'accompagnement éducatif qui est un élément nécessaire dans le processus de soins et dans le développement des participants. Pour mieux mener les ateliers artistiques, il faut bien saisir la différence entre le travail artistique et le travail éducatif. Cette étude précise que ces deux professionnels, le comédien artiste et l'éducateur professionnel, doivent comprendre que l'intervenant extérieur est appelé par une structure ou même par un éducateur spécialisé à intervenir dans les soins du patient, en facilitant une rupture avec le travail éducatif mené au quotidien, ceci afin de travailler sur d'autres bases et avec d'autres moyens. Le législateur doit en principe intervenir pour définir clairement le travail de ces deux professionnels et éviter ainsi des conflits. En général, la tension peut surgir du décalage entre la réalisation du projet artistique et la vie institutionnelle représentée par l'éducateur social. *« Bien que l'intervenant ne prenne pas le rôle de l'éducateur, il prend en compte les difficultés du public et du travail d'accompagnement quotidien, ce qui peut se heurter au projet. À l'inverse, l'éducateur doit se situer entre plusieurs rôles : responsable du groupe, figure d'autorité et participant à l'expérience au même titre que le groupe. Il doit [...] rattacher le travail de l'intervenant à l'accompagnement éducatif réalisé au quotidien, pour que le projet s'inscrive dans une démarche à la fois sociale et artistique. »*[86]

La fonction de l'éducateur spécialisé connaît des limites même s'il n'est pas accompagné d'intervenants extérieurs gérant la pratique théâtrale. Ses limites se situent entre la figure ou l'exploit artistique et le travail ou la responsabilité éducative. Une autre question importante se pose sur la limite de l'éducateur en soulevant l'interrogation : *« Peut-il réellement accomplir ce travail lorsqu'il doit gérer un groupe en prenant en compte à la fois création et créativité, les désirs de chacun, mais aussi les objectifs institutionnels ? Olivier Couder [...] s'interroge sur le croisement de la pratique du théâtre et du domaine social. Dans son article*[87] *[...] il affirme que le théâtre peut désamorcer des situations et est utilisé [...] sans objectif précis, ou même simplement pour occuper un groupe, même s'il reste un outil efficace. Comme Hamel Puissant, Couder appuie sur la nécessité de séparer le travail éducatif du travail artistique, donc de faire appel à un intervenant extérieur pour créer un décalage et ne pas mélanger les enjeux de l'établissement au travail réalisé lors de l'atelier théâtre. Cependant il affirme que la création d'un statut d'enseignement de théâtre remettrait l'atelier au cœur du travail institutionnel. [...] La limite des capacités de l'éducateur réside ainsi dans cette impossibilité de créer lui-même ce décalage puisque l'acte éducatif est son quotidien. [...] la finalité de la pratique du théâtre en institution doit être purement artistique, suggérant une séparation de l'accompagnement éducatif et de l'atelier artistique, remettant ainsi en question une partie de la définition de la médiation. »*[88]

---

[86] *Ibid.*, p. 29, s.

[87] Olivier Couder, *« Du théâtre comme roue de secours ou comme dérive dans la relation éducative ? »*, Éd., Armand Colin, Le Français Aujourd'hui, 2006/1(n°152), pages 105 à 112.

[88] *Ibid.*, p. 30.

2) L'atelier de dramathérapie : action symbolique, effets de la théâtralité et conséquences de ses produits

Comment l'atelier théâtre peut-il apporter une efficacité symbolique à partir de ces différentes pratiques, telles que les rituels ou les pratiques de guérison ? Dans telle ou telle scène, comment différentes formes de théâtralité sont-elles nécessaires pour y inscrire l'altérité ? Quels sont les effets de la théâtralité et comment agit le théâtre dans les soins du patient ?

a) Action symbolique dans la dramathérapie : effets de la théâtralité

La pratique du théâtre agit sur le patient et sur toute personne participant aux ateliers expérimentaux. En quoi son efficacité est-elle une action symbolique ? Quels sont donc les effets de la théâtralité ?

Tout d'abord, plusieurs chercheurs africains ont assimilé les actions symboliques à des effets de la théâtralité des rituels, des fêtes religieuses ou des cérémonies culturelles. Ils les ont observés dans les différentes sociétés traditionnelles qui ne concevaient pas le théâtre de la même manière que dans les sociétés occidentales. Ces dernières se posaient la question de la dimension scénique et dramatique des rites, des activités religieuses et/ou thérapeutiques, s'agissait-il vraiment de théâtre ou de religion ou plutôt était-ce simulé ou vrai ? Cette question reposait sur la théâtralité des pratiques de sorcellerie ou bien même de guérison. Elle visait la relation possible entre le théâtre africain et le théâtre d'après la décolonisation ou enfin le théâtre inventé. Cette observation très critique s'opposait au théâtre qu'a connu l'Occident qui s'enrichit et développe dans le cadre de fêtes, de rites, mais aussi de croyances qui s'inscrivent dans des liens politiques et sociaux ou des liens avec les institutions religieuses ou juridiques. Claude Lévi-Strauss dirige ses travaux de recherche sur la question du symbolique[89] et demande de ne

[89] Juignet PATRICK, « Claude Lévi-Strauss et la fonction symbolique », in : Philosophie, science et société [en ligne], 2015. Disponible à l'adresse :

pas considérer le terme symbolique dans le sens d'une image, mais plutôt dans le sens d'une matrice active de sens. Il est possible selon lui de le considérer comme une structure très signifiante, culturellement fondée et articulée et qui agit dramatiquement. Il est donc important de comprendre qu'une fois mis en scène les symboles du groupe, cela signifie une opération dramatique et juridique en même temps. C'est dans ces sens-là qu'apparaissent la portée et la puissance d'une forme d'action symbolique qui s'exerce sur plusieurs plans en même temps : sur le plan religieux, le plan légal, le plan esthétique ou institutionnel. L'action théâtrale va toucher tous les éléments constituant une collectivité. Chaque mise en jeu de toute forme d'activité symbolique constitue une métaphore du groupe – le public – et elle se déroule avec une sorte de brouillage des références connues ou avec des repères subjectifs qui poussent à s'interroger sur soi, sur l'individu ou au sein du groupe. L'action symbolique dans le théâtre dramatique mobilise toutes les instances, tant psychiques que collectives et individuelles, qui sous-tendent le rapport au réel tout en les nommant et en les dirigeant, mais sans les dissiper.

Cependant, le maniement de symboles produit une transformation de statut chez les individus. Il est clair par exemple que l'action d'un thérapeute ou d'un comédien ou celle d'un sorcier ont en commun de mettre en scène les ressorts d'un ordre symbolique ou d'inciter à des remaniements imaginaires. L'efficacité de l'action symbolique dépend grandement d'un champ de gravitation comportant plusieurs éléments tels que :

- la croyance de personnes ensorcelées ou malades face au pouvoir du sorcier ;
- la croyance du sorcier dans l'efficacité de ses moyens et de ses techniques ;
- la confiance profonde de la collectivité ou du public qui approuve et qui confère une légitimité à la démarche engagée et qui garantit ce champ de gravitation conforme à la loi. C'est à partir de ce consensus bien établi que l'action symbolique retrouve ses racines culturelles.

---

https://philosciences.com/philosophie-et-societe/sociologie-anthropologie-ethnologie/28-claude-levi-strauss-et-la-fonction-symboliquee

L'efficacité de l'action symbolique peut être bien explicite dans l'un des ouvrages de Molière, *Le médecin malgré lui*[90], ou dans la pièce de Jules Romains, *Knock ou le Triomphe de la médecine*[91], des œuvres qui mettent en relief la croyance des patients envers la puissance mensongère de leurs médecins.

b) Les conséquences juridiques des œuvres produites dans l'atelier théâtral

Cette partie interpelle le droit de la propriété intellectuelle. Qu'est-ce que la propriété intellectuelle ? Ce terme évoque d'une manière générale l'ensemble des œuvres de l'esprit comme les œuvres artistiques et littéraires, les inventions, les dessins et modèles, les noms, les emblèmes et toutes formes d'images utilisées dans le commerce. Elle est protégée par la loi sous la forme de brevets, de droits d'auteurs ou d'enregistrements de marques dans le but de permettre au créateur de tirer un avantage financier de leur création ou de leur invention ou plutôt d'en avoir une reconnaissance.

Cette recherche s'est intéressée davantage aux droits d'auteur. Qu'est-ce que le droit d'auteur ? Pourquoi le droit d'auteur ? Tout d'abord, c'est un terme juridique utilisé pour désigner les droits des créateurs sur l'ensemble de leurs œuvres tant littéraires qu'artistiques, comme c'est le cas du théâtre, du cinéma, de la musique, de la sculpture et d'autres.

Depuis longtemps, la culture franchit les murs de l'hôpital, mais à partir du XIXe siècle, les productions artistiques des patients souffrant de troubles psychologiques suscitent des problèmes de définitions et aussi des intérêts juridiques applicables non seulement sur les œuvres d'art à part entière, mais aussi sur les expressions pathologiques singulières.

Les juristes, les professionnels de santé, les patients ou les différentes classes sociales se posent la question de la production, de la reproduction et de la protection des œuvres créées au sein

---

[90] MOLIÈRE, *« Le Médecin malgré lui »*, acte III, scène V., édition de Georges Couton, Coll., folio classique, *éd.*, Gallimard, 1971 et 1978 ; 1999 et 2013. Version consolidée au 23 octobre 2019.

[91] Jules ROMAINS, *« Knock ou le Triomphe de la médecine »*, écrite en 1923, Édition Gallimard, 1924.

des établissements de santé. À qui reconnaître la qualité d'auteur ? Quel est le statut de l'auteur ? Quelle est la valeur juridique de l'œuvre créée ?

Il est facile de reconnaître l'auteur et son statut dans certaines formes de créations artistiques, mais dans les ateliers théâtre santé, la réglementation juridique relative au droit et au statut des auteurs n'est pas une évidence. Cette recherche constate qu'il ne s'agit pas tout simplement de prendre en compte le rôle joué par des organisations sociales et professionnelles dans les créations, mais aussi l'impact produit par la reconnaissance juridique du droit d'auteur. Il peut y avoir donc des conséquences artistiques, financières, et aussi administratives.

Pour mieux avancer dans ce sujet, il indispensable de rappeler les principes juridiques régissant le droit d'auteur et ensuite d'identifier certaines professions dans lesquelles ni la loi, ni la jurisprudence ou les pratiques n'ont abouti à une position identique – ou commune. Avant tout le Code de la propriété intellectuelle précise dans son article L.112-2 que : *« Sont considérées notamment comme œuvres de l'esprit au sens du présent Code :*
1° les livres, brochures et autres écrits littéraires, artistiques et scientifiques ;
2° les conférences, allocutions, sermons, plaidoiries et autres œuvres de même nature ;
3° les œuvres dramatiques ou dramatico-musicales [...] »[92].

Reste à savoir : qu'est-ce qu'une œuvre de l'esprit selon cet article puisqu'il dresse une liste non exhaustive ?

Une œuvre de l'esprit se caractérise ou se définit comme toute création intellectuelle originale réalisée sous trois conditions : une création intellectuelle : peu importe le caractère de la création ; une forme : c'est-à-dire la création n'est protégée que si elle est réalisée, matérialisée. Une idée non exécutée n'est pas du tout protégée par la loi. Une originalité : l'œuvre créée est marquée par le caractère personnel de l'auteur, cela signifie qu'une autre personne n'a pas créé la même chose.

---

[92] Légifrance, Code de la propriété intellectuelle, version en vigueur au 24 mars 2019, consulté le 24 mars 2019.

La protection de l'œuvre est automatique dès sa création sans l'exigence d'une formalité administrative et juridique.

Le même Code précise dans son article L.111-1 que : *« L'auteur d'une œuvre de l'esprit jouit sur cette œuvre, du seul fait de sa création, d'un droit de propriété incorporelle exclusif et opposable à tous. Ce droit comporte des attributs d'ordre intellectuel et moral ainsi que des attributs d'ordre patrimonial, qui sont déterminés par les livres Ier et III du présent code. L'existence ou la conclusion d'un contrat de louage d'ouvrage ou de service par l'auteur d'une œuvre de l'esprit n'emporte pas dérogation à la jouissance du droit reconnu par le premier alinéa, sous réserve des exceptions prévues par le présent code. Sous les mêmes réserves, il n'est pas non plus dérogé à la jouissance de ce même droit lorsque l'auteur de l'œuvre de l'esprit est un agent de l'État, d'une collectivité territoriale, d'un établissement public à caractère administratif, d'une autorité administrative indépendante dotée de la personnalité morale ou de la Banque de France. Les dispositions des articles L.121-7-1 et L.131-3-1 à L.131-3-3 ne s'appliquent pas aux agents auteurs d'œuvres dont la divulgation n'est soumise, en vertu de leur statut ou des règles qui régissent leurs fonctions, à aucun contrôle préalable de l'autorité hiérarchique. »*[93]

Qui est donc l'auteur ? Il peut y avoir une œuvre à auteur unique comme il peut y avoir une œuvre à plusieurs auteurs.

L'œuvre est à auteur unique lorsque la qualité de l'auteur revient, sauf preuve contraire, à celui qui l'a créée, à celui sous le nom de qui l'œuvre est attachée et divulguée. Selon l'article L.113-1 du même Code, la qualité d'auteur est attribuée à celle ou à celui qui se l'approprie et qui se fait reconnaître en tant qu'auteur. Il bénéficie donc des droits patrimoniaux pendant toute la durée de sa vie et durant soixante-dix ans, à compter du 1er janvier de l'année suivant sa mort.

Si l'œuvre est considérée comme une œuvre de collaboration selon les articles L.113-2 et L.113-3 du même Code, cela implique la participation et la contribution de plusieurs personnes physiques lors de la réalisation de l'œuvre tout en identifiant la contribution de chacun. Elle bénéficie des mêmes protections que

---

[93] *Ibid.*

la première et les auteurs bénéficient des mêmes droits. Elle est donc protégée soixante-dix ans à compter du 1er janvier de l'année suivant le décès du dernier des créateurs – ou des auteurs.

L'œuvre est collective lorsqu'elle est créée par un ensemble d'auteurs, mais sur la volonté d'une seule personne, physique ou morale, qui l'édite et la divulgue sous son nom ou sa direction. Il est alors difficile de distinguer la contribution de chacun des auteurs et d'attribuer les droits à chacun d'eux. Les articles L.113-2 et L.113-5, du même code, précisent et donnent plus d'informations sur l'œuvre collective. La durée de la publication est aussi de soixante-dix ans à partir du 1er janvier de l'année civile suivant celle où elle a été divulguée ou publiée. La date de la divulgation ou celle de la publication constitue un repère pour les calculs, c'est une date de présomption à utiliser avec prudence.

Au-delà de ces trois grands auteurs de créations, il y a l'artiste-interprète qui bénéficie aussi de droits d'auteur appelés droits voisins. L'artiste-interprète est la personne qui met sur scène de façon représentative des chants, des récits, des textes ou qui exécute, réalise ou représente, par tout moyen toutes formes d'œuvres littéraires ou artistiques comme des spectacles de cirques ou de marionnettes en public. Il a le droit moral de son interprétation comme le respect de son nom, de sa qualité, mais aussi de son interprétation elle-même. C'est un droit qui est inaliénable et imprescriptible et qui est attaché directement à l'artiste-interprète, c'est-à-dire à sa personne. Ce droit est donc transmissible aux héritiers dans le cadre de la protection de la mémoire du défunt, mais aussi de l'interprétation. Non seulement il a le droit moral de son interprétation, mais aussi il a des droits patrimoniaux : la fixation de sa prestation, sa production, sa communication au public ainsi que l'utilisation du son et de l'image.

La durée de protection du droit voisin est de cinquante ans à compter du 1er janvier de l'année civile suivant l'interprétation pour l'artiste-interprète, la première fixation d'une séquence de son lorsqu'il s'agit de productions phonogrammes, d'images sonorisées ou de vidéogrammes ou enfin de la première communication au public pour les entreprises de communication audiovisuelle.

Après ce rappel de quelques notions du droit de la propriété intellectuelle sur l'ensemble des droits d'auteurs, il est indispensable de chercher à savoir comment ces droits d'auteurs sont interprétés et argumentés dans les établissements de soins plus particulièrement dans les hôpitaux psychiatriques.

L'intérêt porté aux productions artistiques des malades mentaux date des recherches menées par le criminologue italien Cesare Lombroso sur les événements de représentations des œuvres artistiques qui l'ont conduit à instaurer le Cabinet de curiosités. Il serait trop long de revenir ou de s'attarder sur l'histoire de ce scientifique à l'origine de cette interrogation puisque le parcours historique de ladite thématique a déjà été évoqué dans l'introduction.

Cette recherche pose d'abord une interrogation sur les œuvres artistiques des malades mentaux. Comment une personne souffrant d'une maladie ou d'un trouble mental peut-elle construire, innover ou créer une œuvre de l'esprit ? En quoi les œuvres des patients des hôpitaux psychiatriques peuvent-elles être retenues comme des œuvres artistiques ? Quels sont les avis et les critiques avancés par les différents professionnels intéressés par ces interrogations ?

De prime abord, ces œuvres donnent des expressions qui relèvent, de près ou de loin, de conceptions différentes, par exemple les publications d'André Breton de 1948 : *L'Art des fous* ou *La clé des champs*[94]. Elles démontrent qu'une personne malade, libre de toute entrave, est capable de créer et de rendre une œuvre fantastique et inventive, issue de son esprit, sans aucune intervention de qui que ce soit.

En revanche, dans les années quarante, Jean Dubuffet avançait l'idée d'*« Art brut »* et il avait une autre démarche avec un regard différent. C'était un collectionneur infatigable. *« Il écume les hôpitaux psychiatriques d'Europe pour dénicher des œuvres et constitue une collection qui donnera naissance au Musée d'Art brut de Lausanne. L'art brut renvoie aux productions de personnes qui n'auraient aucun lien avec la*

---

[94] André BRETON, *« L'Art des fous, la clé des champs »*, *Les Cahiers de la Pléiade*, n° 6, France, 1948-1949.

culture artistique ambiante, ce qui serait selon Dubuffet le cas des œuvres des malades mentaux. »[95]

Toutefois, cette idée a été fortement contestée par le Centre Hospitalier de Sainte-Anne qui exposait une collection des œuvres de ses patients depuis plus de cent ans. Ce témoignage avance l'idée que la plupart des malades avaient déjà un antécédent artistique, soit qu'ils avaient connu une culture artistique auparavant, soit qu'ils avaient eu ou acquis des notions de base de la culture artistique pendant leur hospitalisation. C'est pour affirmer que la culture a franchi depuis longtemps les murs de l'hôpital, jusqu'aux centres psychiatriques. *« C'est ce qu'établit notre dernière exposition sur les représentations de l'homme entre 1880 et 2010, qui montre [...] des correspondances avec l'histoire de l'art moderne. La notion d'art psychopathologique renvoie surtout aux années cinquante, époque à laquelle les psychiatres appréhendent cet art comme portant les stigmates de la maladie mentale. Le nom des créateurs n'est alors plus cité puisque l'artiste s'efface derrière le malade. [...], le regard porté par les artistes, qu'il s'agisse de Dubuffet ou des surréalistes, valorise ces productions comme des œuvres à part entière, alors que le monde médical et psychiatrique tend à y lire des fonctionnements pathologiques. »*[96]

Ces deux courants restent aujourd'hui d'actualité et soulèvent des tensions différentes. L'exposition de ces œuvres dans cet établissement montre que : *« Les œuvres les plus anciennes datent de la fin du XIXe siècle et proviennent de plus de vingt pays différents. Les œuvres historiques procèdent de dons : c'est le cas [...] de celles d'Aloïse Corbaz, de Guillaume Pujolle ou d'Albino Braz. 1950 constitue une année décisive puisqu'a lieu alors une grande exposition à l'Hôpital Sainte-Anne en même temps qu'un colloque où certaines interventions font état d'ateliers artistiques en milieu psychiatrique. L'intérêt qu'ils suscitent chez mes prédécesseurs à Sainte-Anne aboutit en 1952 à la création d'ateliers de médiation artistique dont les œuvres ont enrichi la*

---

95 Anne-Marie DUBOIS, *« Art et Folie : La culture franchit les murs des hôpitaux psychiatriques »*, Interview de Catherine Halpern, *éd.*, Texte et Document pour la Classe n°1016 – 15 mai 2011, p. 1.

96 *Ibid.*, p. 1, s.

collection. [...] elle regroupe des œuvres d'artistes qui sont passés par l'hôpital – par exemple Unica Zürn –, des œuvres de malades qui se sont révélés plus tard des artistes, des œuvres qu'on pourrait rapprocher de l'art naïf, des œuvres plus académiques et des œuvres moins intéressantes sur le plan artistique, mais qui sont conservées pour des raisons médicales ou historiques. Il est apparu indispensable de constituer deux fonds différents : un fonds muséal [...] et le fonds contemporain ou scientifique, qui rassemble toutes les autres œuvres. Dès lors qu'un patient souhaite laisser sa production, nous la recueillons. »[97]

Après l'exposition de leurs œuvres, les patients ne perçoivent pas de droits d'auteur, car ils ont décidé de laisser leurs œuvres avant de sortir de l'hôpital. Toutefois, il est indispensable de chercher à savoir si les patients étaient capables juridiquement de renoncer à leurs droits. La capacité juridique d'une personne physique est importante pour accomplir tout acte ou ester en justice par lui-même. Il faut donc regarder, dans chaque cas, si le patient qui décide de laisser son œuvre à l'hôpital en était capable au moment où il donnait son consentement. S'il s'avère que le patient avait, au moment de donner son accord, des troubles psychologiques, physiques ou du fait de son âge, il est donc considéré incapable de mettre en œuvre, par lui-même, les droits dont il est titulaire. Il mérite par conséquent une protection juridique du fait de l'altération de ses facultés de jugement. Il peut être assisté par quelqu'un de sa famille (époux, épouse, père, mère, enfant, frère, sœur, ou ayant droit) ou par un autre représentant légal comme un tuteur ou un curateur.

En revanche, tout accord donné par un incapable qui ne pouvait donc pas le faire seul, est sanctionné d'une nullité. Cette nullité relative de l'acte ne peut être invoquée que par la personne protégée par la loi ou par son représentant légal.

Le délai de la prescription est de 5 ans à compter du jour de la connaissance du fait justifiant la nullité. Il faut retenir que lorsque la nullité est prononcée, l'accord donné ou l'acte établi, est anéanti et tout revient comme si l'accord ou l'acte n'avait jamais été accompli. Quelles sont les valeurs que représentent ces

---

[97] *Ibid.*, p. 2.

œuvres dans les établissements de soins ? En lisant cet article, ces œuvres représentent d'une part, des valeurs médicales comme observations des comportements et aident à l'élaboration de diagnostics et, d'autre part, des valeurs artistiques. Anne-Marie Dubois n'a en aucun cas évoqué dans l'interview les droits d'auteur de ces œuvres initiées et créées par les patients. Elles sont présentées publiquement pour des raisons médicales.

Catherine Halpern lui posait la question suivante : *« Que pensez-vous de l'idée selon laquelle les pathologies mentales favoriseraient la créativité artistique ?*

Anne-Marie Dubois : *C'est un mythe que l'on retrouve à presque toutes les époques [...]. Dans les milieux psychiatriques, en revanche, nous constatons que ce n'est pas la maladie en tant que telle qui crée les conditions de la création. Au contraire : lorsqu'un malade est en crise, il a tendance à perdre sa créativité. [...] Il ne faut pas non plus penser que la pratique artistique peut aider tout patient. Cela dépend des pathologies.*

CH : *Précisément, pouvez-vous nous dire en quoi consiste l'art-thérapie dont vous dirigez l'unité à l'hôpital Sainte-Anne ?*

A-MD : *L'art-thérapie peut être définie comme l'utilisation d'une pratique artistique à des fins thérapeutiques. Ce n'est pas l'objet créé en lui-même qui compte, mais le processus artistique. Il ne s'agit pas d'une activité occupationnelle [...], mais d'une véritable médiation artistique. Chaque art constitue une forme de langage spécifique qui, en art-thérapie, se substitue au langage verbal. [...] L'art-thérapie suscite un double processus : thérapeutique et artistique. [...] Il faut avoir une triple formation : artistique, thérapeutique et art-thérapeutique. La pratique sauvage de l'art-thérapie peut en effet être dangereuse quand elle n'est pas maîtrisée parce que l'art-thérapeute pourrait être submergé par des réactions brutales suscitées par la pratique artistique, laquelle peut chez certains malades réactiver des symptômes au lieu de les calmer. »*[98]

Par cette analyse, l'étude montre que la question du droit d'auteur pour les malades mentaux n'a toujours pas eu de réponse non seulement du côté des hôpitaux, des médecins ou des artistes, mais aussi du côté des juristes qui n'ont toujours pas pris position

[98] *Ibid.*

pour bien trancher et séparer les droits de chacun. Certes, le droit demande une œuvre de l'esprit, mais il faut aussi se poser la question des œuvres qui utilisaient des procédés artistiques qui ont une grande valeur et qui ont été réalisés par un auteur, personne malade mentale, avec ou sans la présence de son esprit. Les différents professionnels scientifiques avancent leurs observations sur l'art des malades mentaux et disent qu'il est possible de refuser de qualifier l'œuvre en l'absence de deux éléments : la conscience et la volonté. Autrement dit, toute œuvre artistique doit en principe naître de l'idée d'une création volontaire et libre. Certains auteurs ont voulu prouver que dans les créations des malades mentaux, il manque la notion de liberté qui est liée directement à leur situation de malade mental. Il y a une absence totale de volonté dans leur création – il s'agit donc de créations involontaires.

B] Les échanges théâtraux dans les établissements médicosociaux

Tout d'abord, les ateliers théâtre dans les établissements de soins médicosociaux dépendent de la présence de plusieurs éléments. Il faut : définir la place de l'éducateur travailleur social ; définir la place du comédien intervenant ; définir le rôle du patient faisant l'objet d'études ; définir la qualité des participants ; définir le public ciblé ; définir le thème central à travailler ; déterminer les types de conduites artistiques à mettre en place ; schématiser le champ d'apprentissage et d'appartenance du projet ; identifier le rôle de l'art et sa finalité ; prévoir le cadre matériel utile à l'expérimentation.

La diversité des méthodes, des moyens et des conduites culturelles en institutions sociales permet de définir le cadre et le genre d'atelier à mettre en place. Chaque atelier éducatif d'expression corporelle et psychique relève à la fois du champ social et du domaine artistique. D'une part, le travail de l'éducateur s'inscrit dans l'acte social et, d'autre part, l'intervention du comédien se transcrit dans le projet éducatif et thérapeutique, quel que soit le contexte envisagé.

1) L'approche culturelle et sociale

La question de l'approche est dans la finalité artistique, mais aussi dans celle de l'esthétique comme il a été affirmé par certains chercheurs intéressés par ce sujet et notamment par Olivier Couder, dans son article[99] cité précédemment. La rencontre entre l'art et le social est susceptible de générer des tensions et des expressions qui touchent les personnes visées et le contenu de l'exercice théâtral. En revanche, dans les parties précédentes, le rôle multiple de l'éducateur a déjà été exploité pour expliquer l'accompagnement éducatif et la création artistique. Quelle que soit son intervention, son statut change au fur et à mesure selon le groupe et l'atelier auquel il participe, mais il mène toujours un acte éducatif et un accompagnement, tout en gardant sa relation avec les patients. Il est quasiment impossible de prévoir un atelier théâtre en visant uniquement des objectifs esthétiques. Chaque contenu de l'atelier de dramathérapie dépend en principe de la création artistique du comédien et de tout travail éducatif mené par le responsable du groupe. Il faut aussi retenir que les institutions partenaires, les établissements sociaux et culturels ainsi que la direction de l'institution où se déroule l'activité forment tous des paramètres qui commandent la finalité et le contenu envisagé dans l'atelier.

Cette approche a encore une valeur juridique établie dans les principes de la loi du 29 juillet 1998[100] facilitant l'accès à la culture et la lutte contre les exclusions. Peu importe le moyen mis en place, la pratique artistique, qu'elle soit professionnelle, artistique ou amateur, est aussi sociale par définition. Par exemple l'expérimentation artistique menée par le Centre Hospitalier Alpes-Isère qui consiste en un travail d'intégration au moyen de l'expérience culturelle en complément de soins. Dans ce centre psychiatrique, des projets culturels avec réalisation de courts-métrages de marionnettes sont mis en place dans un espace dédié à des rencontres, des échanges et des partages

[99] Olivier COUDER, *« Du théâtre comme roue de secours ou comme dérive dans la relation éducative »*, Dans le français aujourd'hui, 2006/1, n°152, p. 105-112.

[100] Loi n° 98-657 du 29 juillet 1998 d'orientation relative à la lutte contre les exclusions, *JORF* n°175 du 31 juillet 1998, p. 11679.

centrés autour d'une médiation artistique. Cette activité est évoquée au sein de l'institution comme un projet ou un facteur d'intégration sociale, avec pour objectif l'accompagnement des patients souffrant de troubles mentaux. Cette action se déroule au sein des ateliers réguliers jusqu'à la fin du projet, mais aussi a pour but la découverte et le partage de l'ensemble des expériences culturelles. Nécessairement, l'ensemble des projets s'étale sur les enjeux d'intégration sociale et de socialisation ou de resocialisation des patients. C'est pour cela qu'il faut toujours lier les exercices thérapeutiques, psychodramatiques ou psychothérapiques et éducatifs des patients à des créations artistiques.

a) L'activité artistique et sociale dans les institutions médicosociales : la resocialisation

L'implication, la participation et l'assistance du patient dans les ateliers de théâtre dramatique et dans les autres activités artistiques et culturelles au sein des établissements médicosociaux apportent à celui-ci une méthode de *« narcissisation »*, c'est-à-dire un processus fondateur de la confiance en soi comme : aider le patient à s'admirer soi-même, à apprécier son image et à se valoriser à l'extérieur. Mais cela constitue aussi un travail de resocialisation, comme le travail de valorisation de soi, estimé indispensable pour la préparation à la sortie de l'hôpital, lorsque celle-ci est envisagée par les médecins traitants. La confiance en soi, la reconnaissance et la valorisation extérieure pour certains patients sont indispensables lorsqu'ils souffrent de marginalisation, surtout au sein de leur quartier. En principe, l'action culturelle est toujours appelée *« travail »* par les équipes soignantes et artistiques, mais en réalité, certains patients ne sont pas en mesure de comprendre ce qui se passe ou ils n'ont pas la conscience de ce qu'ils sont en train de faire ou d'accomplir. Ces ateliers sont perçus comme occupationnels et ils sont davantage favorisés, à la différence des ateliers menés pour des raisons ou des objectifs thérapeutiques. En effet, dans ce genre d'ateliers, le patient est moins stressé puisqu'ici il n'aura pas de critiques et d'observations comme dans les ateliers d'art-thérapie. Les patients ont une appréciation très réduite et surtout ils ont moins de risque d'être jugés, observés et analysés comme dans les activités thérapeutiques.

Lors d'un entretien, le comédien-thérapeute Paul Bebga de l'Hôpital Paul-Brousse à Villejuif précisait *(entretien d'échange)* qu'il travaille avec des patients qui ont été rejetés de nombreux endroits pour leur prise en charge ou que d'autres endroits considéraient ou jugeaient qu'ils avaient un niveau de narcissisme trop bas. Il les a pris dans ses ateliers pour travailler ensemble et pour qu'enfin ils arrivent à retrouver une haute estime d'eux-mêmes en utilisant le théâtre comme moyen ou outil permettant de les aider à se renarcissiser, à reprendre confiance en eux et à se prouver à eux-mêmes qu'ils sont capables. Il est donc, selon lui, obligé d'assurer une prise en charge de ces patients jusqu'à la fin puisqu'ils font un effort et que ce n'est pas simple du tout. Parfois, il sent que certains patients travaillent et retravaillent dans le but de prendre confiance en eux très rapidement, afin de pouvoir quitter très vite l'institution hospitalière. Le travail théâtral dans les institutions médicosociales aide le patient à prendre confiance tout d'abord en sa personne et en son individu, mais aussi à accepter son image comme cela est le cas dans nombre d'établissements de santé psychiatrique. Au sein de ces derniers, plusieurs patients ont une appréhension d'eux-mêmes. Le travail est un véritable déclencheur de confiance en soi, mais aussi de maîtrise de son corps. En effet, il débloque les situations, dépasse les mauvais esprits ou toutes formes de blocages tant d'ordre psychologique que d'ordre physique. Ainsi *« le cas d'une patiente de la Fondation Bon Sauveur d'Alby qui [...], suite à une importante prise de poids, n'acceptait plus la vue de son corps. Le dernier projet culturel mené s'est en partie construit autour d'un travail photographique. Pour l'occasion, les patients ont servi de modèles, en adoptant la posture de personnages issus d'une œuvre travaillée en atelier. Sur la sollicitation de l'artiste, Sandrine [...] a accepté d'apparaître sur les prises de vue. Anciennement passionnée par la photographie, sa prise de poids l'en avait totalement éloignée. Sa participation lui a permis de surmonter son blocage, en se réappropriant sa propre image.»*[101]

Le constat de la valorisation narcissique chez le patient se trouve généralement dans la reconnaissance qu'il peut éprouver suite à son investissement dans la démarche psychodramatique. Dans la prise de confiance en soi, la narcissisation est essentielle pour que le patient réussisse sa réintégration dans la société. C'est donc uniquement dans l'atelier théâtre que le patient évalue le regard qu'il porte sur lui-même et sur la société dans laquelle il doit se réintégrer. Ceci lui permet de prendre conscience très vite de son potentiel et de son niveau de compréhension sur lui-même. Le théâtre apporte donc un niveau de valorisation et une dimension très importante aux participants auquel s'ajoute l'aide apportée par les autres participants et le comédien artiste psychothérapeute.

Ce travail de recherche affirme que la présence du comédien artiste psychothérapeute à l'hôpital renforce les activités développées dans les espaces réservés aux actions pour la reconstruction identitaire du malade. *« Le travail de l'École de Chicago et notamment celui d'Erving Goffman a permis de comprendre combien l'identité était liée aux interactions quotidiennes que nous avons avec autrui. Les cadres sociaux y jouent aussi un rôle important : chaque individu a une "identité sociale" et une "identité personnelle". Dans ses travaux menés autour de la notion d'identité, Jean-Claude Kaufmann quant à lui explique comment dans un contexte [...] elle peut permettre à l'individu de se créer un univers symbolique. Par la valorisation, elle permet de produire une certaine estime de soi [...] de la construction identitaire. "Sans les affects associés, les images seules ne peuvent rien. C'est pourquoi l'univers des affects, des sensations et des émotions est central dans le processus identitaire. De même qu'il ne faut pas séparer identité et action, il ne faut pas séparer identité et affects (ni affects et action). Identité, affects et action s'inscrivent dans un mouvement à trois*

---

[101] Mylène COSTES, *« Atelier culturel et hôpital psychiatrique : enjeux et retombées d'un dispositif de médiation culturelle au sein du programme "Culture à l'hôpital" »*. Sociologie. Université d'Avignon, 2010. Français. <NNT : 2010AVIG1092>. <tel-00587169>, p. 225.

pôles intimement combinés" [...]. Les émotions ressenties par le patient lors de l'atelier culturel contribuent à la formalisation de son identité. Sa participation au projet culturel peut aussi être appréhendée comme acte de socialisation. Depuis les travaux de Georges Herbert Mead : Self, Mind and Society [...], le rôle de la société dans la construction de l'identité sociale a été démontré. Elle se développe [...] par l'interaction et la communication avec les autres. Cette théorie correspond à celle de l'agir communicationnel développée par Jürgen Habermas [...] et rend compte de son rôle fondamental dans la construction de l'identité individuelle. Georges Herbert Mead a défendu la thèse, que nous reprenons ici, selon laquelle la formation de l'identité sociale passe par une complémentarité entre socialisation et individualisation [...]. C'est exactement ce qu'il se produit au sein de l'atelier culturel. »[102]

Mylène Costes explique dans cette même recherche l'idéologie des travaux de John Dewey[103] en précisant que : *« Le champ de la philosophie participe de la compréhension du rôle tenu par l'atelier culturel, dans la construction de l'individu en tant que sujet. Les travaux de John Dewey [...] mettent en évidence l'apport de l'expérience sensible dans la construction de la personne en tant que sujet. Ainsi, parce qu'il favorise l'expérience esthétique, l'atelier culturel peut être considéré comme un élément constitutif dans la construction du Moi. »*[104]

D'autres réflexions vont s'orienter sur les travaux théâtraux qui ont permis de mettre en évidence le rôle du lien social tenu directement par la médiation culturelle, considérée comme facteur de construction de l'identité de l'individu, mais aussi de sa construction ou du renforcement de son sentiment

---

[102] *Ibid.*, p. 226, s.

[103] Selon Mylène COSTES : *« John Dewey fait partie des fondateurs du courant de la pragmatique, aux côtés de Charles S. Pierce et de William James. Dans ce courant, la notion d'expérience est centrale, abordée en tant que processus de transformation. La théorie prônée par les défenseurs de ce courant nous intéresse, car elle pose l'expérience comme opératrice d'une double transformation, à la fois de l'objet, mais aussi du (des) sujet. C'est spécifiquement ce dont nous pouvons rendre compte dans l'espace de l'atelier culturel. » (Partie notes). Op. cit.*, p. 227.

[104] *Ibid.*, p. 226, s.

d'appartenance. Il est clairement admis que la socialisation ou la resocialisation du patient est favorisée par le caractère *« open »* de l'atelier dramatique dans les institutions de prise en charge de soins médicosociaux. *« Rappelons au passage que le quotidien dans un service de psychiatrie [...] est peu propice aux rencontres interpersonnelles, bien qu'elles soient jugées comme indispensables à la réussite de leur (re)intégration. L'atelier culturel, en tant qu'espace ouvert aux patients de divers secteurs, est par sa nature même un lieu propice et privilégié de socialisation au sein de l'hôpital psychiatrique. La rencontre d'autres patients [...] reproduit les conditions des échanges liés à la vie en société : "Ce qui est important aussi c'est que c'est des patients de plusieurs services qui se côtoient, c'est pareil comme nous avec le personnel, ça permet aussi des échanges entre patients, en faisant des choses ensemble." [...] son inscription dans la durée pourrait participer de la réintégration des patients dans leur quartier : "Au niveau de l'expression, c'est quelque chose qui peut servir au quotidien pour les patients tout en étant ludique et sympathique [...] pour la vie de tous les jours, être capable de, c'est possible, c'est faisable [...]. Ça leur permet de sortir du service et de se resocialiser." Pour les patients, c'est l'opportunité de nouer des contacts [...]. »*[105]

Dès les années quatre-vingt-dix, les différents travaux de recherches effectués dans les quartiers en difficulté ont permis davantage d'esquisser et de définir les enjeux essentiels liés à ce type d'interventions. L'ensemble de ces travaux se sont centrés sur quatre axes relatifs à la société :

« - L'action culturelle est un moyen d'expression et de valorisation pour des publics considérés comme étant en marge. Elle permet de restituer une certaine dignité aux minorités en leur permettant de s'exprimer par le biais artistique et culturel.

- La culture peut être un élément ou un déclencheur favorisant un processus de réinsertion sociale [...], une action collective peut permettre de développer la sociabilité de l'individu [...].

---

[105] *Ibid.*, p. 227.

- *Au-delà de la valorisation des individus qui y participent, le projet culturel contribue à revaloriser l'image d'un territoire, du quartier en le réintégrant dans le tissu urbain.*

- *Enfin, l'action culturelle permet aux individus l'apprentissage de compétences culturelles. »*[106]

Ces quatre différents axes apparaissent récurrents ou répétitifs dans plusieurs projets théâtraux et dans d'autres actions culturelles engagées en faveur des publics empêchés – démunis –, tant dans les quartiers et les hôpitaux que dans les prisons. Les malades mentaux constituaient toujours les minorités dans chaque cas étudié. Toutefois, la question de la réinsertion sociale reste toujours présente et mérite d'être étudiée chez les personnes souffrantes ou qui sont fréquemment en rupture avec leur milieu professionnel et/ou leur famille. Mylène Costes poursuit sa recherche et affirme que *: « L'image du quartier, elle est ici transposable à l'hôpital psychiatrique, connoté négativement. L'image véhiculée par les médias en ce qui concerne les quartiers difficiles ou bien les hôpitaux psychiatriques est majoritairement stigmatisante. [...] Les actions culturelles développées dans les quartiers difficiles ou dans les hôpitaux ont pour objectif commun de donner une nouvelle image de ces territoires, permettant leur prise en compte dans la cité et la reconnaissance de leur population. »*[107]

Elle continue dans cette même recherche en prenant l'exemple d'un travail de réflexion de l'année 2001, qui a été mené par plusieurs professionnels de terrain avec des spécialités différentes, travailleurs sociaux dans les quartiers sensibles. Il ressort de ce travail *« qu'une véritable prise en compte du rapport à l'identité est posée par ces actions culturelles. Cette notion recouvre divers questionnements essentiels tels que la place de l'individu dans son quartier, dans son groupe, dans son rapport à la cité. L'action culturelle est envisagée comme élément (re)constitutif d'une identité à la fois individuelle et collective. »*[108]

---

[106] *Ibid.*, p. 228, s.

[107] *Ibid.*

[108] *Ibid.*, p. 229.

Tous ces travaux ont une dimension générale et sociale, ils ne sont pas limités ni aux habitants ni à leurs quartiers. Ils apportent des effets qui sont perceptibles à tous les niveaux : les emplois, les individus, les interactions et les rapports entre les quartiers et la ville, mais aussi des individus au collectif. *« À travers une expérience individuelle et collective, c'est aussi pour l'habitant une opportunité de positiver le regard qu'il porte sur lui. On retrouve le constat dressé [...] par Bruno Colin, à savoir l'importance de ces projets culturels chez les individus pour leur valorisation. Leur participation leur donne accès à une certaine ouverture, les socialise : "en modifiant les relations entre les différents acteurs locaux, en agissant sur les microsystèmes socio-économiques que constituent les quartiers et sur leurs interactions avec la ville, l'action culturelle peut déclencher des transformations dans les intériorités des personnes et les organisations humaines (...) L'action culturelle provoque [...] une réaction en chaîne, en ricochet, qui s'étend du centre à la périphérie, du plus intime de l'individu à son rapport au monde, de l'individu au groupe, du groupe à la cité [...]". »*[109]

Mylène Costes a pris appui sur certains travaux de recherches de Luc Boltanski et Laurent Thévenot qui expliquent que les trois niveaux de fonction reconnus à la culture mettent en avant sa fonction sociale telle que : *« Une vision inspirée de la culture comme liberté individuelle ; une vision domestique de la culture comme moyen de réconciliation avec soi ; une vision civique de la culture comme moyen d'intégration au collectif. »*[110]

Tout acte, pratique ou usage d'activité dramatique et culturelle mis en place par les artistes et les comédiens psychothérapeutes dans un projet culturel issu de la culture apporte des bénéfices et de l'aide à l'action sociale. *« Dans ses entretiens menés auprès d'intervenants dans les prisons et au Centre d'accueil et de soins Hospitaliers [...] de Nanterre, l'auteure rend compte de la transformation sociale que peut opérer la culture auprès de ces populations d'exclus, notamment par la multitude de liens qu'elle est susceptible de créer [...]. "Si la culture interroge l'exclusion et l'insertion sociale, c'est parce*

---

[109] *Ibid.*
[110] *Ibid.*, p. 230.

qu'elle est conçue [...] comme moyen de résoudre les problèmes sociaux, comme outil retissant du lien là où n'y en a plus, reconstruisant des identités là où elles sont fragmentées, valorisant les personnes là où elles sont stigmatisées" [...]. Le projet culturel se place parfois en opposition du cadre organisationnel et institutionnel de la prison ou de l'hôpital. Il permet [...] de pallier les effets néfastes de l'incarcération ou de l'hospitalisation, compte tenu de la logique culturelle qu'il présuppose. L'expérience carcérale et hospitalière n'est pas [...] un travail de resocialisation. Le projet culturel intervient comme une possibilité pour développer du relationnel, restaurer des sens perdus et susciter l'expression. Cette dimension sociale et identitaire du projet culturel transparaît de nouveau [...] dans l'ensemble des actions culturelles menées en direction des publics empêchés. »[111]

b) L'outil principal : l'art théâtral un outil artistique

L'auteur de cette recherche étudie les éléments principaux pour assurer la médiation artistique utilisée principalement à des fins thérapeutiques d'une part, ou, psychothérapeutiques d'une autre part. Cependant, il s'interroge ici sur les moyens et les fins possibles d'une telle médiation dans le cadre de l'accompagnement social. Il est déjà prouvé par les expérimentations précédentes que le théâtre ou l'expérience théâtrale a une influence sur les objectifs définis, à la fois sur le pouvoir d'agir et sur le pouvoir sur soi. Ces activités s'exercent sur le développement personnel et interpersonnel de l'individu. En effet, l'art théâtral a d'autres finalités que la médiation thérapeutique, comme le concept d'accompagnement éducatif du patient déjà traité précédemment.

« Marie-France Hainaut, professeur de mathématiques dans un établissement pour malvoyants en Belgique et Réginal Beyaert, directeur de cet institut, soulèvent un paradoxe dans la considération de l'art en tant qu'outil et s'interrogent sur la partie de l'art dans un atelier et dans la médiation. [...], ils associent à la notion d'art les termes de "liberté", "originalité",

---

[111] *Ibid.*

et la "non-fonctionnalité"[112]*. Ils la confrontent à la notion d'outil qui est "chargé de justifications fonctionnelles et d'utilités incontournables." Selon eux, de ce paradoxe peut naître la puissance de l'art au service d'une cause. Ils remettent [...] en question le statut de l'art dans un atelier à médiation en s'appuyant sur les propos de [...] Martin Heidegger : «"L'art, pour pouvoir être considéré comme art, a toujours son but en lui-même ; [...] qu'à aucun moment il ne peut avoir pour vocation de servir une cause qui lui soit extérieure." L'art considéré pour lui-même et servant sa propre cause ne peut servir au travail en atelier pour réaliser d'autres objectifs. Les auteurs de l'article tentent donc de redéfinir le statut de l'art en atelier, qui ne serait plus art, mais outil artistique, puisqu'il a vocation à servir une cause autre que sa propre finalité. »*[113]

En revanche, cette proposition reste discutable puisqu'au-delà du statut de l'art et de ce qu'il peut être ou ne pas être, il y a toujours la part de la création et de la créativité dans chaque atelier et c'est primordial. Le professeur de psychologie à l'Université Lumière Lyon 2, Bernard Chouvier, précisait *: « Il est nécessaire de mener un travail productif qui tend vers la réalisation d'une œuvre pour stimuler la capacité [...] des patients et donc opérer un réel travail de médiation. Il s'appuie sur la notion de créativité primaire que Winnicott*[114] *développe [...] pour la définir comme ce qui "constitue la trame psychique de l'investissement." De ce fait, l'élaboration d'une œuvre artistique est de mise dans le travail de médiation, puisqu'elle symbolise l'investissement du patient dans l'atelier : "Sans la capacité créative primaire et la tonalité effective de jeu, le travail médiateur perd toute efficience ;" La médiation peut [...] avoir lieu lorsqu'un travail de création existe, ce qui constitue la forme*

---

[112] Marie-France HAINAUT, Réginal BEYAERT, *« L'art, outil d'expression et d'intégration dans une école d'enseignement spécial. », Pensée plurielle*, 2002/1 (n° 4), p. 59-67. DOI : 10.3917/pp.004.0059.
URL: https://www.cairn.info/revue-pensee-plurielle-2002-1-page-59.htm

[113] Léa ANDREOLELY, *« La pratique du théâtre avec un public atteint de déficience intellectuelle », op. cit.*, p. 37.

[114] Donald Woods WINNICOTT, *« jeu et réalité, l'espace potentiel »*, Gallimard, 1971.

de l'atelier, mais il est nécessaire de la lier à un fondement qui régit le projet. »[115]

La forme du travail de l'atelier ne peut apparaître dans l'exercice créateur qu'à partir de la présence d'un fondement préalable précisant la forme recherchée, le fond posé et les objectifs escomptés qui pourront se développer de manière signifiante. Il faut tenir compte des enjeux propres à l'expérimentation théâtrale pour que le travail soit complet. Il doit signifier par exemple les objectifs et le projet éducatif qui représentent le fond et la créativité qui mène et conduit à la construction d'une œuvre, considérée comme la forme. Ces éléments doivent être liés de façon complémentaire. *« L'art utilisé en tant qu'outil à une finalité créatrice pour générer un investissement chez les membres du groupe. La forme d'atelier peut s'inscrire dans un partenariat avec des structures culturelles, accueillir un intervenant extérieur ou rester dans le cadre de l'institution en définissant la structure du travail, poser un cadre fixe et définir des règles. »*[116]

2) L'imaginaire aux ateliers du théâtre

L'outil artistique agit sur l'ensemble du corps, à la fois sur le corps mental, mais aussi sur le corps physique. Chaque fois que l'outil artistique touche un de ces deux corps, cela provoque de l'imaginaire et des émotions chez le patient. C'est dans la personnalité de ce dernier que se manifeste l'unique configuration de son l'histoire individuelle, l'ensemble de tous les systèmes responsables de sa conduite. C'est dans le système psychophysique de l'individu que son organisation dynamique détermine ses adaptations singulières à son environnement. C'est dans l'organisation dynamique intégrée de façon stable dans toutes ses particularités affectives, physiques et cognitives que se distingue tout individu, des autres. Chaque personne ou personnalité est représentée par une unité sociale, biologique et psychologique qui détermine un être singulier, non semblable à

---

[115] Léa ANDREOLELY, *« La pratique du théâtre avec un public atteint de déficience intellectuelle », op. cit.*, p. 37.
[116] *Ibid.*, p. 38.

aucun autre, mais l'outil artistique doit le prendre dans toute sa considération, sa totalité sans négliger aucun aspect le concernant. Sa compréhension définitive paraîtra dans la relation à son environnement humain et physique.

Pour que l'outil artistique travaille efficacement, il interroge le corps sur tous ses organes de sens, un à un, afin de mieux comprendre les émotions des sens externes. Le théâtre établit ici une réparation totale de l'âme et de ses organes informateurs. Comme il a été bien affirmé dans l'ouvrage de François Lamy intitulé *De la connaissance de soi-même*[117] : *« Nos sens ne sont que les fenêtres par lesquelles elle regarde ce qui se passe au-dehors. »*[118] Les émotions corporelles et psychologiques témoignent de la présence de l'univers ou de toutes *« choses »*, selon l'ouvrage *Corps en scène*[119]. La notion de *« choses »* citée ici est reprise dans l'ouvrage intitulé *L'usage des choses sensibles,* tome IV. Les sens sont au centre ou sont la frontière entre le dedans et le dehors, autrement dit les sens habitent directement l'espace et les objets. Selon ce dernier ouvrage, une étude scientifique a été effectuée par différents professionnels : *« Un symptôme [...] étudié par les médecins et les magistrats instructeurs révèle la durable et relative "inattention" aux sensations internes : les illusions classiques des mélancoliques ou des sorciers [...], la certitude, pour certains d'entre eux, d'être transformés en être physiquement différents, animaux divers, matériaux curieux, organismes sauvages, chairs de fer ou de papier. La médecine ancienne, la littérature de la sorcellerie aussi, s'attardent à cet univers où le corps semblerait intérieurement transformé jusqu'à se vivre bouleversé. Un symptôme domine l'ensemble : la lycanthropie, cette croyance pour la personne d'être commuée en loup [...], spectre des sorcelleries anciennes, court la campagne, hante de carnage et de dévoration. Il s'acharne, engloutit, s'accroupit, aboie : devenu [...] étranger à lui-même. [...] Sprenger, en 1495,*

---

[117] François LAMY, *« De la connaissance de soi-même »,* Paris, 1701 (1re éd., 1694), T. II.

[118] *Ibid.,* p. 75.

[119] Catherine COURTET, Mireille BESSON, Françoise LAVOCAT et Alain VIALA (sous la direction de), *« Corps sur scène »,* éd. CNRS Éditions, Paris, 2015.

attribue le symptôme à la présence d'un diable occupant le corps : non pas les sensations, mais la commande des mouvements, l'emprise sur le faire, celle tout erratique et imposée, venue du dehors. »[120]

Dans cette analyse apparaît la notion de normal et de pathologie chez le sujet – la notion d'adaptabilité qui rejoint les critères de normalité. Ici, la fonction prolonge ses références dans l'adaptabilité à l'environnement extérieur par des comportements définis, et le milieu intérieur par les émotions, la vie imaginaire et/ou les attitudes. En effet, le but principal de l'activité dramatique, au sein des institutions de santé, est d'arriver à une réaction rétablissant l'équilibre interne et externe de l'individu. Les comédiens psychodramatistes considèrent que le patient est normal lorsqu'il est capable de s'adapter à son milieu et de prendre des mesures d'équilibre devant toute situation ou tout problème, quelle que soit leur profondeur. Il est aussi normal lorsqu'il est en mesure de se maîtriser et de s'adapter à lui-même ainsi qu'à ces proches, sans être perturbé par ses conflits ni se faire marginaliser par la société, peu importe la différence ou l'inégalité sociale. Or, il n'existe pas une grande différence entre une personne normale et une personne névrosée, c'est juste une question de degré et d'intensité et non pas de défense. Par exemple, lorsqu'une personne est envahie par la peur de perdre quelque chose, quelqu'un ou la peur de mal prononcer son discours devant son public, d'être quittée par son amoureux, d'être stressée par le regard des autres ou intimidée par son handicap physique ou mental, etc. Tous ces éléments peuvent inciter l'individu à commettre des erreurs ou à s'abstenir de se manifester selon sa motivation, mais aussi son mécanisme de défense. Face à telle ou telle situation, il peut soit ne pas agir parce qu'il est faible et se laisse dominer par son imaginaire sans pouvoir s'interposer, soit il manifeste le courage de faire face à son imagination, il agit tout simplement parce que son mécanisme de défense lui permet de protéger son corps. Ce même phénomène peut arriver lorsque l'individu est dans un rêve, une expérience qui met en jeu son corps. Par exemple, les désirs qui émergent et qui se manifestent chez l'enfant sont tous

---

[120] *Ibid.*, p. 128, s.

localisés dans les régions du corps qui détiennent toutes les formes de sensations comme la zone de plaisir, l'espace de rêve, la zone érogène, la zone d'hallucination, la zone de délire ou autres. Elles forment une représentation du corps déréalisé que certains considèrent comme les différentes formes archaïques de l'image du corps.

a) Le rêve peut-il être une scène de théâtre ?

Faut-il admettre qu'il existe un lien entre rêve et théâtre ?

La réponse est certainement oui, parce que le rêve est toujours présent dans le théâtre. Sa présence est remarquée sous deux formes : soit comme des rêveries, soit comme des hallucinations. Mais aussi parce que ces deux formes échangent en permanence – ou régulièrement – avec l'imaginaire.

Dans un contexte primitif, le lien entre rêve et théâtre est retenu d'une part, comme un élément contributif et, d'autre part, il est complété par les contes et les pièces de théâtre. En général, les rêves précèdent les contes et ces derniers ont précédé les scènes théâtrales. Certains textes de théâtre sont issus des rêves et d'autres de l'imaginaire. Plusieurs rêves sont racontés à des familles ou à des proches. Ainsi les rêves des rois ou des reines sont racontés à des spécialistes, traducteurs de rêves, avant d'être écrits et mis en scène par des dramaturges. Comme dans le cas de Pharaon, ses rêves étaient traduits par une équipe des prêtres chargée de la responsabilité et de la gestion du culte, mais aussi d'interpréter les rêves surtout de la famille royale.

La plupart des rêves ont des valeurs mythiques ou religieuses comme chez certains fils qui ont rêvé d'être visités par leur père déjà mort, ou plutôt s'imaginaient dialoguer, parler avec le spectre de leur père, comme le cas de *Don Juan*, de *Hamlet* et de *Joseph fils de Jacob* ou autres. Cette relation entre ces deux notions, rêve et théâtre, est une source d'inspiration pour certains grands dramaturges et metteurs en scène. C'est le cas lorsque *Hamlet* dialogue avec le spectre de son père. Ce dernier était le roi et après sa mort, le Danemark risque d'être envahi par les Norvégiens, le spectre du roi apparaît et révèle à *Hamlet*, son fils, le secret du crime qui lui a coûté la vie. Après la révélation, *Hamlet* a finalement compris que son oncle *Claudius* avait tué son père pour enfin épouser sa mère, la reine *Gertrude* et s'accaparer du pouvoir. Il a donc remplacé le roi et pris les commandes. *Hamlet* doit très vite venger la mort de son père. Pour pouvoir mener à bien son projet, il simule la folie dans son comportement et devant cette situation étrangère, son esprit, sa raison et sa façon de discerner les choses sont mis en cause. Cette folie passagère est mise sur le compte de l'amour qu'il a envers sa bien-aimée *Ophélie*, fille de *Polonius*. Au cours du déroulement de son projet, *Claudius* perçoit petit à petit le danger et décide de se débarrasser de son neveu *Hamlet*. En étudiant de façon expérimentale l'œuvre de Shakespeare, la pièce de Hamlet donne plus d'illustrations à partir de la IVe scène vers la Ve scène de l'acte premier :

SCÈNE IV.

« HORATIO :

Vraiment ? Je ne l'avais pas entendu. Alors l'heure approche où l'esprit a l'habitude de se promener. [...] Que signifie cela, monseigneur ?

HAMLET :

Le roi veille cette nuit et fait ripaille ; et invitant à la beuverie, il mène la danse déchaînée du parvenu ; [...]

HORATIO :

Est-ce une coutume ?

HAMLET :

Eh oui, par la vierge, c'en est une ! Mais quoique je sois de ce pays et habitué à ses mœurs, c'est une coutume plus honorable à rompre qu'à suivre. De l'Orient à l'Occident, ces réjouissances [...] nous font blâmer et réprouver par les autres nations. Elles nous désignent comme des ivrognes et, en nous comparant à des pourceaux, souillent notre réputation : et vraiment, cette coutume enlève à nos réalisations, fussent-elles exécutées à la perfection, la sève et la moelle de notre réputation. [...], il arrive chez certains individus que pour un grain de souillure dans leur nature, qui s'y trouve dès la naissance dont ils ne sont pas coupables, puisque la nature ne peut choisir son origine [...], faisant souvent crouler les remparts et les forts de la raison, ou bien à cause de quelque habitude qui corrompt par son levain trop fort la forme des manières approuvées par tous - , ces hommes, dus-je, laquais de la nature ou soumis à de la Fortune, leurs autres mérites fussent-ils aussi purs et aussi nombreux qu'un seul peut en assurer, seront marqués d'une tache dans l'opinion publique par cette faute particulière. [...]

HORATIO :

Regardez, Monseigneur, il vient.

HAMLET :

Anges et ministres de la grâce, défendez-nous ! Qui que tu sois une âme sauvée ou un démon [...], que tu apportes l'air céleste ou des bouffées de l'Enfer, que tes intentions soient malignes ou charitables, tu viens sous une forme si incertaine que je veux t'interroger. Je vais te nommer : [...]. Réponds-moi ! Ne me laisse pas anéantir par l'ignorance, mais dis pourquoi tes os sanctifiés, hersés dans la mort, ont percé leur linceul enduit de cire. Pourquoi le sépulcre, où nous t'avons vu enseveli en paix, ouvrit, pour te rejeter ici-bas [...] ! Que signifie ceci ? Pourquoi, toi, corps mort, à nouveau en complète armure, reviens-tu voir ainsi la lueur scintillante de la lune, rendant la nuit hideuse, et nous dupes de la nature, nous ébranler si affreusement dans notre disposition mentale par des pensées hors de la portée de nos âmes ? Et pour toi, que devrons-nous faire ? [...]

HORATIO :

Il vous fait signe de partir avec lui [...]

MARCELLUS :

Voyez de quel geste courtois il vous appelle vers un endroit plus éloigné. Mais n'allez pas avec lui. [...]

HAMLET :

Allons donc, qu'y a-t-il à craindre ? Je ne prise pas ma vie plus chère qu'une épingle et, quant à mon âme, que peut-il lui faire, puisqu'elle est chose immortelle comme lui ? [...], il me fait signe d'avancer, je vais le suivre.

HORATIO :

Mais s'il vous attirait, Monseigneur, vers les flots, ou bien vers le sommet terrible de la falaise qui surplombe sa base au-dessus des flots, et qu'il assume là-bas une autre forme épouvantable qui vous priverait de la souveraineté de la raison et vous entraînerait dans la folie ? Pensez-y : l'endroit seul [...] suscite des envies de désespoir dans tout cerveau qui regarde la mer à tant de toises et l'entend rugir au-dessous.

HAMLET :

Il me fait signe encore. Marche, je vais te suivre. [...]

HAMLET :

C'est mon destin qui m'appelle et rend chaque fibre de mon corps aussi dure que les nerfs du lion de Némée. Il m'appelle encore ! Lâchez-moi, messieurs. Par le Ciel, je fais un fantôme de celui qui me retient ! Je dis : en arrière ! Va, je te suis. [...]

HORATIO :

Son imagination le rend de plus en plus furieux.

MARCELLUS :

Suivons-le, il n'est pas bon de lui obéir ainsi. [...]

Il y a quelque chose de pourri dans l'état du Danemark.

HORATIO :

C'est le Ciel qui dirige le cours des événements. [...]

MARCELLUS :

Certes, mais suivons-le. [...]

SCÈNE V. [...]

HAMLET :

Où veux-tu me conduire ? Parle. Je n'irai pas plus loin.

LE SPECTRE :

Écoute-moi bien. [...] L'heure est presque venue où je dois me livrer aux flammes sulfureuses et torturantes.

HAMLET :

Hélas, pauvre spectre !

LE SPECTRE : [...]

Mais prête une oreille attentive à ce que je vais te dévoiler.

HAMLET :

Parle, je suis prêt à t'entendre.

LE SPECTRE :

Et tenu même à me venger quand tu auras entendu. [...] Je suis l'esprit de ton père, condamné pour un certain temps à errer la nuit, et le jour, enfermé dans les flammes, jusqu'à ce que les péchés répugnants commis pendant ma vie sur terre soient brûlés et purgés. S'il ne m'était pas défendu de le dire les secrets de ma prison, je pourrais te raconter une histoire dont le moindre mot labourerait ton âme, glacerait ton jeune sang, ferait jaillir tes deux yeux comme des étoiles de leurs orbites, déferait tes boucles nouées et tressées, dresserait séparément chaque cheveu [...].

Mais le secret de l'éternel ne doit pas être proclamé aux oreilles de chair et de sang. Écoute [...] Si tu aimas ton tendre père... [...]
Venge un meurtre infâme et monstrueux.
HAMLET :
Un meurtre !
LE SPECTRE :
Meurtre très infâme comme l'est toujours le meurtre parfait [...]
HAMLET :
En hâte, fais-le-moi connaître, qu'avec des ailes aussi promptes que la médiation ou les pensées de l'amour, je puisse voler à ma vengeance.
LE SPECTRE :
Je te trouve prêt, et il faudrait que tu sois plus engourdi que l'herbe grasse mollement enracinée dans la rive du Léthé [...] On a fait croire qu'endormi dans mon jardin un serpent me piqua ; [...], mais, sache-le [...], le serpent dont la morsure fut mortelle pour la vie de ton père aujourd'hui porte sa couronne.
HAMLET :
Mon âme prophétique ! Mon oncle !
LE SPECTRE :
Ah, cette bête incestueuse, cette bête adultère, par la sorcellerie de son esprit, par ses cadeaux de traitre [...], gagna à sa lubricité honteuse la volonté de ma reine, en apparence si vertueuse. [...] M'abandonner, moi, dont l'amour était d'une dignité telle qu'il alla la main dans la main avec le serment que je lui fis dans le mariage, et s'abaisser à un misérable dont les dons naturels furent pauvres par rapport aux miens ! [...] il semble que je sens l'air du matin. Je serai bref [...] Si tu as des sentiments inspirés par la nature, ne le supporte pas, ne tolère pas que le lit royal de Danemark soit une couche [...] d'inceste damné ! Mais, quelle que soit la manière dont tu poursuis cet acte [...] ne laisse ton âme tramer quoi que ce soit contre ta mère, abandonner-la au Ciel et aux épines logées dans son cœur pour la piquer et la déchirer. [...] Adieu [...] souviens-toi de moi. »[121]
La discussion continua jusqu'à la fin de la scène 5.

---

[121] William SHAKESPEARE· *« Hamlet », éd.,* Aubier, 1988., Acte I, scènes 4 et 5, p. 125, s.

Pour le cas de Joseph, qui est un personnage important dans la Bible hébraïque et dans le Coran, deux textes qui le relient dans la chronique d'Abraham, d'Issac, et de Jacob en Canaan, dans l'histoire de la libération des Israélites en esclavage en Égypte sous le règne de Pharaon. Joseph était un jeune garçon très beau, toujours souriant et il était le bien-aimé de son père. Un jour, très tôt le matin, il se réveilla très excité et se dirigea vers son père pour lui raconter ce qu'il avait rêvé pendant son sommeil. Son père écouta attentivement son rêve et son visage manifesta un sentiment de joie, car ce que son fils lui raconta était un bon signe ou plutôt un rêve qui exprimait la réalisation d'une prophétie. *« Quand Joseph dit à son père : ô mon père ! J'ai vu un rêve, onze étoiles, et aussi le soleil et la lune ; je les ai vus prosternés devant moi »*[122]. Son père lui répondit silencieusement, sans lui interpréter son rêve : *« Ô mon fils, dit-il, ne raconte pas ta vision à tes frères, car ils monteraient un complot contre toi ; le Diable est certainement pour l'homme un ennemi déclaré. »*[123]

Joseph est finalement vendu comme esclave par ses grands frères qu'ils l'ont jalousé depuis sa jeunesse, mais il devient au fur et à mesure l'homme le plus puissant d'Égypte au côté de Pharaon et petit à petit devient le vice-roi. À son arrivée en Égypte, il a été serveur chez Potiphar, l'un des grands officiers du roi. Il a développé et fait prospérer les affaires du roi, devint son intendant et géra ses biens pendant plusieurs années. Un jour, ce jeune homme refusa les avances de la femme de Potiphar, elle alla raconter à son époux que c'est Joseph qui avait tenté de la séduire. Par ces faits, il fut envoyé en prison. Un jour, deux maîtres de Pharaon qui partageaient la même cellule avec Joseph, Échanson et Panetier, ont rêvé et ils ont raconté leurs rêves à Joseph. Ce dernier a interprété devant eux leurs rêves et trois jours plus tard, les prédictions de ces deux rêves se réalisèrent.

Quant au rêve de Pharaon, les prêtres ont tenté en vain de l'interpréter, mais dans ce cas-là, ils ne comprenaient pas le langage du rêve. Le roi leur a accordé des jours et des jours, mais

---

122 Muhammad HAMIDULLAH, *« Le Noble Coran, les sens approximatifs de ses versets en Langue française »*, aux éditions, Lies ! Stiftung, 2e *éd.*, mai 2014, Sourate 12 : 4, p. 185.

123 *Ibid.*, Sourate 12 : 5.

la philosophie du langage était difficile. Ils étaient incapables de comprendre. L'un des maîtres du roi Pharaon qui partageaient la même cellule avec Joseph a demandé au roi de faire venir Joseph qui était toujours prisonnier afin d'interpréter son rêve puisqu'il avait une facilité à comprendre le langage des rêves.

Le langage est aussi un deuxième facteur nouant la relation entre rêve et théâtre. Une fois, le rêve mis en scène par des dramaturges, des metteurs en scène et des acteurs, le langage devient le matériau essentiel des rêves. Par conséquent, cela produit un effet retour de ces rêves chez certains jeunes enfants ou personnes âgées qui se sentent alors autorisés à rêver et surtout de leur père mort, après l'expérimentation de Hamlet. Il en est de même pour ceux qui veulent venger la mort de leur parent dans un rêve thérapeutique.

Toutefois, le lien le plus important entre ces deux éléments est analogique. C'est pour cela que la psychanalyse considère le rêve dans tous ces éléments comme un facteur provoquant une manifestation de l'inconscient vis-à-vis des actes manqués ou d'autres. Ici, le rêve est aussi un élément à identifier puisqu'il y a le rêve qui initie, qui crée la pièce de théâtre et qui lie le dramaturge, les acteurs et le public et celui qui découle de la représentation de la pièce, c'est-à-dire le rêve après le spectacle. Mais parfois, il y a des spectateurs qui rêvent la pièce avant qu'elle soit représentée ou qui ont une inspiration de la pièce qu'ils sont en train de regarder. En même temps que le spectateur regarde le théâtre, dans sa psyché inconsciente se passent des événements qui le mettent en éveil et qui lui permettent d'être au centre de sa division et de son immanence.

La même pièce peut être présentée tous les soirs et regardée par le même public, mais chaque représentation peut avoir ou aura sa propre valeur. Elle sera la première et la dernière représentation puisqu'elle sera différente de celle du soir précédent. Ça serait donc comme un rêve puisque c'est une autre expérience – c'est semblablement un rêve récurrent. À un moment, le rêve qui fait le théâtre et le rêve qui découle du théâtre se rencontre au centre de la psyché. *« Avant la psychanalyse, la vie psychique des hommes était le domaine spécifique du poète. [...] le poète eut ensuite à la partager avec la psychanalyse. Dès la préhistoire de la psychanalyse, Freud scella l'alliance entre l'œuvre poétique et son invention en prêtant au théâtre le pouvoir de dialoguer avec l'inconscient et en lui empruntant le concept de son pouvoir purificateur. D'abord, pour traiter l'hystérie, il prit pour modèle la fonction de l'œuvre théâtrale et de sa représentation sur le spectateur, la catharsis.*

Ensuite, dans l'interprétation des rêves *[...] Freud fit de nouveau alliance avec l'œuvre poétique pour débusquer le complexe infantile et le dépouiller de son masque onirique. [...], il y souligne les effets de la lecture et de la représentation d'Œdipe sur le spectateur. Mais, entre* les études sur l'hystérie *et* l'interprétation des rêves, *l'abandon de la technique de l'hypnose, et la destitution de la neurotica comme théorie causale dans l'étiologie des symptômes hystériques lui firent renoncer à se contenter de la catharsis pour aborder le traitement de l'hystérie. [...] théâtre et psychanalyse demeureront les deux espaces privilégiés de l'énonciation d'une parole porteuse d'une vérité subjective. »*[124]

b) Le rêve et le théâtre selon Freud

Freud donne le départ de sa réflexion en précisant que l'inconscient est une autre scène qui met en espace d'échange la psychanalyse et le théâtre par le biais du rêve, assure la correspondance entre eux. *« Rappelons-le, l'effet cathartique, au théâtre, est celui, laudatif, qui purge le spectateur de ses passions. Aristote définit d'abord la catharsis dans la politique, à propos de la musique. "Nous voyons ces mêmes personnes, quand elles ont eu recours aux mélodies qui transportent l'âme hors d'elle-même, remises d'aplomb comme si elles avaient pris un remède et une purgation. C'est à ce même traitement [...], que doivent être nécessairement soumis à la fois ceux qui sont enclins à la pitié et ceux qui sont enclins à la terreur, et tous les autres qui [...], sont sous l'empire d'une émotion quelconque pour autant qu'il y a en chacun d'eux tendance à de telles émotions, et pour tous il se produit une certaine purgation et un allégement accompagné de plaisir. Or, c'est de la même façon aussi que les*

---

[124] Marthe DUBREUIL, *« Théâtre et rêve »*, *Cahiers de psychologie clinique* 2014/1 (n° 42), p. 195-207. p. 2, s.

mélodies purgatrices procurent à l'homme une joie inoffensive." »[125]

D'autres poètes et écrivains comme Nicolas Boileau[126] se lient à l'idée avancée par Aristote qui affirme que le spectateur doit avant tout être touché par le sujet expérimenté et de se sentir concerné par tout ce qui se passe dans la pièce théâtrale. En effet, *« la catharsis suppose, pour Boileau, la grandeur de l'œuvre, qu'elle soit tragique, épique ou comique. Cette restriction nous apparaît comme analogique au rêve. En effet [...] la grandeur de l'œuvre est la condition de possibilité de la catharsis, tous les rêves ne revêtent pas la même importance pour la compréhension de la vie psychique du rêveur. Mais tout comme les grands mythes fondateurs nous atteignent par la voix du poète, le contenu latent de tous les rêves n'atteint son but que par les voies de la dramatisation. Il nous intéresse de savoir que catharsis [...] qui est la traduction [...] admise, produit un effet métaphorique dont l'image nous renvoie aux évacuations sphinctériennes des résidus de la digestion. Avec le rêve, il y a bien quelque chose aussi qui doit être évacué. La catharsis est l'évacuation laudative des passions. »*[127]

Selon Marthe Dubreuil, Platon oppose passion et raison et il situe toute forme de passion dans le ventre qui est le lieu-dit la partie désirante. Aristote, en revanche, affirme à son tour que la passion est une altération, une mutation, un changement qui touche ou affecte le corps ou l'âme. *« Elle est purement passive et échappe au point de vue de la morale. Elle soumet à son emprise et s'oppose à la raison. Les passions sont le signe d'une dépendance de l'homme envers les objets et évènements du monde [...]. Les philosophes grecques opposent passion et raison, passion et action, et lient la passion au désir. Les deux opposés, l'amour et la haine [...] sont les déclinaisons des*

---

[125] *Ibid.*, p. 3. Extrait tiré de l'ouvrage d'Aristote, *« La Politique »*, traduction de J. Tricot, Vrin, 1995, p. 584.

[126] Nicolas BOILEAU, né le 1er novembre 1636 à Paris et mort le 13 mars 1711 dans la même ville, est un homme de lettres français du grand siècle, un poète, polémiste, traducteur et théoricien de la littérature. Il est considéré comme le législateur ou le Régent du Parnasse.

[127] Marthe DUBREUIL, *« Théâtre et rêve »*, *Cahiers de psychologie clinique, op. cit.*, p. 3, s.

passions. Peut-on poser le rêve comme une tentative de purgation des passions ? Il serait alors, pour le rêveur averti, au centre de la dynamique de la catharsis. [...] qu'il aurait dans sa fonction, le pouvoir que Freud prêta à la cure, dans les premiers temps, alors même que la psychanalyse n'est pas encore inventée et se nomme psychothérapie. Si la visée du rêve était telle, alors, nous lui aurions trouvé une première correspondance avec l'œuvre du poète dramaturge. »[128]

Dans le domaine théâtral, il faut tout d'abord se poser la question suivante : qui est le rêveur ? Dans quelles conditions le rêveur songe-t-il ? Comment la représentation théâtrale est-elle capable de provoquer des effets cathartiques ? Il est aussi nécessaire de savoir en quoi l'activité dramatique constitue un lieu de purgation de passions. Quelles sont donc les passions susceptibles d'être relevées ?

Pour répondre à toutes ces questions, il faut tout d'abord chercher à comprendre ce qui se passe sur scène, mais aussi ce qui est mis en création. Cela va permettre enfin de pouvoir rechercher le rapport entre le rêve et le théâtre. Qui est le vrai rêveur ? C'est celui qui a rêvé l'acte impossible à réaliser ailleurs que dans la fiction. La mise en scène ajoutée est rêvée après la réalisation scénique du rêve du premier rêveur. *« Les deux fonctions du rêve : il est, gardien du sommeil, réalisation du désir. Pour Freud [...], le rêve est défini comme "représentation du désir accompli." Cette définition nous situe les conditions de possibilité de la réalisation du désir. Il faut que le sujet rêve, car il s'agit d'un désir impossible à réaliser autrement, désir qui ne peut se réaliser que déguisé, sauf à courir le risque de tomber sous le coup de la répression en s'avançant dépouillé d'artifice. [...] Le rêveur nous semble ici proche de l'hypocritas, l'acteur. Mon rêve, c'est ce à quoi je pense et que je sais inatteignable, irréalisable. Le rêve est irréaliste, il se produit dans une autre réalité et produit une autre réalité ; la réalité d'un monde interne qui n'obéit qu'à ses propres lois. »*[129]

Freud, pour se faire entendre, a lié sa philosophie à la représentation de l'action artistique, à sa composition et à la

---

128 *Ibid.*, p. 4.
129 *Ibid.*

manière dont elle est structurée pour pouvoir motiver les émotions de l'Autre. Pour arriver à la signification des rêves, Freud a mis en place une auto-analyse afin de comprendre vraiment le travail de la psychanalyse. Il a fait référence à l'expérimentation d'Œdipe tout en mettant dans le dispositif théâtral trois grands éléments indispensables respectant les règles dramatiques : le lieu, l'action et le temps. Selon Marthe Dubreuil, *« Freud posa le rêve comme structuré comme la pensée, une pensée arrimée au symbole, et possédant un contenu manifeste et un contenu latent. Cette relation, pensée, corps, rêve, est le produit du nouage, Imaginaire, Réel, symbolique. Le cadre et le dispositif théâtral, soit la mise en scène, le metteur en scène, l'acteur, le spectateur sont pris dans cette triade. [...] L'œuvre théâtrale joue avec les métaphores et nous renvoie à nos fantasmes les plus primitifs [...]. Ces fantasmes sont les métaphores du rêve. En effet, si rêver est un acte véritable, il est devenu le symbole de ce à quoi on pense, comme un idéal, et que l'on sait impossible à atteindre, irréalisable, interdit. [...] le rêve est l'envers de la représentation, la représentation théâtrale peut être l'envers du rêve. Ce que l'on vient y chercher fait que nous pouvons voir Hamlet dans des mises en scène différentes avec un plaisir toujours renouvelé. »*[130]

Si Freud met en relation tous ces éléments, l'auteur de cette recherche explique en fonction de l'expérience et de l'échange issus de cette étude que l'Homme est au centre de l'espace d'échange entre le théâtre et le rêve. Pour comprendre ce qui peut arriver chez le rêveur, il faut que le théâtre existe parce que l'Homme rêve. Toutefois, le rêve existe par l'Homme, il est capable de penser ou bien il pense. La pensée concernant de la facilité du discernement chez l'Homme met en évidence la motivation interne et la motivation externe – le stimulus externe ou interne. L'art est une forme de formation pour l'Homme. Tout est image, imaginaire, fictif ou fiction. Il est aussi la formation de l'inconscient. *« Freud décrivit le rêve comme pensée en images [...], se déroule comme un film. La première fois que l'Homme fit prendre corps à sa pensée, la première fois qu'il projeta ses fictions dans l'environnement, cette première fois*

[130] *Ibid.*, p. 5, s.

nous est témoignée par le dessin des grottes préhistoriques. Du dessin sur les murs des grottes au cinéma, il y a une continuité discursive qui est la volonté de projeter le monde interne dans l'environnement. »[131]

Maintenant, il serait logique de se poser quelques questions sur le résultat du théâtre chez le spectateur-voyeur. Quels sont les effets de la représentation théâtrale ? Apportent-ils quelque chose dans l'évolution de son état de santé ? Que réparent-ils ?

Avant de répondre à ces questions, le rêve est considéré ici comme un accomplissement d'un désir, de type optatif. Cela fait référence au rêve d'Anna Freud[132] quand elle avait dix-neuf mois. *« Elle rêve qu'elle mange des fraises parce qu'elle a désiré en manger alors qu'elle en avait été privée à cause d'une mise à la diète d'une journée. [...] Anna ne mange pas que des fraises ; on l'entend murmurer en dormant "fraises, groseilles, omelette, bouillie." Elle rêve qu'elle mange ce qu'elle désire, qui est tout ce dont elle va être privée par la mise à la diète. Les enfants aiment les fraises [...], mais les enfants ont également besoin de manger pour assouvir la faim. Ils ne peuvent pas supporter la privation longtemps [...] ils ont dix-neuf mois. Priver [...] de nourriture toute une journée, c'est le faire souffrir de la faim. Le rêve des fraises possède donc une double finalité : réaliser un désir insatisfait sur le mode optatif, et réparer une blessure pulsionnelle, un traumatisme.*

Le travail du rêve ne s'arrête pas là, à une pensée formulée à l'optatif. Il actualise la réparation en mettant en scène [...] la vision du rêveur, qui n'est d'ailleurs pas une vision, mais une réminiscence.

On peut comprendre le rêve des fraises comme provoqué par un mécanisme de réparation du mauvais traitement subi par l'enfant. Il [...] éclaire sur les rêves traumatiques, post-traumatiques, et le mécanisme des névroses traumatiques. Le traumatisme s'inscrit dans l'écart qui va de la frustration à la carence ; la carence menace l'intégrité libidinale. »[133]

---

[131] *Ibid.*, p. 8.

[132] Anna FREUD est la seconde fille de Sigmund Freud et elle s'est intéressée à la psychanalyse des enfants à partir de 1926.

[133] Marthe DUBREUIL, *« Théâtre et rêve »*, *op. cit.*, p. 10, s.

Les effets de l'œuvre théâtrale touchent en premier l'auteur qu'elle l'a établie, puisqu'elle est une manifestation, une préparation secondaire de son fantasme. L'auteur se met avant tout à la place de tous les personnages du rêve, avant même d'être expérimentée sur scène. C'est une forme d'altérité étrange, qui aide à l'expression de son désir de s'échapper à la condamnation.

« C'est l'acteur qui est le héros pour le dramaturge autrichien, Peter Handke, qui reproche aux metteurs en scène de rajouter leurs propres fantasmes à l'œuvre de l'auteur. Pour lui, auteur [...] il s'agit de ne faire qu'un, avec le monde au plus intime de la langue. Pour lui, le théâtre est la scène du langage, lieu d'une rencontre singulière entre la langue et le plateau, l'acteur et le spectateur. La langue et le plateau [...], l'auteur et l'acteur, son double, son alter ego spéculaire.

Pour l'acteur, le médium, le passeur entre la langue et le spectateur, la représentation fait de lui un autre. C'est là, dans cette altérité, que son désir se déploie. [...] le spectateur, il s'agit de partager son fardeau en le voyant porté par un autre. Là réside la purgation qui vient de l'identification et qui soulage. C'est parce qu'il y a identification inconsciente au héros, à travers le corps de l'acteur qui le représente, que le spectateur est "purifié" de ses angoisses pulsionnelles. [...] Lacan nous rappelle que ce que Shakespeare met en scène dans Hamlet *pour le spectateur n'est autre que la tentation du meurtre du père par le fils dans ce qu'il nomme "l'identification d'Hamlet" et la fonction du deuil dans "l'identification à Ophélie". Le subterfuge qu'utilise Hamlet pour contourner la censure [...] une mise en scène dans la mise en scène, car, Shakespeare le sait, et le fait dire à son héros, le drame est le piège qui débusque la conscience. Une fois la censure contournée, le tressaillement du spectateur peut accompagner le tressaillement du roi. La tragédie de* Hamlet *[...] dénonce manifestement le fratricide, interdit secondaire aux origines bibliques, mais dévoile ce qui y est latent, l'épouvante du parricide et du matricide. Le spectre du père interdit à Hamlet de toucher à la reine Gertrude, sa mère. C'est le parricide qui entrave l'acte du héros [...], car "l'horreur qui devrait le pousser à la vengeance est remplacée par des remords, des scrupules de conscience, il lui semble qu'à y regarder de près il n'est pas meilleur que le pêcheur qu'il veut punir." Si l'on veut bien admettre que la représentation théâtrale met le spectateur en position de rêveur éveillé, alors, ce qu'il voit sur scène [...] lui parle de son désir réprimé qui lui ferait retour comme une réminiscence. Cela est rendu possible, car, au théâtre, comme dans le sommeil, il s'agit de tromper les sens pour entretenir l'illusion d'une réalité qui permette au rêveur de réaliser son désir. Au théâtre, comme dans le rêve, le désir avance masqué. [...] La fonction fondamentale du théâtre serait donc, dans un au-delà du plaisir manifeste, de lever le refoulement, pour que puisse s'entendre le refoulé. Le rêve [...] pour empêcher la censure d'agir en interrompant le sommeil, peut aller jusqu'à dire au rêveur : "Laisse donc et dors, ce n'est qu'un rêve." »*[134]

Paragraphe 2 – La marionnette à l'hôpital psychiatrique

L'intégration du spectacle au jeu des marionnettes, à l'aspect du théâtre ludique et même critique, crée une nouvelle manière d'inscrire le spectateur dans les textes littéraires ou dans ceux des fictions dramatiques spécifiques jugées différentes de celles du vrai, les vrais scénarios du théâtre. Ces derniers centrent certains textes dans l'illusion de la réalité. L'inscription du spectateur dans la démarche artistique des marionnettes, dans ce public, se préoccupe très peu de la question de l'illusion et privilégie l'action dramatique et la participation libre du spectateur à un épanouissement communautaire – sous la base de la démocratie participative du droit à la culture. La prise en compte du public, dans ce théâtre populaire et son succès, est fondée sur l'improvisation et la création sous forme d'échanges possibles mouvementés par des animations. *« La communication entre le spectateur et le spectacle compte [...] plus que la fiction elle-même. Notre propos ici est d'envisager ce que sont devenues ces stratégies du théâtre populaire dans le cadre d'un théâtre savant pour marionnettes, inspiré [...] du théâtre de marionnettes traditionnel. [...] nous proposons un parcours à travers plusieurs pièces "pour marionnettes" du tournant du siècle, période où les écritures "pour marionnettes" se sont multipliées dans une*

---

[134] *Ibid.*, p. 11, s.

perspective de réaction contre le réalisme et le théâtre bourgeois de la seconde moitié du 19e siècle [...]. Dans ces pièces aux esthétiques parfois très lointaines se joue une tension – inscrite dans le texte même – entre un appel à participation du spectateur au jeu théâtral et une prise de distance du spectateur par rapport à la fiction [...]. Quelle que soit la tonalité qui domine – ce corpus oscille en effet entre une esthétique tournée grotesque et une dramaturgie orientée vers un théâtre de marionnettes tragique, qui se mêlent parfois au sein d'une même œuvre – la référence au théâtre de marionnettes, instaure un renversement dramaturgique important : celui de l'entrée dans un théâtre ludique et [...] critique sur le plan esthétique, qui va même jusqu'à mettre en jeu les caractéristiques d'un théâtre épique proche de celui que théorisera un peu plus tard Brecht, et qui informe tout le théâtre du XXe siècle. »[135]

Toutefois, l'activité théâtrale des marionnettes met en place des procédés ludiques qui brisent la passivité du public pour l'inciter et l'orienter vers une motivation et une participation au jeu théâtral. *« Ces modalités sont revisitées et remotivées dans le cadre d'un théâtre littéraire, qui s'oriente lui aussi vers la participation du spectateur, renversant les conventions de la scène illusionniste. Le spectateur est pris à parti [...] par des jeux de dialogues et des jeux de scène. D'emblée, dans le théâtre de marionnettes traditionnel, s'installe une situation de communication entre le spectateur et les acteurs de la représentation, qu'il s'agisse des marionnettes, du compère – [...] ou du marionnettiste lui-même. Cette situation abolit les frontières du quatrième mur. Le spectacle commence [...] par une harangue adressée au spectateur, un discours en forme de boniment prononcé indifféremment par le montreur, le compère ou une marionnette. On y présente les personnages, on y appelle à la bienveillance du public, on s'y justifie éventuellement sur le contenu du spectacle. Cette harangue au public réapparaît dans plusieurs de nos pièces sous forme de prologues [...]. »*[136]

---

135 Hélène BEAUCHAMP, article : *« L'intégration du spectateur au jeu des marionnettes : pour un théâtre ludique et critique »*, Centre de Recherche sur l'Histoire du Théâtre, Université Paris IV-Sorbonne, avril 2008, p. 1.
136 *Ibid.*

Ici, le patient ou le participant-spectateur est invité par l'auteur à orienter son regard à une figure humoristique sur la fiction, mais aussi sur son propre statut de spectateur. Selon Hélène Beauchamp, le prologue ou les avertissements liminaires présentés dans la fiction de Jarry, Albert-Birot ou Valle-Inclán de façon ludique, invitent explicitement le spectateur-voyeur à garder une attitude de participation et/ou de recul amusé sur le scénario fictif de marionnettes qui sera expérimenté. Lors du déroulement de l'action de marionnettes, le drame peut être interrompu par le public-spectateur, pour poser des questions ou apporter des observations réflexives dans la fiction. Hélène Beauchamp a repris dans un article un extrait de l'ouvrage de Pierre Albert-Briot pour élargir son argumentation. Ce dernier explique que dans les pièces pour marionnettes les acteurs ou les personnages ne cessent d'impliquer le public. *« Dans* Matoum en Matoumoisie, *l'Esprit de la Terre s'adresse au spectateur, lui faisant une déclaration d'amour et soulignant le plaisir du jeu théâtral. L'Esprit de la Terre fait disparaître les marionnettes à l'aide d'une baguette magique, et justifie son attitude à propos de l'imposteur Tévibar, qui se fait passer pour le Messie attendu par les habitants de Matoumousie : "[...] Assis, public laisse-moi te tutoyer, je t'aime, et je suis heureux de porter la maison qui contient ce théâtre. Que veux-tu que je te fasse pour te prouver mon amour ? Veux-tu que je joue du tambour ? [...] Je fasse revenir tes petites marionnettes ? Oui, que ta volonté soit faite." Ici, c'est bien l'aspect festif du théâtre qui est mis en valeur par le personnage, et le spectateur est entièrement impliqué à force de sentiments dans la fête théâtrale. Cet esprit de fête communicative est mis en exergue à la fin de* Matoum en Matoumoisie. *La dernière réplique est [...] confiée au personnage du Rieur, dont l'hilarité contamine toute la scène : " (Tous les personnages sont gagnés par le rire et cela devient un rire immense)". »*[137]

Ce genre d'échange artistique invite le public à repérer la partie qu'il lui plaît et à l'interpréter librement. À chaque

---

[137] *Ibid.*, p. 3, un extrait de marionnettes de l'ouvrage : Pierre ALBERT-BIROT, *« Matoum en Matoumoisie (1 9 1 9) »*, *Théâtre I V*, Mortemart, Rougerie, 1979, 147 pages, pp. 75 -142, p. 100.

représentation, le spectateur peut avoir de multiples allusions selon l'évolution du spectacle. *« En revisitant ainsi l'improvisation par l'incertitude générique, ces auteurs laissent un choix au spectateur, qui se trouve obligé de réfléchir à la pièce, à l'option esthétique qu'elle propose, et par conséquent à l'esthétique du théâtre en général. [...], cette réflexion esthétique est largement guidée par les auteurs – et c'est là une des fonctions principales de ces prologues ou épilogues inspirés du boniment du théâtre de marionnettes populaire évoqué précédemment. Cette explicitation [...] est assumée pleinement par Jarry : "Nous le savons par l'observation du public des quatre années de l'œuvre : si l'on tient [...] à ce que la foule entrevoie quelque chose, il faut préalablement le lui expliquer." C'est pourquoi il propose ni plus ni moins aux premiers spectateurs d'*Ubu Roi *[...], de participer à une expérimentation théâtrale. Il y explique ses présupposés artistiques et le prévient d'éventuels chocs esthétiques, l'intégrant à son expérience par l'usage du "nous" : "Attendons-nous à voir des personnages notables, comme M. Ubu et le Tsar, forcés de caracoler [...] sur des chevaux de carton [...] afin de remplir la scène." »*[138]

Parmi les méthodes techniques à mettre en place pour assurer l'expérimentation des marionnettes et leurs animations dans les établissements de soins médicaux et médicosociaux, il y a :

- La méthode de découverte de la marionnette qui se fait devant le public. Tout participant avec la présentation du dispositif le fait en fonction des âges et à travers les différentes modes de cultures.

- Chaque participant doit au moins apprendre à confectionner un masque qui lui servira lors du jeu à le fixer à son visage et à jouer avec. Chacun utilisera le masque qu'il a confectionné lui-même. Le but est de jouer à deux sous forme de miroir. Ces méthodes demandent de chercher l'attitude que peut apporter l'autre masque. La méthode ou le style du jeu doit être réciproque. En principe, chaque masque est ou doit être révélateur de la personnalité du participant, sans avancer de jugements ou d'observations, quels qu'ils soient.

---

138 *Ibid.*, p. 3.

- Lors du déroulement, une série des questions peuvent être soulevées et revenir à tout moment tout au long de l'exercice de marionnettes : *« Doit-on interpréter ce qui se fait, se passe, se vit ? Venons-nous ici pour cela ? Y a-t-il un référent extérieur au groupe qualifié pour ce genre d'activité ? Sommes-nous un groupe en situation thérapeutique ? Le masque a quitté par la suite notre visage pour être fixé au bout d'un bâton. [...] Premier dialogue avec elle ou silence, interrogation, étonnement, un certain mystère naît en même temps qu'un personnage. Pour certains, il est nécessaire [...] de rajouter bras, jambes, costumes. De nombreux personnages prennent forme, de tailles différentes, d'aspect singulier parfois. Nous cherchons les moyens de l'arranger pour donner un certain effet. Quelques marionnettes [...] doivent être animées par plusieurs manipulateurs. Nous nous rendons compte que ce type de manipulation n'est pas très simple, mais permet un travail d'équipe intéressant. Nous remarquons les différentes façons de manier une marionnette [...] face à la marionnette en la regardant ou derrière, la marionnette nous tournant le dos. »*[139]

Toutefois, le travail permet de comprendre ce que c'est qu'une marionnette, selon sa taille et son maniement. Les matériaux la composant ne sont pas à négliger, la matière joue un rôle très important dans la sensation et l'expression corporelle possible chez le malade pris en charge. La plupart d'entre elles sont confectionnées avec du bristol, des tiges de bois et du papier crépon. Ensuite, le maître du jeu observe le participant pour savoir s'il s'est déjà familiarisé avec son personnage et le fait parler en le présentant aux autres participants avant de commencer à jouer ensemble. Parfois, sa confection commence par un dessin sur des cartons puis par une découpe pour faire les masques. Cette progression est aussi intéressante puisqu'elle aide le psychodramatiste-marionnettiste à comprendre l'évolution sur l'état de santé du patient, mais aussi à repérer les difficultés ou les obstacles à son épanouissement. Bernardette Jost et Gilbert Brossard montrent qu'*« avec G. Védrenne, nous avons fait de l'expression corporelle... Relaxation, découverte des parties de*

---

[139] Bernadette JOST, Gilbert BROSSARD, *« Marionnette et Thérapie »*, INEP – Marly-le-Roi, mars 1979, nouvelle saisie 2011, p. 1.

notre corps comme si nous étions une marionnette mue par des fils fut l'occasion de voir qu'il était difficile de contrôler toutes les parties de notre corps et qu'il est important de connaître celui-ci afin de se sentir beaucoup plus à l'aise lorsque nous sommes en position de manipulateur de marionnettes ; ceci pour nous permettre [...] de saisir les attitudes à donner aux marionnettes pour exprimer un sentiment. En fermant les yeux et par le contact avec les mains, nous avons essayé de guider, de nous laisser guider par l'autre. Des exercices de respirations nous ont montré l'importance du souffle, du rythme respiratoire. Autant d'exercices mettant [...] en évidence que la marionnette n'est pas un corps étranger, une chose banale, mais qu'elle est reliée à notre corps qu'elle est notre corps aussi et que toute la vie de notre corps passe au travers de la marionnette : catalyseur, médiateur, révélateur.

La marionnette est un élément d'expression, un support à la communication. Nous avons travaillé quelques moyens d'expression avec [...] la voix, les instruments de musique émettent des sons réglés ou articulés selon des lois, ou permettent de communiquer sur des modes "fantaisistes" en un langage inarticulé [...] qui peut être celui du petit enfant qui découvre les sons qu'émet sa bouche, son corps. Pour rencontrer l'autre, pour communiquer, la marionnette a besoin de tous ces matériaux que nous avons utilisés avec nos marionnettes construites en recherchant des rythmes, en créant une courte saynète. »[140]

A] Le rôle de la marionnette dans les établissements de santé

Quels sont les rôles que joue la marionnette dans le processus de santé du patient à l'hôpital ? Pour répondre à cette interrogation, l'article de Richard Bouchard a évoqué le travail et le jeu avec des marionnettes mises en place par des artistes-marionnettistes exerçant dans les hôpitaux comme Madeleine Lions, responsable de l'Association marionnette et thérapie en France. Ils développaient ensemble des approches thérapeutiques qui consistent à faire appel à la marionnette comme moyen de communication, d'éducation, d'information et de création.

[140] *Ibid.*, p. 3.

Richard Bouchard et ses collaborateurs ont pu toucher la sensibilité des jeunes, des enfants en difficulté et/ou toutes personnes atteintes de troubles mentaux, de comportements ou de problèmes de santé physique et psychologique avec l'aide de la marionnette. *« Cela a permis d'expérimenter le médium auprès d'un certain nombre de clientèles. Aujourd'hui, l'ÉNAM*[141] *travaille [...] avec des ex-psychiatrisés, par une approche thématique. Il s'agit d'essayer, par le biais de la marionnette, de développer leur capacité d'être créatifs face à leurs difficultés personnelles. Au départ [...] quand on met sur pied une activité de marionnette thérapeutique, l'objectif n'est pas nécessairement de monter un spectacle. Il faut travailler sur des problématiques qui touchent les participants, les amener à créer une marionnette, puis à monter de petits sketches en groupe pour [...] les présenter aux autres. [...] À ce moment-là, si l'équipe est prête, on peut proposer de bâtir un spectacle pouvant être présenté aux autres groupes. C'est le cas de la dernière pièce qui a été jouée à l'ÉNAM, l'*Allégorie du Cabaret *de Platon, basée sur l'allégorie de la caverne de Platon. Elle traite de la problématique du suicide, en faisant la "promotion" de la vie. Ce spectacle [...] est actuellement vendu dans des écoles où il donne des résultats intéressants. [...], la jeune femme qui joue le rôle principal dans la pièce était considérée il y a cinq ans comme une suicidaire chronique. Elle coûtait donc beaucoup au système de santé : elle téléphonait tous les jours au centre de prévention du suicide, elle appelait constamment son thérapeute et elle se retrouvait à l'hôpital [...] trois mois par année. [...] Cela a duré sept ans ! »*[142]

La marionnette joue un rôle de communication chez les enfants sans faire usage de la violence, mais aussi augmente la capacité des jeunes à prévoir leur avenir d'une autre façon. L'artiste Pierre Danseau, de Québec, opte pour une autre observation qui met l'artiste au centre de la création. Cela paraît différent de celle observée chez les participants aux exercices

---

[141] École Nationale d'Apprentissage par la Marionnette, 870 rue Boily Chicoutimi, Québec, Canada, G7J 2Y4, tel : (418) 549 6262.

[142] Michel VAÏS, *« Le théâtre utile : entre loisir et thérapie »* Jeu : revue de théâtre, n° 91, 2 1999, p.103-119, p. 4.

précédents. Dans les différents ateliers qu'il dirige intitulés Entr'Actes, il en fait usage sous l'angle thérapeutique. *« À son avis, l'art est un mode d'expression au sein duquel l'artiste [...] peut jouer le rôle d'agent d'intégration sociale. Cela permet aux productions artistiques d'atteindre une plus grande qualité. L'engagement d'artistes agissants en tant que tels – qu'ils aient ou non des compétences thérapeutiques – est essentiel à la fois pour l'animation du groupe et pour la production du spectacle. [...] Les ateliers sont toujours donnés par deux animateurs, deux artistes formés par Pierre Dansereau, qui possède lui-même une formation en danse, en sociologie et en orthopédagogie. Le travail s'étend sur un an avant de déboucher sur une représentation publique. Les participants, unis par un commun désir de créer – que ce soit en musique, en danse ou en théâtre – proviennent de tous les horizons. [...] Ainsi, ils collaborent avec le groupe Créam en Belgique, qui a coproduit le film* Le Huitième Jour *de Jaco Van Dormael, ainsi qu'avec des Latino-Américains. Ils donnent des conférences pour expliquer leur démarche, qui est assez innovatrice, mais qu'ils essaient d'appliquer [...] dans un cadre éthique indispensable. Appelée à prendre la parole, Hélène Beauchamp, professeure de théâtre spécialisée dans les jeunes publics, explique que ces démarches de "théâtre utile" l'intéressent pour plusieurs raisons. D'abord, elle a codirigé [...] le mémoire de Marie-Josée Plouffe sur la participation d'adolescents autistiques à des ateliers de jeu dramatique. C'était une manière d'entrer par une activité "lourde" dans le domaine qui nous occupe. Elle avait [...] assisté à une séance donnée par le Théâtre Aphasique. Comme deuxième porte d'entrée, elle se souvient qu'il y a quinze ou vingt ans, quand on se réunissait pour parler de théâtre pour enfants, les adultes présents disaient : "Nous faisons du théâtre pour eux parce qu'eux-mêmes ne peuvent pas en faire." Ou alors : "...parce que s'ils en font, c'est beaucoup moins bon que ce que nous, professionnels, pouvons leur présenter." [...] on demandait toujours aux artisans du théâtre pour enfants pourquoi ils n'intégraient pas ceux-ci au moins dans les discussions qui entouraient le spectacle. [...] on en est venu à considérer que les enfants et les adolescents pouvaient aussi comprendre ces formes et ces techniques, et dire des choses qui leur tenaient à cœur. »*[143]

Il est donc logique de se poser une question ou de chercher à savoir le désir réel du patient sujet d'étude à ce genre d'ateliers. Parler de l'art dans une activité de création qui stimule le désir premier du patient et qui se met au milieu de l'exercice, les psychanalystes l'appelaient « saisissement créateur ». C'est le flash à partir duquel le comédien-marionnettiste va essayer de créer quelque chose. Mais avant tout, il doit chercher à savoir où en est le patient en difficulté pour mieux placer un travail de création, de production et de composition afin de créer une œuvre. La dernière étape sera la représentation de la création en public pour qu'elle soit appréciée par les autres.

Comment l'artiste thérapeute va-t-il intervenir pour aider son patient surtout lorsqu'il est aphasique, trouble affectant l'expression orale et/ou la compréhension du langage, qu'il soit écrit ou parlé ? *« Anne-Marie Théroux répond qu'au Théâtre Aphasique [...] les interprètes ne sont pas des artistes, mais des gens qui viennent essayer quelque chose de nouveau pour eux. Ce n'est pas du tout sur son talent qu'on évalue quelqu'un. Ce sont des acteurs non professionnels et non "prédisposés". Les personnes aphasiques sont des gens qui ont eu une lésion au cerveau et qui ont perdu [...] l'usage de la parole et la compréhension du langage. Souvent, ils ne peuvent plus lire ni écrire, bien qu'ils aient conservé leur intelligence. Ils sont donc emmurés dans une incapacité de communiquer. [...] On leur offre de jouer, parfois ils ne sont pas intéressés, puis ils reviennent, regardent... Il y a deux choses qu'il faut distinguer, selon Anne-Marie Théroux : ce qui appartient à l'art dramatique et ce qui revient à la représentation théâtrale. Quand on travaille à un spectacle avec des personnes aphasiques, on veut rejoindre un public. Il y a pourtant tout un volet [...] qui n'est pas de cet ordre, mais qui peut amener des gens à découvrir en eux le goût du théâtre. Ils vont développer leurs moyens à leur façon [...] on est surpris de voir émerger graduellement de vrais talents, qui peuvent s'exprimer à l'occasion des spectacles. Pour elle, lorsqu'il y a une représentation publique, le théâtre devient un*

---

143 *Ibid.*, p. 5.

acte de langage. [...] ces exclus de la scène politique ou sociale prennent la parole devant un public. Est-ce que les spectateurs sont dans les mêmes dispositions que lorsqu'ils vont voir un Molière ? [...] On vient écouter des gens qui, d'habitude, ne peuvent pas prendre la parole et qui le font avec des moyens divers. C'est peut-être cela qui est intéressant sur le plan artistique : que ce soit par le mime, par la marionnette ou autrement, les productions ne peuvent pas être évaluées avec le même regard. »[144]

Dans cette partie, le rapport avec la fiction est découvert, car au théâtre, le spectateur sait habituellement que l'acteur n'est pas forcément confronté à une histoire qui le touche directement. En revanche, au théâtre aphasique, l'acteur joue ou interprète lui-même ses difficultés, ses souffrances et même son anxiété. Par conséquent, le regard du spectateur est absolument partagé entre la réalité et la fiction. Il n'a donc pas le même regard qu'au théâtre normal. *« Donc, en tant que spectateur, on est partagé entre la réalité et la fiction. On ne peut pas avoir le même regard. Richard Bouchard est d'accord avec Pierre Dansereau quand il parle de l'artiste qui intervient avec des moyens artistiques. Il trouve cela mieux que de faire appel à des artistes ayant connu des difficultés. À l'ÉNAM [...] on utilise la marionnette [...] comme moyen d'analyse, outil d'intervention ou médiateur. [...] le participant sent la confiance s'installer chez lui. [...] si on décide de monter un spectacle [...] le rôle artistique des intervenants consiste à protéger l'individu en faisant appel à ses compétences. Certains se demandent ce que le théâtre de marionnettes peut apporter comparativement à la musicothérapie ou à la zoothérapie. Pour Bouchard, la marionnette n'est pas meilleure qu'un autre médium ; la seule différence est qu'elle regroupe plusieurs arts [...]. On peut passer par le dessin, le mouvement, la danse, bref, utiliser différents modes d'expression pour faire appel aux compétences de chacun. [...] Il s'agit de développer sa confiance. Ce sont souvent des gens qui ont été [...] démolis, et qui se trouvent en terrain miné. Ils ont besoin de se valoriser, et l'art va y contribuer. Ils vivent deux expériences : l'une dans l'imaginaire,*

---

[144] *Ibid.*, p. 6.

relative à l'histoire qu'ils élaborent, et qui apparaît comme un tunnel avec une lumière au bout [...] l'autre dans le réel, relative au travail du groupe. Ce travail, quotidien, oblige à se lever le matin, à être là, à participer, à respecter les autres, à faire appel à ses forces intérieures. [...] il faut éviter que le spectateur puisse s'apitoyer. Si un participant a de la difficulté à parler, c'est un autre qui lui prêtera sa voix. Si quelqu'un a du mal à manipuler des marionnettes, un autre le fait à sa place, et ainsi de suite. On essaie de protéger la personne pour qu'elle devienne gagnante. En fait, l'essentiel est de découvrir les limites thérapeutiques de l'art. »[145]

1) Les outils de la marionnette

Dans le répertoire du théâtre de la marionnette – le théâtre aphasique –, les patients et/ou les participants travaillent tous ensemble sur des textes écrits par eux-mêmes, c'est-à-dire qu'ils retravaillent et ils expriment une part de leur histoire, de leur personnalité, de leur ressenti et/ou de leur ressentiment. *« En revanche, Françoise Godel préfère travailler sur des textes d'écrivains [...]. Elle précise que ses objectifs rejoignent à la fois ceux de Pierre Dansereau et de Richard Bouchard. Pour elle, c'est le travail théâtral en soi qui constitue l'acte thérapeutique, avec tout ce qu'il comporte d'apprentissage, d'acquisition d'habiletés, d'attention aux partenaires, d'éveil de l'imaginaire [...]. La thérapie est donc inhérente au travail théâtral. Par ailleurs, et en cela elle rejoint l'approche de Richard Bouchard, la compagnie Notre Théâtre cherche à montrer les comédiens à leur meilleur. Voilà pourquoi Françoise Godel a renoncé à faire du théâtre verbal. Ce qui ne veut pas dire que les participants ne discutent pas ensemble beaucoup ; d'ailleurs, leur façon de s'exprimer s'améliore sensiblement après trois ou quatre ans de travail théâtral. [...] les productions sont non verbales. [...] En fait, la représentation n'arrive que quand ils sont prêts. Il faut environ deux ans pour préparer un spectacle d'une heure. Deux années d'exploration, d'acquisition de nouvelles techniques, de façon à toujours monter un spectacle plus développé, plus raffiné*

[145] *Ibid.*, p.7.

que le précédent. »[146] Les participants proposent un texte avant de commencer à jouer et le comédien chargé du contrôle artistique et dramatique vérifie la conformité du texte et imagine la faisabilité du scénario. Lors des répétitions, le texte peut être retouché et retravaillé d'une autre manière tout en restant dans le contexte des participants. Après une première représentation en public, les participants et même le comédien en charge de la gestion des ateliers peuvent proposer quelque idée ou apporter de nouveaux regards sur l'ensemble du travail pour améliorer la prochaine représentation. *« Hélène Beauchamp, qui a vu ce spectacle* Prévert, *souligne que la mise en scène de Françoise Godel était d'un intérêt extraordinaire. Les acteurs faisaient ce que l'on peut appeler des partitions physiques. C'est-à-dire une chorégraphie de déplacements que les spectateurs pouvaient facilement lire. [...] elle s'est demandé si les deux acteurs avaient conscience de la lecture que les spectateurs faisaient du spectacle. Dans une séquence, deux personnes entrent en poussant un landau ; on voit ensuite une séparation du couple, on entend La Chanson qui nous ressemble [...], l'homme reste seul et il prend une serviette suspendue à une corde à linge pour en faire un enfant. Il est donc partagé entre le bonheur d'écouter cette chanson qui leur ressemble et sa tristesse d'être séparé. À la fin, une autre femme arrive avec un landau, s'intéresse à son enfant, et ils partent ensemble sur une note d'espoir. »*[147]

Qu'en est-il donc des autres personnes qui participent et qui jouent cette chorégraphie ? Quels sont leur apport et leur risque ? Quel est leur état ou niveau de conscience ? Qu'en est-il de leur corps ? *« Richard Bouchard pense qu'il n'est pas vraiment important que les participants encadrés dans une expérience artistique soient toujours conscients de ce qu'ils produisent. On ne peut pas tirer sur les fleurs pour les faire pousser [...]. Il a vu des éveils survenir après deux ans de représentations, quand quelqu'un se rend compte tout à coup de l'importance d'un spectacle, d'un sujet ou d'une thématique pour lui. [...] On enseigne des techniques corporelles, l'éducation du regard, la manipulation d'objets [...] les participants se livrent à des*

---

[146] *Ibid.*
[147] *Ibid.*, p. 8.

explorations, à des improvisations. Quant à la mise en scène [...] Françoise Godel souligne qu'elle est aussi faite de trouvailles qui [...] viennent des comédiens. Ainsi, elle n'avait [...] pas inclus la chanson des Feuilles mortes *dans la dernière pièce. Elle trouvait cette chanson de Prévert tellement forte qu'elle avait préféré la laisser de côté faute de pouvoir bien l'intégrer au spectacle. Or, le comédien qui jouait l'homme abandonné par sa femme [...] était si bon qu'elle souhaitait lui faire jouer un solo. C'est alors qu'elle s'est souvenue d'un exercice qu'elle avait donné un jour en atelier, qui consistait à transformer en bébé un torchon de cuisine et à jouer avec sur un fond de berceuse. Or, Pierre-Luc a soulevé le torchon, l'a replié délicatement, l'a installé sur son épaule et l'a traité avec une telle application que tout le monde en a eu le frisson. Cette scène était donc sa création à lui. [...] Françoise Godel conclut que les moins handicapés connaissent bien le sens du texte et des mots. [...] le spectateur ne comprend pas nécessairement tout non plus lorsqu'il va au théâtre. Pierre Dansereau a peur que l'on prétende faire de la thérapie par l'art, mais sans véritables thérapeutes. Il préférerait que les artistes et les thérapeutes travaillent dans leur spécialité respective. Il rappelle que les arts constituent toujours un risque à assumer, qu'ils soient pratiqués par des personnes handicapées ou non. [...] les Ateliers Entr'Actes recommandent à des artistes des personnes handicapées, qui dès lors travaillent avec ceux qui les ont choisies, que ce soit pour des spectacles professionnels ou non. [...] Richard Bouchard revient sur l'idée de risque. À l'ÉNAM, il laisse aux thérapeutes ce qui relève de la thérapie ; la plupart des gens avec qui il travaille fréquentent un psychiatre ou un psychologue, parfois les deux. Mais, par ailleurs, tout travail artistique implique un risque. Donner une médication à quelqu'un comporte aussi des risques. Va-t-on garder telle personne dépendante de sa médication toute sa vie ou doit-on intervenir ? Comment peut-on aider cette personne à se reprendre en main ? [...] Il peut s'agir, par exemple, du risque de déclencher un état de crise. C'est là que l'éthique intervient : Richard Bouchard reste toujours en rapport avec des personnes-ressources, et jamais il ne dira à un participant de cesser sa médication ou de ne plus voir son psychologue. Par contre, par l'écoute, il contribue à trouver des solutions. »*[148]

Il faut tout d'abord comprendre que les techniques de scénarisation ne suffisent pas à changer les comportements de la personne. Mais le fait que le participant soit aussi le metteur en scène de sa propre histoire, de sa propre vie et de ses angoisses, aide l'individu à prendre conscience de son comportement le plus rapidement possible. Il en est de même chez un patient lorsqu'il a un acte, un geste, de tels mouvements répétitifs dans un même scénario de nature à lui provoquer des problèmes. Il faut donc envisager de changer de rôle pour améliorer son état de santé d'une part, et, d'une autre part, de faire progresser le scénario après discussion avec le comédien-marionnettiste.

Le corps du patient participant à l'atelier peut être considéré comme un outil de la marionnette lorsque l'un des patients met son corps en expérimentation et se laisse manipuler comme la marionnette. Par exemple, lorsque le corps est soumis à un thème concentré sur l'étude de l'anatomie. Il en est de même lorsque l'idée est de valoriser certains personnages en utilisant le corps humain. Comme le précise la didascalie *« (Andreoli relève la dépouille de Mazzini et essaie de la faire tenir debout), cet éloge funèbre est proféré en manipulant une grande marionnette représentant la "momie de Mazzini", dont les yeux morts, à l'évocation de la putréfaction du bas-ventre, sortent des orbites et roulent à terre puis sont remplacés par l'acteur-marionnettiste Andreoli. »*[149]

a) Le masque de la marionnette

La peur d'être sous un masque est très fréquente chez certains patients. Le masque joue deux rôles pour celui qui le porte : soit il est révélateur du soi-même, soit il est au contraire un refuge pour soi-même.

---

[148] *Ibid.*, p. 9, s.

[149] Françoise DECROISETTE, *« L'Histoire derrière le rideau, écritures scéniques du Risorgimento »*, sous la dir., Collection, Le Spectaculaire, Presses Universitaires de Rennes, 2013, p. 321.

Dans beaucoup d'ateliers, certains patients ont eu du mal et de la difficulté, tant physique que morale de porter un masque. Chaque dirigeant d'atelier de théâtre de type marionnettes doit faire attention lorsqu'il travaille avec des participants qui ont des problèmes de peau, de respiration, de concentration, ceci d'autant plus s'il s'agit d'un patient claustrophobe. Tous ces troubles physiques et psychiques ont des relations avec le système auditif, visuel, olfactif et cognitif.

Il est moins difficile chez le patient de travailler avec un masque porté, car c'est facile pour lui de revenir rapidement à son visage propre tant que celui-ci n'est pas fixé avec des attaches. C'est donc très facile de le retirer du visage. Il est derrière le masque et le contact est très faible, mais le masque utilise les yeux du patient et oblige son corps à travailler et à jouer de façon complémentaire. *« Il existe le masque-chapeau, la grosse tête où le regard est placé au-dessus ou au-dessous des yeux, l'effet produit est alors différent, les mouvements de la tête et du corps doivent être recherchés pour correspondre au regard du masque. Il existe aussi le masque qui évolue. [...] un masque qui possède une expression neutre, et il faut lui donner des sentiments de joie ou de tristesse de par les attitudes du corps. Certains ont été plus à l'aise avec le masque fixé au bout du bâton, mais la structure du personnage lui a donné vie différemment. Il semble plus intéressant de fabriquer un masque sans idée préconçue [...], mais plutôt de représenter un personnage né de notre propre imagination, en se laissant aller dans une création immédiate, en découvrant les formes, les possibilités de la matière. »*[150]

Jusque-là, il est indispensable de se poser la question, d'où vient l'imagination ou l'inspiration pour confectionner un masque ? La plupart du temps, les enfants s'inspirent des bandes dessinées, des contes des fées ou des héros télévisés. Certes, c'est un peu regrettable que l'imagination des enfants soit actuellement limitée à des images véhiculées par l'audiovisuel alors que du côté des adultes, leur imagination se construit sur l'attirance du langage, du verbe et du mot.

---

[150] Benardette JOST, Gilbert BROSSARD, *« Marionnette et Thérapie »*, *op. cit.*, p. 3, s.

En revenant sur le jeu en miroir qui laisse deux participants travailler en collaboration, *« le masque de l'autre nous renvoyait une certaine image, de la personne portant le masque [...] aussi à la nôtre puisque nous essayions de trouver les attitudes que nous suggérait le masque. Ce jeu, c'est aussi établir une relation à deux, un début de communication sans utiliser la parole, uniquement le geste, le regard. Être deux pour découvrir son propre masque afin de renvoyer à l'autre des images, des attitudes tel un miroir vivant. [...] Le masque semble avoir alors un rôle magique nous renvoyant aux sociétés primitives qui l'utilisaient lors de fêtes, d'exorcismes [...]*

Nous n'avons pas assez joué avec ce masque au bout du bâton afin de bien saisir le passage de notre regard du masque à la marionnette. Il y a transfert des yeux, la marionnette peut d'elle-même voir, nous regarder, notre propre regard n'est plus derrière le masque. Nous avons voulu habiller rapidement cette marionnette, lui donner vie par le corps, alors qu'elle possédait déjà une vie par le regard. »[151]

Dans l'article publié dans *La revue de théâtre* aux éditions du Jeu, Michel Vaïs se pose la question de savoir si la marionnette est plus une thérapie que de l'art. Il arrive parfois au patient de jouer son histoire dans l'action théâtrale avec un masque qui représente son propre personnage. Michel Vaïs a pris l'exemple de Richard Bouchard qui parlait du travail concret mené à l'École Nationale d'Apprentissage par la Marionnette au Canada : *« Il lui est arrivé de travailler avec un homme considéré psychotique, qui en voulait aux femmes, aux policiers, aux "bœufs", à son psychiatre. Il avait pris de la drogue, vivait isolé dans un chalet, avait pratiqué des arts martiaux et se préparait à la Rambo, avec des sacs de sable, en se disant [...] quelqu'un allait payer ! Cet homme lui faisait beaucoup penser à Marc Lépine, l'auteur du massacre de la Polytechnique. Heureusement, les gens de l'ENAM, avec leurs marionnettes, n'apparaissaient pas trop menaçants pour lui. [...] Il était du genre à dire à un psychologue : "C'est grâce à moi que tu gagnes ta vie." Ce n'est pas facile, poursuit Bouchard, de travailler tous les jours avec ce genre de personne, de l'écouter pendant une heure dire du mal*

---

[151] *Ibid.*, p. 4.

des femmes. Quand on lui demandait s'il avait eu un problème avec une fille récemment, il se défoulait comme un torrent. Ça a été le début de l'atelier, qui a duré des mois. [...] On lui a fait jouer son propre rôle. Puis, on a laissé la cassette sur une tablette pour la ressortir un mois plus tard afin qu'il se voie à nouveau. On lui a démontré son niveau d'estime de lui-même, en faisant un petit point sur une feuille, et une grande barre pour indiquer sa frustration. Petit à petit, on a remonté l'estime de soi, on a mis en valeur ses capacités, et aujourd'hui [...] il arrive à fonctionner en société sans danger pour autrui ni pour lui-même. Hélène Beauchamp note que l'on parle beaucoup de thérapie. [...] Faut-il toujours guérir les gens de la société dans laquelle ils vivent ? Ce lien thérapeutique qui prend le dessus la met mal à l'aise. Si la thérapie a une finalité, l'art en a une aussi. Il ne faut pas les confondre. »[152]

b) Que peut être l'artiste-marionnettiste dans le jeu du psychodrame ?

Dans cette partie, ce travail de recherche propose une manière de savoir-faire pour ceux qui veulent travailler dans l'art, surtout dans la dramathérapie basée sur le jeu de la marionnette. Ainsi des étudiants qui sont en apprentissage de la marionnette, programme qui consiste à créer un lien direct de façon intime entre l'expression par l'art, la thérapie et le loisir, tout en accordant plus d'attention et d'importance au patient examiné. Tous ces étudiants doivent avoir des notions très solides en psychologie, mais en revanche, ils restent toujours des artistes, des comédiens et des acteurs professionnels et ils doivent absolument s'exprimer par l'art. Cette démarche se rapproche ou est même le fondement de la qualité artistique à laquelle recourt toute forme liée au psychodrame du théâtre individuel ou en groupe, que ce soit par l'usage du masque, du geste, du mime ou du regard et autres. Ceux qui détiennent des bases de psychologie et qui maîtrisent bien le théâtre et ses outils seront des comédiens-thérapeutes qualifiés. Par exemple, une étudiante qui *« a choisi de travailler avec des jeunes en difficulté. Elle fait*

---

[152] Michel VAÏS, *« Le théâtre utile : entre loisir et thérapie », op. cit.*, p. 11.

actuellement des ateliers d'art dramatique dans un centre communautaire, avec des adultes ayant été hospitalisés pour schizophrénie, tentative de suicide, etc. Ce qui lui importe, c'est [...] le point de vue thérapeutique, mais aussi de soigner le type d'exercice théâtral, afin de s'engager avec eux dans une exploration artistique intéressante. Pierre Dansereau demande si les thérapeutes issus de Concordia sont reconnus par leurs pairs, en tant que thérapeutes. Pour sa part, il assure qu'aux Ateliers Entr'Actes, lorsque les animateurs artistes [...] s'aperçoivent de leurs propres limites, ils font appel à des thérapeutes compétents. Au fond, il met en question l'idée même de l'art-thérapie, affirmant qu'il est préférable de voir un artiste œuvrer uniquement comme artiste, et de recourir à des thérapeutes en cas de besoin. Louise Rinfret réplique qu'à la fin de son cours, elle sera reconnue comme psychologue. Sauf qu'au lieu de s'être spécialisée en approche "behavioriste" ou psychanalytique, elle le sera en art dramatique. [...] En réponse à Pierre Dansereau, elle affirme aussi que les diplômés de maîtrise à Concordia sont reconnus par l'Ordre des psychologues. Quant à elle, elle sera membre à la fois de cet ordre professionnel et de l'Union des artistes. Pierre Dansereau regrette pourtant que souvent [...] on voie des gens s'afficher comme art-thérapeutes, sans aucune formation, car le titre n'est pas protégé. »[153]

Le lien entre l'intervention thérapeutique et l'art démontre que si le comédien-thérapeute utilise la marionnette avec un individu, il lui est alors possible de l'appliquer au sein de la collectivité. D'après plusieurs enquêtes, certains thèmes de références reviennent de temps en temps dans le champ des différents ateliers et répondent à des problématiques générales touchant la société. Tous les moyens techniques servent à théâtraliser ces différentes thématiques et à les transformer en représentation d'images dans le subconscient d'un individu ou pour toute la collectivité, dans le but de favoriser le changement des comportements, des attitudes et l'ouverture à l'autre. *« Michel Brais propose quelques pistes de réflexion. Il dit avoir travaillé plusieurs années avec "des acteurs adultes consentants*

[153] *Ibid.*, p. 12.

non professionnels", sur des créations collectives, alors qu'il coordonnait le programme de théâtre populaire au CÉGEP de Rosemont. [...] La plupart des participants avaient des objectifs de nature non pas artistique, mais personnelle. On venait là pour mieux prendre sa place dans la vie, pour mieux s'exprimer ou dépasser sa gêne. C'est pourquoi [...] il a entrepris une formation en psychothérapie afin de connaître ses limites comme intervenant. Aujourd'hui, il est psychothérapeute et formateur d'acteur : il enseigne dans des écoles professionnelles [...] et, au cours d'un même atelier de trois heures, il lui arrive d'être successivement professeur de théâtre, directeur d'acteur, pédagogue et thérapeute. Il estime que beaucoup de choses que l'on a nommées thérapie sont en réalité de l'éducation, ou de l'art. Il est vrai que toutes les démarches dont on parle ici utilisent le théâtre comme médium. [...] cela donne des résultats, une œuvre d'art, autant que chez des professionnels. [...] selon la grille d'Anzieu, pour qu'il y ait une œuvre d'art, il doit y avoir une plongée, une régression, une fabrication d'images qui s'enracinent dans la sensibilité personnelle du créateur. Il faut qu'il y ait une transposition, un travail de style et la rencontre de l'autre, donc d'un public. Selon la grille de Gaudibert, il y a trois types d'œuvres : les œuvres d'expression [...] celles de créativité [...] et l'œuvre de création, qui se tient par elle-même, et que l'on n'est pas obligé d'expliquer chaque fois pour que les gens l'apprécient. Le problème, c'est que pour produire une œuvre d'art, il faut à la fois une capacité à la vulnérabilité et une possibilité de virtuosité. [...], les professionnels ont beaucoup de virtuosité, mais manquent de vulnérabilité. Ils savent ce qu'ils font comme artistes, mais pas comme créateurs sur scène. »[154]

Ici, il est encore intéressant de parler de l'utilité du théâtre puisque plusieurs actions théâtrales utilisant le masque rendent les joueurs plus créatifs et plus libres dans l'espace intérieur dédié au déroulement du jeu. C'est pourquoi le travail théâtral a besoin d'un travail de symbolisation, d'information, d'éducation, et de communication, mais aussi de conscience et de transformation de tous les enjeux psychiques profonds pour avoir la qualité de thérapie. Toutefois, l'estime de soi ou l'intégration

---

[154] *Ibid.*, p. 15.

apprise d'une démarche artistique n'est pas forcément une thérapie, mais elle fait quand même partie du processus thérapeutique. *« Enfin, Brais estime que cette question intéresse aussi la psychothérapie, qui trop souvent traite la pathologie plutôt que le potentiel créateur des êtres humains. Pour sa part, il ne parle plus de guérir des blessures psychiques, mais de les remettre en jeu. Les thérapeutes auraient avantage à apprendre ce que font les art-thérapeutes, pour renouveler leur pratique [...]. Au lieu d'allonger les malades sur des divans, faisons-les jouer sur une scène ! »*[155]

2) Une analyse de l'atelier de marionnette

Il est indispensable de parler ou de faire la présentation des outils de l'art-thérapie pour mieux comprendre l'analyse des ateliers thérapeutiques fondés sur le jeu de marionnettes. Signalons tout d'abord que les outils thérapeutiques servent en principe à évaluer l'individu et que cette évaluation s'effectue dans un objectif de connaissance de la personne. Par exemple : pour comprendre de près la personnalité de l'individu ; pour déterminer la nature de son problème ; pour déterminer les conséquences d'une intervention thérapeutique dans un but d'action théâtrale ; pour mieux adapter l'action culturelle et thérapeutique tout en prenant en compte les différentes caractéristiques de l'individu.

Le déroulement de l'atelier thérapeutique nécessite une fiche technique d'observations permettant au comédien-thérapeute d'assurer la prise en charge du malade de façon évolutive. C'est l'artiste marionnettiste qui la remplit lui-même à la fin de chaque exercice, afin d'en apprécier l'efficacité et de mettre en place éventuellement une nouvelle stratégie de pratique artistique. C'est une manière de recentrer l'activité sur ses buts et ses valeurs escomptés. Il décrit dans la fiche technique les difficultés dont souffre son patient et essaie de les localiser par divers mécanismes de pratique artistique. Raison pour laquelle il est contraint quelquefois de prévoir ou de reformuler un objectif intermédiaire. La fiche technique est un recueil des données du

[155] *Ibid.*

comédien qui inscrit toutes les informations jugées nécessaires par rapport à ses objectifs thérapeutiques. Ce recueil est une base qui constitue la mémoire de l'atelier et le suivi du patient. Il est différent ou il comporte différentes informations selon les difficultés dont souffre le patient et les mesures de prise en charge. Par exemple, certaines données susceptibles d'être mentionnées dans le recueil : indiquer des informations générales comme l'âge, le sexe, la croyance, les raisons de la prise en charge et les objectifs thérapeutiques envisagés ; indiquer la manière dont la pratique artistique doit s'effectuer et les techniques déjà utilisées ; marquer les effets, les phénomènes artistiques, indiquer les intentions, les impressions et les actions envisageables par rapport aux attentes thérapeutiques ; identifier la capacité de discernement de l'individu ; mesurer sa capacité relationnelle avec ses proches et son entourage ; préciser les capacités esthétiques de l'individu et son implication dans l'activité ; identifier ses goûts, ses plaisirs et les émotions qu'il a pu avoir lors de la séance.

À la fin de l'exercice, un bilan de l'expérimentation clôture la fiche d'observation et met en évidence tous les éléments repérés correspondant aux obstacles rencontrés lors de la séance. Il permet de l'évaluer par rapport aux autres participants souffrant de la même pathologie et d'ainsi recadrer les moyens en place si nécessaire.

Il y a aussi le choix des items qui se fait à partir des objectifs et des faits précis. Ils se définissent comme les plus petites unités de valeur pour repérer et pour évaluer le comportement d'une personne. Ce choix se centre sur des faits précis, au regard de certains buts établis afin de visualiser son évolution par rapport au processus thérapeutique et esthétique engagé par le comédien. C'est ainsi que l'analyse thérapeutique par art peut être observée tout en se référant à des mouvements du corps du patient. L'observation du comédien peut être quantitative par exemple en prenant le bras comme élément de référence, il peut compter le nombre de fois où le patient a levé ou a tendu la main ; soit qualitative lorsque le comédien qualifie le mouvement d'agression, d'impolitesse ou de politesse et/ou de geste affectueux. L'art-thérapeute peut cependant regrouper certains items en sous-groupes afin d'évaluer un faisceau d'items. Par exemple l'intention de l'individu comme un faisceau d'items : l'artiste va, dans un premier temps, décomposer cette intention par la mesure du mouvement effectué par le bras. Il en est de même lorsqu'il s'agit de la peinture, du dessin ou de l'écriture, il va regarder en premier la ou les couleurs choisies avant d'analyser l'œuvre finale. Dans l'analyse thérapeutique de l'art théâtral, les comédiens parlent d'items soit généraux, tous ceux qui sont relatifs à un objectif général, soit spécifiques lorsqu'ils sont issus d'un objectif intermédiaire, ou encore ponctuels lorsqu'ils sont liés aux cibles. Au final, les items facilitent l'évaluation des phénomènes artistiques ainsi que la spécificité de la capacité relationnelle déjà mentionnée dans la fiche d'observation.

L'analyse de cette recherche préconise l'utilisation de deux fiches techniques d'observations reparties en plusieurs rubriques lors de la séance de dramathérapie. Tout d'abord le déroulement de la séance en deux temps impose la présence ou l'utilité d'établir deux phases d'observations bien distinctes : une fiche technique d'observation sur le jeu et une autre sur la réalisation. Les items généraux correspondent tant à l'identité du patient qu'aux renseignements sur l'atelier. Tous les items sont évalués d'une part, sur le temps de jeu et, d'autre part, sur le temps de la réalisation. Les étapes d'analyse et d'observation renseignant les fiches d'observations sont : le degré d'implication du patient dans l'activité théâtrale ; les expressions, les douleurs et les différentes émotions manifestées par l'individu durant le jeu ; la valeur de la recherche esthétique ; l'interaction sociale ; la fin de l'exercice et les objectifs envisagés ; les perspectives, les observations et les impressions générales.

Ainsi d'une expérimentation très explicite sur le plaisir et l'imagination d'Antoine, tirée du mémoire de fin d'études d'Alice Duval de l'Université François-Rabelais montre qu'Antoine a bénéficié d'une prise en charge d'art-thérapie au sein d'un groupe à partir du mois de novembre 2010 jusqu'au mois de juin 2011 : une série de dix-neuf séances dont les objectifs généraux théoriques étaient l'amélioration de son expression, de son développement émotionnel et de sa communication. Il s'agissait aussi de favoriser son bien-être, de développer sa relation, son éducation et son plaisir de faire, de supporter la frustration, d'assurer une satisfaction à ses valeurs, d'améliorer sa tolérance et de ne pas mettre en échec son épanouissement. Le but du jeu était de stimuler l'expression d'Antoine et de l'inciter à agir sur l'ensemble de ses troubles relationnels. Alice Duval disait que : *« Mise à part les deux premières rencontres, que nous ne considérons d'ailleurs pas comme des séances d'art-thérapie, le temps de jeu a débuté à la cinquième séance, alors que les enfants avaient réalisé leur première marionnette. [...] Antoine a montré un réel plaisir à venir à l'atelier, s'investissant pleinement dans ce moment de jeu. Séances 5 à 7 :*

Au cours des séances 5 à 7, Antoine raconte des histoires de manière spontanée, avec un plaisir visible. Il se met d'ailleurs facilement en colère lorsque ce temps de jeu se termine. [...] Antoine est finalement content de réaliser des personnages pour ses récits, la transition avec le temps de production reste compliquée. [...] Il s'agit de récits d'aventures fantastiques qui sont parfois difficilement compréhensibles. Si l'histoire n'a pas été comprise par tous, une fois qu'Antoine a terminé, le groupe reprend avec lui ce qu'il a joué afin de clarifier certaines scènes. [...] Antoine s'agace de voir que tout n'a pas été compris, mais il semble en même temps très fier de pouvoir réexpliquer l'histoire qu'il a imaginée. Néanmoins [...] Antoine ne semble pas tenir compte du monde extérieur, il donne l'impression de jouer seul. Il est bien placé derrière le castelet, ne laissant apparaître que ses personnages, mais il parle très vite, n'articule pas vraiment, ne parle pas fort, et tourne parfois ses marionnettes vers lui, donnant l'impression d'être entraîné par son récit. De là, l'art-thérapeute imagine occasionner des spectacles à plusieurs acteurs-manipulateurs. »[156] Alice Duval continue ses explications et illustre les étapes du jeu d'Antoine ainsi que son mode de travail en groupe : *« 1 : Joue seul ; 2 : Semble contrarié de jouer avec une autre personne ; 3 : Semble*

---

[156] Alice DUVAL, *« Une expérience d'art-thérapie à dominante marionnettes auprès d'enfants présentant des Troubles Envahissants du Développement »*, Université François-Rabelais, UFR de médecine – Tours & AFRATAPEM, Association française de Recherche & Application des Techniques Artistiques en Pédagogie et Médecine, Mémoire de fin d'études du Diplôme Universitaire d'Art-thérapie de la faculté de Médecine de Tours, année 2011, p. 35, s.

indifférent de jouer avec une autre personne ; 4 : Prends du plaisir à jouer avec une autre personne. D'autre part, Antoine n'est pas toujours très attentif lorsque les autres enfants présentent une histoire. Il peut parfois regarder par la fenêtre ou [...] se montrer impatient de jouer à son tour. »[157] Elle développe brièvement dans son travail que cette observation concerne également les interactions sociales en précisant un item interprété : *« Attention, écoute du jeu des autres enfants 1 : Ne regarde pas, semble être ailleurs ; 2 : Regarde, mais semble ailleurs ; 3 : Attentif à certains moments, mais dispersé, papillonnant à d'autres moments ; 4 : Attentif tout au long des histoires. »*[158]

À la huitième séance, Antoine commence à accepter de jouer avec d'autres personnes même s'il hésitait un peu selon Alice Duval : *« Séance 8 : [...] Antoine présente seul, il souhaite rejouer. L'art-thérapeute lui propose alors de jouer avec Pierre la rencontre de leur marionnette. Antoine grogne un peu, réitérant son envie de jouer seul, mais il accepte finalement assez rapidement. Et même si le spectacle ne dure que cinq minutes, une communication s'instaure entre les deux enfants. En considérant l'autre lors du jeu, Antoine ouvre son champ d'impression [...] qu'il fait parler ses marionnettes plus calmement. »*[159] Il est possible de dire ici que l'objectif envisagé est atteint, mais il n'est pas encore temps de le considérer comme acquis. *« De là, plusieurs items ressentis concernant l'expression orale d'Antoine sont formulés :*

Hauteur de voix :	*Articulation :*	*Vitesse d'élocution :*
1 : Faible 1 :	*Pas ou faible 1 :*	*Très rapide*
2 : Normale 2 :	*Normale 2 :*	*Rapide*
3 : Forte 3 :	*Importante 3 :*	*Normale*
4 : Très forte 4 :	*Très importante 4 :*	*Lente »*[160]

À partir de la Séance 9 jusqu'à la Séance 13, on constate qu'Antoine souhaite lui-même intégrer une autre personne dans son jeu, même s'il ne lui donne pas encore un rôle important dans

157 *Ibid.*
158 *Ibid.*
159 *Ibid.*
160 *Ibid.*

son histoire. *« Lors de la neuvième séance [...] Antoine demande qu'un adulte prenne note de l'histoire qu'il va jouer. L'art-thérapeute note ainsi le nom des personnages utilisés dans l'histoire, puis leurs répliques [...]. Antoine semble très enthousiaste lors du jeu et lorsqu'il a terminé sa représentation, il relit ce qui a été noté et corrige si certaines choses ont mal été comprises. À la séance 10, Antoine souhaite de nouveau que ses histoires soient notées. Il présente alors un spectacle qu'il termine par "à suivre...". Il explique qu'il va raconter une longue aventure qui se formulera sous forme d'épisodes. [...] C'est ainsi que de la séance 9 à la séance 13, le jeu d'Antoine commence toujours par une relecture de son ancien épisode. À la séance 11, l'art-thérapeute propose à Antoine de l'aider dans son récit. Pourquoi ne pas animer la sorcière qui était apparue dans son dernier épisode ? Mais Antoine se met en colère, il exprime clairement son refus. Il souhaite jouer seul, c'est son histoire. [...] Pour la séance 12, l'éducateur spécialisé et l'art-thérapeute décident de débuter l'atelier par la présentation d'un petit spectacle. [...] ils animent des marionnettes "neutres". Ils s'accordent pour que leurs personnages appellent les marionnettes réalisées par les enfants à leur secours. Ils sollicitent ainsi Bibiche, la marionnette-dragon réalisée par Antoine, à leur venir en aide. [...] l'objectif pour Antoine est bien qu'il les rejoigne derrière le castelet et qu'ils poursuivent cette histoire tous ensemble. S'il apparaît [...] intrigué lorsqu'ils appellent sa marionnette, Antoine se montre très fier de venir à leur rescousse. En poursuivant avec eux l'histoire qu'ils ont débuté, cet objectif intermédiaire est atteint. À la séance 13, de premiers applaudissements des autres enfants apparaissent de manière spontanée à la fin du spectacle d'Antoine. »*[161] Les activités continuent à la séance 14 avec une nouvelle création et Antoine semble très content de débuter une nouvelle histoire. Au fil du temps, une relation s'est établie entre Antoine et Pierre, mais parfois il manifeste ou exprime son mécontentement de ne pas pouvoir continuer sa création.

« Séances 15 à 17 : L'apport d'un micro lors de la séance 15 a donné une véritable dimension de spectacle aux différents jeux

---

[161] *Ibid.*

des enfants. Alors qu'Antoine a pu entendre sa voix amplifiée, son histoire est plus audible. [...] il n'utilise plus le castelet comme un lieu de représentation, mais comme un élément de décor [...]. Pour la séance 16, en proposant de ne pas utiliser le castelet, l'art-thérapeute permet ainsi un rapprochement entre les enfants qui regardent le spectacle et l'enfant qui le joue. Antoine parcourt alors la salle avec ses marionnettes, il se sert des chaises, de l'épaule d'une personne comme éléments scénographiques. Ses mouvements sont beaucoup plus libres. Signalons que l'humour est très présent durant cette séance. »[162]

Le déroulement du jeu avec différentes séances met en avant les œuvres plastiques d'Antoine qu'il a réalisées lors des expérimentations, mais le comédien thérapeute oriente aussi le temps de travail et de production sur différents mécanismes permettant le développement de l'expression orale d'Antoine, de son expression faciale et de sa gestuelle ainsi que de sa communication. Alice Duva, explique dans ses analyses sur les scénarios et la confection des maquettes qu'Antoine effectuait lors des travaux : *« Séances 1 à 3 : Connaissant l'intérêt d'Antoine pour les dragons, il lui est proposé lors de la première séance de réaliser un dragon animé. [...] L'art-thérapeute lui suggère alors de choisir et de décider des différentes articulations qu'il veut donner à son animal fantastique. [...] Antoine dessine sur du carton les membres à articuler séparément du corps principal. Tout à fait autonome dans sa production [...] Antoine va représenter son dragon. La mise en couleur se fait sans hésitation, il fait un choix de jaune, de rouge, d'orange et de bleu pour ses différentes parties. [...] Antoine semble seul avec sa production pendant toute la séance. À la fin, il apparaît très content de ce qu'il a fait. Lors de la seconde séance, Antoine s'installe vite. Il reprend ce qu'il avait commencé et se prépare à couper le carton pour séparer les différents membres de l'animal. [...] le carton est un peu épais et les ciseaux ne coupent pas très bien. Mais l'éducateur spécialisé et l'art-thérapeute font le choix de laisser Antoine seul un temps, afin de voir s'il va leur demander de l'aide. C'est alors qu'Antoine s'énerve, il marmonne sur sa production,*

[162] *Ibid.*

s'impatiente, mais il ne lâche pas les ciseaux, et ne sollicite personne. Le fait qu'Antoine s'énerve tout seul l'empêche d'avoir l'élan suffisant pour atteindre son objectif artistique. »[163] Antoine accepte d'être aidé et une fois les différents membres de sa marionnette sont coupés, il semble heureux de les fixer ensemble avec des attaches parisiennes. *« On lui demande si cela lui plait et lui convient. Il sourit en répondant que oui. Il lui est alors proposé de donner un nom à cet animal fantastique. Antoine réfléchit un temps puis dit doucement qu'il ne sait pas encore [...]. Pour la séance 3, l'art-thérapeute met en place avec Antoine un nouveau personnage autour de la technique et du savoir-faire, de façon à créer une relation de collaboration entre eux. Il s'agit [...] de l'amener à avoir une production autonome [...] d'éveiller [...] à l'intérêt de prendre en compte le monde extérieur dans le processus artistique. On imagine qu'un échange autour d'une technique conduira probablement Antoine à demander de l'aide lorsqu'il rencontre des difficultés. »*[164]

a) La confection de la marionnette ou une marionnette déjà construite

Cette problématique était très fréquente dans les discussions de chaque début de séance. D'une part, il y a les marionnettes déjà construites et, d'autre part, les joueurs, les participants fabriquent eux-mêmes leurs marionnettes. Le fait de confectionner soi-même sa marionnette facilite ou aide l'individu à avoir une meilleure projection de soi-même dans la maquette et à bien manipuler sa poupée. Il est évident que les problèmes, les conflits et les souffrances internes qui bloquent l'individu ressortent sous différentes formes selon l'expression manifestée par son corps et la valeur donnée à la marionnette. Cette importance peut être mise en évidence chez le comédien-thérapeute marionnettiste, mais aussi chez le patient qui a réalisé la maquette et qui incarne aussi le personnage un peu comme son double ou son image qui exprime ses ressentis.

---

[163] *Ibid.* p. 37.
[164] *Ibid.*

En revanche, les marionnettes déjà confectionnées permettent une projection des fantasmes grâce au niveau de la voix de la personne qui incarne le personnage. Il est possible que le joueur soit influencé par la poupée, soit par l'attrait de la fée comme de la sorcière et/ou d'autres. Si la marionnette est déjà construite, le champ d'expression semble plus limité et la manifestation des émotions reste plus restreinte.

Même si la salle est remplie d'échantillons de marionnettes, il manquera toujours celle qui correspond au sujet recherché. En revanche, il y a aussi les marionnettes de fonctions neutres. Elles sont confectionnées sans représenter un personnage déterminé et c'est au patient qui la met en action de choisir librement le pseudo, le rôle, et la qualité d'intervention de sa poupée. Ce sont des poupées qui ne représentent pas des fonctions déterminées dans le scénario. Mais *« celles-ci semblent plus intéressantes que les précédentes, car permettant de mettre rapidement en scène des situations propres aux problèmes du patient relatives à la famille (triangulation : papa-maman-enfant [...]. En effet, le patient peut, face aux marionnettes, définir leur qualité, leur rôle, leur fonction (papa, maman, enfant, médecin...) ou leur attribuer des pouvoirs imaginaires au travers de marionnettes qu'il baptisera alors fée, sorcière, magicien, etc. »*[165]

La problématique existe toujours dans les ateliers et n'est pas résolue puisque certains participants demandent à les confectionner eux-mêmes, alors que d'autres cherchent la facilité ou préfèrent tel ou tel type de poupée pour des raisons personnelles s'il s'agit du patient, mais chez le comédien maître du jeu ce choix est lié à des mesures de sécurité, à des raisons techniques ou pratiques ainsi que matérielles. Chacun a ses préférences et chaque méthode apporte ses avantages et ses inconvénients. Jusqu'à aujourd'hui, le débat reste ouvert et chaque analyse apporte un peu plus aux précédentes. *« Comment peut-on aider, en psychomotricité, un enfant à reconstituer le corps au travers d'une marionnette ? Le travail du corps avec la marionnette ? Le masque, la marionnette, peuvent-ils être considérés comme un "double" ? Utilité ou non du castelet ? Il*

---

165 Bernardette JOST, Gilbert BROSSARD, *« Marionnette et thérapie », op. cit.*, p. 5.

semble bien avoir [...] un rôle très important, il se joue beaucoup de choses derrière, dans ce lieu aux vertus, semble-t-il, magiques. Lieu où l'on se cache, se protège, mais qui permet aussi de s'exprimer, de dire des choses impossibles à dire dans un autre lieu. Un lieu où l'on se "déshabille" en croyant ne pas être vu. Le thérapeute doit-il intervenir dans le jeu ou rester extérieur ? Le spectacle peut-il faire partie de la thérapie ? Quels sont les mécanismes profonds [...] de notre psychisme mis en jeu par le fait d'utiliser des marionnettes ? Qu'est-ce que cela éveille en nous ? Quels types de marionnettes vaut-il mieux utiliser ? [...] La marionnette à gaine fait plus corps ; la marotte est plus difficile à supporter dans l'agressivité en particulier chez un psychotique ; la marotte est plus perturbante, car fragile, un membre brisé angoisse parfois le malade ; la marionnette à fils semble être d'un maniement plus complexe et d'une construction trop longue, bien que des techniques puissent permettre un résultat simple et rapide, telles que la figurine dessinée puis découpée dans du papier, mais le personnage est fragile, éphémère. »[166]

b) La pensée d'Aristote

Aristote liait son observation de la forme et de la pratique théâtrale à tous les résultats possibles que le théâtre peut produire chez l'homme comme la catharsis. C'est donc dans l'effet cathartique du théâtre qu'Aristote rattachait l'art dramatique à la médecine. Ses observations définissaient toute activité de théâtre avec tous ses aspects, ses moyens et ses couleurs, comme une thérapie de celui qui le regarde, mais aussi de celui qui le pratique.

Plusieurs professionnels intéressés par le théâtre comme activité thérapeutique, tels que Alexandre Lazaridès, se demandent si le théâtre lui-même n'est pas une forme de thérapie collective que la société privilégie du fait de ses avantages tant dans le développement d'expressions humaines que dans l'épanouissement de l'individu. Selon Michel Vaïs, Alexandre Lazaridès rappelait *« qu'Aristote avait bien attribué au théâtre*

[166] *Ibid.*, p. 5, s.

un but purgatif, en employant le mot catharsis, qui est un terme de médecine. La société qui se rend au théâtre doit en sortir avec une émotion qui l'a soulagée. Le théâtre que nous appelons divertissement ou spectacle a donc aussi son utilité. [...] c'est parfois devenu une entreprise commerciale, mais [...], quand un spectacle est réussi, c'est toute la collectivité qui y communie. La catharsis que Michel Tremblay a réussi à opérer au Québec [...] avec les Belles-Sœurs *renvoie à cette purgation qui exorcise les tabous. Si donc le théâtre d'exception [...] permet de définir le théâtre en général, Lazaridès trouve qu'il a une importance considérable. Ce n'est pas un théâtre en marge ; il entoure plutôt le territoire du théâtre officiel, normatif, et en montre les limites, tout comme la maladie peut expliquer ce qu'est la santé. Le théâtre de divertissement social et le théâtre utile auraient le même objectif, celui qu'Aristote attribuait à toute forme théâtrale : une sorte de thérapie. »*[167]

C'est pourquoi certains comédiens-thérapeutes exerçant dans les établissements de soins se posent la question de savoir si la purgation du théâtre utile ne viendrait pas plus chez les comédiens qui le pratiquent que du côté des spectateurs-voyeurs. La réponse à cette interrogation reste, pour la plupart des professionnels, une évidence. Il est absolument vrai que celui qui le pratique est déjà guéri ou a tous les moyens et les astuces pour se soigner avant d'informer, d'éduquer et de communiquer avec l'autre – son *grand-public*. C'est-à-dire, avant de soigner ses patients, ses participants ou son public.

« Quant au spectacle proprement dit, Lazaridès se demande si le faire-semblant [...] ne serait pas amoindri dans le théâtre utile alors qu'il conserverait toute sa latitude dans le théâtre-spectacle. La différence entre l'acteur et le personnage est fondamentale au théâtre [...] dans le théâtre utile, les deux tendraient peut-être à se confondre chez la personne handicapée. Richard Bouchard voit le théâtre comme un mode d'expression où existent différents niveaux d'intervention, de l'initiation jusqu'à l'aboutissement dans l'art. Tout prend son sens lorsque

[167] Michel VAÏS, *« Le théâtre utile : entre loisir et thérapie »*, *op. cit.*, p. 15, s.

le spectateur vit des moments privilégiés. Cette catharsis, essentielle, contribue à populariser le théâtre […]. »[168]

L'intervention du théâtre à l'hôpital est motivée par l'influence produite par sa fonction curative indispensable, issue de ses origines mêmes. Certes, le théâtre est plus vieux que la psychologie, mais le fondement du théâtre est recherché dans l'intégration ou l'unification entre les fonctions curatives, préventives et performatives. La thérapie par le théâtre est dans l'aspect fondamental de sa représentation d'une part, et, d'autre part, dans les rituels à l'origine du théâtre. La fonction psychothérapeutique est attachée au théâtre ou appartient à celui-ci depuis toujours. Il guérit par l'illusion, par la magie, par la sorcellerie, mais aussi il est capable de provoquer la folie. Il y a dans le savoir-faire et dans les fonctions psychothérapeutiques du théâtre, non seulement la purgation du comédien et du spectateur, mais aussi celle du mettre en scène et de l'animateur. *« Si l'artiste n'a pas envie d'avoir l'étiquette du thérapeute, l'inverse est aussi vrai. En matière de créativité, on est toujours sur le fil du rasoir, on expérimente et on prend des risques automatiquement. Le théâtre est thérapeutique à partir du moment où il permet à des gens de sortir d'eux-mêmes et d'exprimer ce qu'ils sont. L'important est […] d'expérimenter, d'être dans la créativité comme animateurs ou comme metteurs en scène au service de l'humain plutôt que d'une étiquette professionnelle. »*[169]

Comment le théâtre peut-il rendre fou alors qu'il est considéré comme une thérapie très efficace ? Pour répondre à cette question, l'auteur de cette recherche a observé qu'une partie des gens qui entrent dans les écoles de théâtre et d'art avec un esprit sain et un corps parfait en ressortent quelques années après, avec un sérieux besoin d'être assisté par des psychothérapeutes. C'est donc la manière dont l'enseignement est dispensé qui fait la différence. L'atelier théâtre met en avant la créativité et pourtant il comporte des risques sauf qu'en art-thérapie, c'est un risque sécurisé. Il faut tout d'abord comprendre que personne n'a le monopole de l'expression artistique. Parfois, l'acteur est sur la scène et est le seul à s'épanouir pendant que le public s'ennuie

---

[168] Ibid., p. 16.
[169] *Ibid.*

tout seul. Si le théâtre est tellement créatif ou le processus engagé est une véritable création, le spectateur ne voit ni le comédien ni le personnage, mais il se voit lui-même sur la scène dans la production de l'œuvre. C'est effectivement là que réside le transfert artistique.

B] Quelques échanges et expériences entre spécialistes et patients

Michel Vaïs explique dans son travail de mémoire que Suzane Moinard travaillait dans un établissement psychiatrique où elle dirigeait des séances d'ateliers de marionnettes avec des groupes de psychotiques. En général, elle utilisait des marottes que les participants – les patients avaient créé eux-mêmes. Toutefois, les marottes pouvaient être modifiées ou aménagées selon le groupe de travail et les objectifs envisagés par le maître du jeu. Ils utilisaient des marottes qui avaient des jambes et des bras avec des visages très marqués, raisons pour lesquelles les patients psychotiques souffraient pour assurer une bonne improvisation des scénarios. Il y avait aussi les expériences d'Odette Boone qui exerce dans un atelier d'expression libre avec des patients souffrant d'une déficience mentale très profonde et qui avaient aussi une expression verbale jugée insuffisante. Ses expérimentations se déroulaient une fois par semaine durant une heure trente de travail de groupe composé de onze participants. Parfois, il est constitué de deux groupes de cinq à six personnes. *« Ils utilisent des marottes simples [...]. Une expression libre pour faire sortir ces déficients mentaux de leur immobilité. Ce lieu est également le seul lieu de parole dans l'Institution. Les patients jouent derrière un castelet pendant que les thérapeutes observent et répondent, sans marottes, aux patients. Ce n'est que par la suite qu'il y a réflexion entre les thérapeutes et un psy sans les enfants. Ces deux derniers points sont assez contestés par l'ensemble des stagiaires. [...] La marionnette peut être un remède à la timidité, à des blocages. Il est montré que finalement le débile peut accéder au symbole. [...] L'enfant ne semble pas faire un parcours par association libre. Il est gênant de constater qu'ici la parole est provoquée par la question de l'adulte qui se situe en position de spectateur, et en plus sans marotte. »*[170]

La question est de savoir jusqu'où la marionnette peut toucher la conscience du patient ? Quels sont son expression et son impact dans la dramathérapie ou dans la psychothérapie ? Ici, selon Suzane Moinard, l'idée principale n'est pas de guérir le malade, mais d'amorcer un début, un commencement du processus de soins et de faire en sorte que cette émergence provoque des choses qui pousseront le patient à désirer une dramathérapie, une psychothérapie ou tout simplement qui lui donneront l'ambition de voir un peu plus clairement son état de santé et l'envie d'aller loin dans sa prise en charge.

« Au niveau des marionnettes existe-t-il des risques, des contre-indications ?

Suzane Moinard : Beaucoup de choses se passent sans la parole, il faut [...] être attentif, au niveau corporel en particulier. La petite marotte pour les psychotiques est moins perturbante que la grande marotte dont une main passe dans le costume, une partie de notre corps se trouve alors dans la marotte. La marionnette peut éviter le passage à l'acte, ou, s'il se fait, il se fera sur la marionnette. La marionnette est alors un exutoire. [...] la marionnette permet l'expression des souffrances dues à des carences affectives. Il est important de dire que pour l'instant, les personnes qui interviennent avec des marionnettes le font à un niveau thérapeutique, mais non psychothérapeutique. Ce lieu où se font des marionnettes, où des choses se disent, se jouent, est une étape qui peut amener à une psychothérapie ultérieure, ou pour mettre [...] des choses qui ensuite seront reprises en groupe de supervision.

Suzane Moinard : [...], la phase de spectacle est abandonnée. Mais il est à noter que cette partie permettait de dédramatiser ce qui se passait dans le groupe. Le thérapeute est le témoin entre le malade et la marotte. Il faut tendre à amener la personne à s'identifier à la marionnette afin de faire dire par la marionnette ce que la personne ne peut dire par elle-même. [...] Lors de la fabrication, il faut faire évoluer la marionnette de manière que le

---

[170] Bernadette JOST, Gilbert BROSSARD, *« Marionnette et thérapie », op. cit.*, p. 6, s.

personnage ne soit plus un roi, une reine, une sorcière ou autre, mais devienne lui-même. Tuer l'image fausse que l'on se fait de soi ou que l'on nous donne. [...] Lorsqu'une marionnette du groupe a évolué dans ce sens, les autres évolueront à leur tour. »[171]

Une autre problématique peut être soulevée vis-à-vis de l'intervention de l'éducateur social. N'y a-t-il pas un risque de laisser l'éducateur social ou spécialisé manipuler une marionnette au milieu des enfants perturbés ? Il est facilement compréhensible que l'éducateur n'ait pas suivi une formation à base de manipulation de marionnettes, il n'est donc pas un marionnettiste ni un psychothérapeute, mais il obtient la qualité de thérapeute par son rôle ou par sa relation avec les enfants qu'il a en charge. Avant d'utiliser ces moyens d'expression et de médiation que sont les marionnettes pour entrer en communication ou en relation avec les enfants, il doit comprendre le danger et avoir une connaissance des mécanismes du jeu. Cela lui permettra de bien maîtriser la situation et le déroulement de l'atelier, mais aussi d'être capable de pouvoir en parler lors des réunions de supervisions, d'échanges artistiques ou cliniques.

1) Partage d'expériences de Suzanne Moinard et Odette Boone

L'expérience qu'Odette Boone menait dans un Institut Médico-Educatif avait comme participants des débiles moyens et leur activité était une expression libre. Dans le travail de groupe, les enfants éprouvaient une difficulté à s'exprimer et il était difficile de comprendre leur personnalité, car ils avaient une expression verbale insuffisante. Il en était aussi de même pour certains qui, individuellement, souffraient de problèmes fusionnels, de blocages ou encore d'autres qui étaient inertes, opposés et qui restaient passifs et moins productifs. Ils sont tous dans le scénario – l'entreprise du jeu dramatique.

Odette Boone utilise en marionnette des personnages vivants qui se rapprochent de l'imagination du jeu. Permettre aux participants de concevoir les maquettes par eux-mêmes facilite

---

[171] *Ibid.*, p. 7, s.

l'ouverture fusionnelle de chacun d'eux. En l'absence de la marionnette lors de la séance, cette dernière deviendrait un psychodrame très difficile à orienter et à maîtriser. Là, il se crée très rapidement un lieu d'échange et l'atelier devient une zone d'interaction intermédiaire où il devient possible de parler de la réalité intérieure sans être en conflit avec l'autre réalité – celle de l'extérieure. Certes, au commencement, le discours de l'enfant est tellement mince, étroit ou pauvre, mais, il y a un début à tout, c'est l'amorce d'un succès de voir les enfants participer à l'exercice et commencer à s'exprimer derrière le castelet.

Bernadette Jost et Gilbert Brossard expliquent : *« Au bout de quelques semaines, les enfants font des récits plus personnels et ils parlent de l'école, de l'internat, de leur famille, de leurs rêves, de leurs angoisses, la communication passe mieux [...]. Pendant la séance, les éducateurs notent ce qui se passe, les questions que cela soulève, et en reparlent avec les psychothérapeutes au cours d'une réflexion commune, pour en comprendre le contenu et, s'il le faut, modifier leur attitude. [...] Les enfants de l'Institut sont déficients mentaux, c'est-à-dire ne réagissent pas normalement aux activités intellectuelles qui leur sont proposées. Ils ont souvent des blocages en découvrant l'homme, le monde extérieur qui sont importants, et ils ont comme les autres envies de communiquer ou d'évoluer. Les causes psychoaffectives qui ont bloqué [...] sont imprécises pour donner une ligne de conduite soit psychothérapeutique, soit psychopédagogique. »*[172]

C'est donc devant ces incertitudes que l'envie s'est présentée de rechercher et de mettre en place une phase d'expression libre ayant pour principe d'aider les patients, les enfants déficients mentaux surtout, à reprendre, à redécouvrir et à retrouver rapidement leur dynamisme bloqué quelque part au plus profond de leurs corps. Ici, l'expression libre recherchée vise à pousser les patients, les participants et les enfants à sortir de leur état, de leur apparence extérieure jugée comme débile et parfois d'une passivité reconnue comme une petite mort pour ceux qui en souffrent. La plupart des artistes exerçant à l'hôpital considèrent aujourd'hui que la technique de la marionnette est importante dans le processus de soins de l'enfant, car elle l'aide à se repérer

---

[172] *Ibid.*, p. 10.

très rapidement et à s'identifier à sa propre maquette. À ce niveau, il n'est plus dans l'ambiguïté et il n'est plus retenu par la timidité qui paralysait son corps et qui bloquait son esprit. L'enfant ou tout autre individu qui utilise la marionnette se trouve, dans un cas ou dans un autre, manifester ce qu'il n'était pas capable d'exprimer l'autre fois ou qu'il exprimait autrement. Par exemple : *« Ce qu'il vit à l'intérieur de lui-même, qui bouge, prend un sens compréhensible et communicable. Sa voix, ses gesticulations, ses sentiments, il les donne à sa marotte malgré lui spontanément. Le déficient mental se heurte à d'énormes difficultés dans ses activités créatrices. Ses graphismes sont souvent pauvres et il n'arrive pas [...] à raconter ce qu'il a voulu dessiner. La confection d'objets à partir de matériaux bruts [...] est souvent informe, car il n'a pas acquis de connaissances suffisantes, de techniques pour savoir s'en servir et le transformer. Créer, c'est projeter à l'aide de symboles à l'extérieur de soi-même les émotions et sentiments ainsi savoir le communiquer à autrui pour pouvoir le partager. »*[173]

En général, l'enfant qui arrive à construire sa maquette et à mettre son histoire sur scène est très content, il se sent vivre et surtout c'est à partir de là qu'il commence à se créer ou recréer lui-même. Une nouvelle figure de joie apparaît chez l'enfant puisque son moteur de créativité psychique reprend ses fonctions. Il remet en place la relation perdue auparavant. C'est notamment le cas, chez certains enfants qui n'ont pas de parents ou qui sont séparés de leurs parents ou qui ont des visites parentales chaque week-end ou qui ont une visite une fois par mois. Cette séparation peut susciter chez eux un sentiment d'agressivité, mais de façon inconsciente puisque ladite séparation leur provoque des troubles psychiques.

La notion de créativité dans la pratique de la marionnette au sein de l'hôpital fait appel aux symboles et pourtant l'enfant débile est en principe incapable de faire appel aux symboles. Dans les ateliers dramatiques menés au sein des établissements de santé, il est montré que les débiles mentaux ont bien évidemment accès à un certain niveau de pensée présymbolique qui leur permet d'échanger avec les comédiens marionnettistes

---

[173] *Ibid.*

ou les éducateurs afin de découvrir petit à petit une symbolisation. Par exemple l'atelier du 6 février, Marcel, enfant de 12 ans *« prend ses marionnettes parce qu'il en a envie. Il change à chaque fois. [...] J'ai envie de revoir mes parents. J'ai froid. Avant, ils donnaient des cadeaux. Ma maman venait quand j'étais dans l'autre maison et même il y avait un petit garçon, je ne le connais pas, j'ai envie de les revoir. Cela fait très longtemps. Je veux savoir où ils habitent. Avant [...] ils venaient très souvent le dimanche. Ici, il n'y a que mon père qui vient.*
Q. Pourquoi tu ne les vois plus ?
R. Peut-être ils veulent me laisser ici, car j'y suis bien ?
Q. Qui ? Réponds avec la marionnette, ou non, derrière le castelet. [...] Je réponds, sans marionnette, moi ou l'éducatrice. »[174]

Le dialogue continue et Marcel répond aux questions avec plus de précision même si parfois elles ne sont pas ordonnées.
« – Tu te souviens quand tu étais avec eux ?
– Il y avait des tas d'enfants pour mon anniversaire. Si j'avais leur adresse, je pourrais écrire.
– Tu pourrais regarder dans ton dossier.
– Je ne sais pas lire.
– Pourquoi es-tu séparé d'eux ?
– Je ne sais pas. [...] Je pensais qu'ils allaient revenir.
– Tu avais des frères et des sœurs ?
– Non. Je ne sais pas, peut-être. Tu crois que je vais les revoir ?
– Je crois que tu as très envie de les revoir.
– Si je les voyais dans la rue, je ne les reconnaîtrais pas. Je ne sais plus comment ils sont.
– Tu as l'air d'être triste ?
– Attends, je vais te raconter. [...]
– Ça, c'est ma mère quand j'étais plus petit. Tout ce que je savais, je ne le sais plus. Ah ! Si [...] j'avais une lettre de mon père. J'avais une photo de ma mère au foyer de X. Je n'ai pas pu tout prendre. La voiture était pleine. Là c'est mon papa. Il est remarié. [...] – Pourquoi tu parles de tout ça ?
– C'est à cause de mon pingouin. Je l'ai eu de mon père avant de venir ici. [...] Il reprend une marionnette.

---

[174] *Ibid.*

Maintenant j'ai un peu grandi. [...] Les cheveux sont laids. Là c'est une maman. Quelle foutue maman ! On dirait que tout allait bien dans cette maison. Mon papa a une mobylette. Il peut venir. Je veux le revoir sinon je me tue.

Odette Boone – Quand j'ai quelque chose à lui dire, je m'adresse toujours à la marionnette, jamais à lui. [...] Il a repris une marionnette abîmée, la tête basculait, il s'est identifié, il a dit : « Je n'ai plus de tête, je n'ai plus de corps » [...] c'est lui qui possède sa vérité, nous sommes là [...] pour l'aider à faire émerger ce qui est en profondeur. Mais mes questions ne sont pas forcément naïves. »[175]

a) Ébauche du projet artistique et bilan de l'activité

Avant de commencer l'activité artistico-dramatique, il faut prévoir dans l'organisation de l'atelier un équilibre entre l'apprentissage des techniques artistiques et la pratique des outils théâtraux. Autrement dit, il faut impérativement équilibrer le temps de la construction des maquettes de marionnettes et le temps d'échange prévu pour l'expérimentation. Il est indispensable qu'il y ait une communication très étroite entre le dirigeant de l'activité et le groupe dirigé ainsi qu'entre son équipe artistique et/ou ses étudiants stagiaires. Il faut donc définir le rôle et la catégorie d'intervention de chacun. Le comédien-marionnettiste dramatique doit comparer le temps accordé à l'expression corporelle et mentale à celui consacré à la fabrication de la poupée. C'est une manière de nouer un lien entre le confectionneur de la poupée et le personnage incarné afin de pouvoir le conserver tout en mesurant le degré d'évolution de l'individu.

Par exemple, le travail réalisé entre Odile Boone et Suzanne Moinard, le temps accordé à l'échange n'était réellement pas assez conséquent, raison pour laquelle la valeur escomptée d'échange était aussi minime ou quasiment insignifiante. Le temps était davantage accordé sur la manière de confectionner les marionnettes et sur les émotions issues de ce travail. Mais dans la pratique de l'exercice lui-même, le temps était trop court et

[175] *Ibid.*, p. 11, s.

n'avait pas trop de valeur. En matière de bilan d'activité, tous les participants ont constaté que l'échange entre ces deux professionnelles n'avait pas eu d'effet. Le travail d'échange ne s'est pas déroulé dans les normes ni dans le partage égal du temps de travail.

Il y a encore une partie importante à prendre en compte dans l'atelier, c'est de considérer toutes les questions posées par les étudiants stagiaires afin de répondre à leurs attentes qui sont parfois tellement diverses. Par exemple, ceux qui cherchent à avoir plus d'informations sur la rééducation fonctionnelle. Ils se demandent si un atelier de marionnettes peut répondre à la nécessité recherchée en kinésithérapie ou aux différents mouvements corporels.

Une discussion est nécessaire à la fin de l'exercice à propos du vécu du jour dans le but de tirer certaines valeurs dans l'usage de la marionnette de l'enfant. Cela permettra de faire la différence entre certaines pratiques et utilisations des marionnettes d'une part, et, d'autre part, de faire la différence entre les ateliers. Il y a trois types d'ateliers auxquels les artistes doivent en principes se référer.

- Le premier doit se centrer sur la fabrication, le moyen de la confection et les différentes techniques de la construction de marionnettes. Tout cela permet de voir les marionnettes qui existent déjà et quels sont les nouveaux procédés utilisés actuellement tels que *muppets*, mousses, digitales et autres. Ce genre de stage peut être complété par plusieurs modes d'expression comme celles du corps ou de la face ou de tout autre mode d'expression qui a un lien direct avec l'expression des marionnettes : sculpture, dessin ou modelage et autres. Il y a ici un but technique, mais aussi une partie thérapeutique identifiée sur l'ensemble des informations données.

- Le deuxième type d'atelier : *« Un stage pendant lequel la construction de quelques marionnettes simples […] permettrait d'analyser en présence d'un observateur le vécu du groupe et de relier ce travail avec notre pratique professionnelle. Ces moments de "pratique" et de réflexion seraient intercalés avec des moments d'échanges […] à propos de nos expériences personnelles qu'il serait alors possible de ramener, de confronter […] au vécu du stage. Ce type de stage aurait un intérêt supplémentaire s'il fonctionnait en même temps qu'un festival de marionnettes qui jouerait [...] le rôle de documentation, d'information sur les différents procédés de manipulation et de construction.*

Troisième type de stage : un séminaire [...] de trois ou quatre jours, des colloques de deux jours permettraient de compléter les deux stages qui précèdent afin que les intéressés puissent continuer leurs recherches, confronter leurs expériences. Il semble qu'il faut faire [...] un choix, il n'est pas possible de tout faire en un seul stage. Les demandes, les attentes sont généralement différentes, pour pouvoir répondre à toutes ces demandes, il faut trouver un type de stage qui corresponde à chaque groupe de stagiaires ayant des questions communes. »[176]

b) Observations cliniques

Dans cette partie, il semble utile d'apporter un autre point de vue clinique dans le savoir-faire des marionnettistes dramatiques exerçant à l'hôpital ou dans tout autre établissement de soins. Il y a quelques éléments que le patient ou le public voyeur n'est pas capable de comprendre immédiatement et parfois même à long terme. Tous ceux qui ont eu la chance d'assister un atelier de marionnettes ne sont pas capables de comprendre tout ce qui se passe dans l'activité artistique de marionnettes.

Que se passe-t-il dans les séances de marionnettes ? Où se situe l'action dramatique du jeu de rôle dans le corps du patient, sujet d'étude ?

Il y a tout d'abord l'intervention extérieure qui est justifiée par toutes les expressions corporelles comme le son, le geste et/ou les signes. En général, ces expressions sont importantes, mais peu exploitées, ni pendant la séance ni à la fin de la séance. Pourtant, il est visible que le sujet reflète par ses émotions des éventuelles apparences, tant en groupe qu'en individuel, pouvant être déclenchées par telles ou telles sortes d'activités artistiques et dramatiques.

Certains participants, assistants stagiaires en formation de psychologie aux ateliers théâtre, peuvent certainement

[176] *Ibid.*, p. 13.

comprendre un peu ce qui se passe dans la démarche mise en place par le marionnettiste dramatique surtout dans sa forme thérapeutique. Ils sont capables de comprendre le fait que l'aspect thérapeutique de l'art et de manipulations de marionnettes se situe en principe dans les échanges entre ceux qui pratiquent individuellement ou en groupe et ceux qui les orientent. Ces derniers sont capables de les aider à dégager du vécu et à mettre en place des discussions comportant des éléments de réflexions théoriques. *« Toute approche sémiologique du théâtre de marionnettes met en évidence que son langage n'est pas essentiellement verbal. Avec la marionnette, il s'agit avant toute chose de montrer [...] c'est déjà s'adresser aux autres. Le marionnettiste est très souvent le créateur de sa marionnette : et, avant d'être un langage de mots, le langage de la marionnette est celui de l'espace, des formes. Et quand les marionnettes parlent, ce qu'elles disent n'est pas toujours un texte appris d'avance. Et c'est là [...] que pourront se produire quelques phénomènes inattendus, quelques "court-circuits". »*[177]

Pour répondre aux questions posées dans cette partie, il faut donc rechercher la réponse tout au début de l'exercice. C'est-à-dire, au niveau du choix du sujet et à la confection de maquettes avant de les montrer sur scène. Ainsi, dans la fabrication de marionnettes, il existe une forme de symbiose entre celui qui crée et la chose créée. C'est pourquoi certains adultes psychotiques ne veulent surtout pas qu'une autre personne touche leurs poupées, car elles représentent leurs personnes. C'est aussi dans ce sens que parfois ils ne sont pas capables d'animer leurs marionnettes puisque la plupart exploitent le thème de la mort dans leurs représentations. Il est difficile pour eux que leur personnage se trouve dans un sujet de la mort ou qu'il soit attrapé par la mort. La valeur de base de la marionnette c'est justement de les aider à sortir du pétrin et de pouvoir animer leurs poupées. C'est ce que les artistes appellent une forme de thérapie individuelle.

---

[177] Stéphanie MAUREL, *« La marionnette dans la prise en charge orthophonique de la personne âgée dépendante », sous la direction de* Madame A. Osta, Orthophoniste, Université de Nice – Sophia Antipolis, Faculté de Médecine, École d'orthophonie, Mémoire présenté pour l'obtention du certificat de capacité d'orthophoniste, Nice -2011, p. 18.

Tout au long de la fabrication, l'artiste marionnettiste peut passer voir le patient créateur pour lui poser des questions comme : *« C'est une fille ou un garçon ? ». « Il ou elle a quel âge ? ». « C'est ton père ou ta mère ? ». « À qui il ou elle ressemble ? ». « Pourquoi ce personnage ? »* ou autres. Le maître du jeu doit en principe contrôler la fabrication puisque c'est une étape très importante, surtout quand il s'agit de la confection du corps humain – l'importance du corporel. Par exemple : les diriger pour bien confectionner la tête, le nez, les épaules, les pieds et autres. Au début, il y a toute une dynamique de construction chez le créateur. L'enjeu du groupe se trouve au moment où le créateur veut mettre en place une marionnette folle ou lorsqu'il demande que tous les participants soient des fous. Le groupe doit se conformer et respecter le choix du créateur. Le problème se pose lorsqu'il n'y a qu'un seul fou. Personne parmi les patients n'accepte d'incarner le personnage du méchant. Il revient donc au maître du jeu d'incarner ce personnage et de prendre sur lui toutes les agressivités du groupe. Il est donc à chaque fois le méchant de la scène, méchant frère, méchant voisin, méchant père ou méchant docteur. À chaque fois, il doit contrôler si la personne est capable de jouer le personnage qu'elle a choisi. Il y a des moments où les participants véhiculent une force de vengeance qu'ils n'osent pas diriger vers le créateur de la marionnette, raison pour laquelle il devrait y avoir une sorte de milice de pensée pour bien assurer et sécuriser la créativité. Par exemple : taper sur la marionnette de son copain au lieu de taper sur lui-même. En revanche, il y aura du souci lorsque la marionnette représente la personne elle-même. Ici, l'enfant se voit touché physiquement par son copain et il aura envie de riposter. Taper sur la marionnette est le seul moyen de ne pas blesser physiquement, mais ça blesse moralement. Le contrôle au niveau des manipulations des poupées doit être strict. Il est difficile de trouver les limites, mais c'est aussi très compliqué de laisser tout faire. *« Le jeu de marionnettes permet de parler, de libérer les sentiments, les émotions, de faire revenir le vécu à la surface. Les enfants peuvent [...] découvrir qu'ils peuvent se libérer du vécu en l'assumant, qu'ils peuvent en prendre conscience autrement qu'en cassant tout. Exprimer sa souffrance pour mieux s'en décharger [...] pour qu'il ne reste pas de blocage effectif, c'est un besoin de l'enfant auquel la marionnette va pouvoir répondre. « La séance de marionnettes deviendra un lieu de parole, l'endroit privilégié où il exprimera toutes ses insatisfactions avec l'espoir d'être compris par l'adulte [...]. Elle devient un lieu intermédiaire et vécu » »*[178].

Il est important que le comédien-thérapeute ait une connaissance générale de tout ce qui se passe dans la séance avec un groupe d'adultes psychotiques ou d'enfants perturbés afin de bien maîtriser son information et de bien assurer son propre transfert par rapport à ce groupe.

Il est possible de parler d'une rééducation physique par la marionnette puisqu'il y a un travail de mobilisation des doigts, du corps, de renforcement du niveau d'articulation des mots, de recherche de l'équilibre et de contrôle de soi et de la marionnette.

Cette observation clinique montre aussi que l'activité artistique de la marionnette aide le patient à reprendre confiance en soi par rapport à ses besoins relationnels qui se trouvent au centre de six éléments indispensables à son épanouissement : le besoin d'être aimé ; le besoin de rêver, dans le sens d'imaginer que demain soit meilleur qu'aujourd'hui ; le besoin de se dire avec des mots personnels et non avec des mots empruntés ; le besoin d'être entendu au même niveau de langage et non d'être entendu par un niveau très élevé ou moins élevé que l'émetteur, c'est-à-dire être entendu sur la même longueur d'onde ; le besoin d'être reconnu tel qu'il est et non pas tel que les autres le voudraient ; enfin le besoin d'être valorisé, reconnu avec ses valeurs dans la société tout comme au travail et dans la famille.

Cette activité de psychodrame à la marionnette permet d'évaluer la capacité de compréhension de l'individu et son évolution. Chaque personne à sa façon d'attraper les informations au niveau de son cerveau. Par un travail de neuroscience, plusieurs professionnels arrivent à comprendre comment le cerveau enregistre la connaissance et l'information. Il y a quatre niveaux permettant de mémoriser la connaissance : la mémoire épisodique, la mémoire procédurale, la mémoire spatiale et enfin la mémoire du travail. La première est celle qui se réfère à des connaissances intermittentes comme se poser la

---

[178] B. JOST., G. BROSSARD, *« Marionnette thérapeutique », op. cit.*, p. 17.

question : *« Qu'est-ce que j'ai mangé ce matin ? »*. La deuxième est celle qui cherche à se situer dans l'espace comme : *« Où est-ce que j'ai laissé mon téléphone ? »* et troisièmement, c'est la mémoire qui consiste par exemple à confectionner les maquettes : *« Quels sont les moyens et les méthodes du travail ? »*. Ici, le cerveau n'est pas capable d'expliquer ce qu'il fait, mais il est tout simplement capable d'exécuter ce qu'il sait faire. Il résout des problèmes sans pouvoir s'expliquer comment il a fait. La quatrième mémoire permet de travailler et d'utiliser le corps comme moyen de travail. Elle est utilisée pour écouter et sa durée pour garder la connaissance est de quinze secondes au maximum, au-delà, elle est saturée. La mémoire de travail n'est donc pas faite pour retenir les informations ni pour pouvoir calculer. Tous ces événements se passent dans le cerveau sans utiliser le verbe.

Tout participant peut développer ses quatre différentes mémoires pour pouvoir travailler efficacement et pour avoir une maîtrise de soi. Certes, chaque cerveau a ses limites, mais il peut être retravaillé pour améliorer ses connaissances. C'est pourquoi il est possible de pouvoir révolutionner l'activité humaine. Jouer est la façon normale d'apprendre pour le cerveau. Certes, ce n'est pas la meilleure façon, mais c'est la façon juste, normale et l'une des méthodes très utilisées. Mettre l'individu à l'épreuve de la marionnette est aussi une forme d'apprentissage en neuro-sagesse ou comme un enfant qui fait ses premiers pas et qui se découvre de jour en jour. La marionnette libère le cerveau pour mieux apprendre.

2) Tableau clinique : quelques échanges entre l'enfant et le marionnettiste

Échanger avec autrui est nécessairement un atout pour le développement et l'épanouissement de l'enfant. Quand l'enfant est-il considéré comme normal ? À quelles bases l'artiste doit-il se référer pour estimer la normalité de l'enfant ? Il est difficile de distinguer le normal du pathologique. Le tableau clinique indique la catégorie normale sous les références latines : étymologiquement, normal vient du latin *normalis* qui signifie « même sens ». Dans *normalis*, il y a *norma* qui signifie règle ou modèle. Toutefois, Daniel Marcelli, professeur de psychiatrie de l'enfant, formule la définition de normal dans plusieurs éléments de rattachement ou complémentaires aux normes du tableau clinique telles que : il y a le normal en tant que santé qui évoque un état de bien-être, bien organisé et qui n'éprouve aucune maladie ou dégradation physique ou mentale ; il y a le normal comme tout ce qui est conforme à la loi ou à toute norme que ce soit ; il y a aussi le normal en tant que modèle, référence, idéal ou rêve à réaliser ; enfin, il y a la dernière catégorie de normal, celle de processus dynamique, le niveau de retour à un certain équilibre.

Tous ces éléments peuvent constituer le normal de l'enfant selon son attachement affectif et le centre d'intérêt médicosocial recherché par l'artiste thérapeute. En revanche, il serait réducteur ou absurde d'associer anormal à pathologique puisque l'être humain peut être anormal sans qu'il y ait de maladie ou des signes pathologiques. Par exemple géant ou nain, quelle que soit la taille, il peut être en bonne santé. La notion de normalité ici fait allusion à la définition de la santé établie par l'Organisation mondiale de la santé. Cette dernière conduit la santé de l'homme dans un état de complet bien-être non seulement du son côté physique, mais aussi mental et social. Autrement dit, la norme englobe des besoins fondamentaux d'une part, et, d'autre part, environnementaux et sociaux. C'est pourquoi les artistes marionnettistes ne recherchent pas uniquement le bon fonctionnement physiologique de l'organisme dans la notion normale du tableau clinique, mais ils regardent aussi tous les éléments environnementaux, comportementaux et sociaux. En revenant sur l'exemple du nain et du géant, tous les deux souffrent de pénalités dans leur vie. Toutefois, la maladie et/ou le handicap peuvent les toucher et les faire souffrir tous les deux. Développons par exemple la taille chez l'être humain pour l'assimiler à la notion normale. Le nain peut être en bonne santé, mais il souffre moralement de sa petite taille qui le pénalise dans sa vie quotidienne. Une certaine forme de nanisme provoque des troubles physiques comme le développement cartilagineux et osseux et, en général, elle entraîne une apparition d'arthrose précoce. Le nanisme est donc considéré comme un handicap parce que l'arthrose et ses phénomènes sont associés aux syndromes de nanisme qui, par la suite, rejoint très étroitement la notion pathologique que cette dernière évoque. Le tableau clinique est difficile à comprendre médicalement surtout de cerner le normal en tant que santé et le pathologique puisque leurs limites sont très proches. Il est aussi plus complexe lorsqu'il s'agit de définir le cas du développement de l'enfant. Il y a des lignes directrices fixées par certains penseurs comme Sigmund Freud qui parlait du développement psychoaffectif ou Piaget qui mettait l'accent sur le développement intellectuel, mais la notion de normalité reste toujours complexe à juger, à évaluer et à trancher chez l'enfant parce qu'il faut se référer à un échelon de développement tout en tenant compte des transformations, des variations et d'évolutions individuelles.

Il est important de prendre en considération certains comportements, par exemple le balancement qui est observé comme un des symptômes de l'autisme chez le nouveau-né, mais qui est toléré chez une personne avec un âge avancé.

Il est pénible de pouvoir fixer un repère de la normalité chez l'enfant, car il existe de nombreuses variantes qui font qu'une définition rigoureuse est très ardue pour ne pas dire impossible chez l'enfant. Mais aussi les caractéristiques de l'homme ne peuvent pas se limiter à un modèle de référence. Raisons pour lesquelles il faut tenir compte, de façon générale, du système dans lequel il inscrit son quotidien : sa famille, sa culture, son social et son environnement.

Dans tous les cas, il ne faut pas s'attendre à un développement inconditionnel ou parfait et régulier chez le nouveau-né ou chez l'enfant en général. L'enfant ne doit pas avoir de troubles ou de déséquilibres excessifs empêchant son développement, car le psychisme de l'enfant doit s'adapter à son épanouissement, sa croissance et sa progression, étape par étape, comme le cas de sa personnalité et de son adaptation à son milieu social.

Le normal chez l'enfant peut être retenu dans une organisation d'éléments, car il existe des troubles qui peuvent être tenus comme des phénomènes naturels lorsque ses processus fondamentaux ne sont pas touchés et qu'ils restent intacts et sains. Par convention, les artistes se sont mis d'accord sur le fait que lorsque le développement de l'enfant est affecté et qu'il y a un trouble de croissance comme un ralentissement, une régression ou bien même un arrêt, l'ensemble de ces troubles peuvent être analysés et considérés d'une manière sérieuse puisqu'ils sont dans ce cas des pathogènes.

a) L'épanouissement de l'enfant en atelier de marionnettes

Comment l'enfant examiné peut-il retrouver son épanouissement dans une activité artistico-dramatique à base de marionnettes ? Quels sont les facteurs indispensables que les artistes doivent mettre en place pour assurer son développement ?

Tout d'abord, chaque artiste ou tout autre professionnel doit comprendre que les échanges affectifs et sociaux de l'enfant sont indispensables pour son développement et son épanouissement. Cette affirmation peut avoir beaucoup d'argumentation sur l'ensemble des six éléments formant le schéma de besoins relationnels précités. Dès la naissance de l'enfant, son attache avec le monde extérieur se fait au niveau de ses capteurs sensoriels d'une part, et, d'autre part, au niveau de ses dispositions naturelles pour ses mouvements. Ce raisonnement retrouve ses appuis sur certains phénomènes de l'organisme humain qui montrent que chez l'homme, les données et toutes les informations du monde extérieur sont attrapées par les récepteurs sensoriels et directement interprétées par le cerveau sous forme d'influx nerveux. C'est donc au niveau de ces capteurs sensoriels que l'enfant cherche par tout moyen à s'adapter à son environnement et que son organisme maintient son équilibre physiologique interne contre tout obstacle et contrainte extérieure. C'est par l'homéostasie que l'enfant arrive à s'identifier et à avoir confiance en lui tout au long de sa vie.

Le comédien est en principe tenu par l'obligation du savoir-faire artistique qui l'oblige à interpeller les capteurs sensoriels de l'enfant ainsi que ses aptitudes sensorielles et motrices, afin de l'aider très rapidement à récupérer ou à avoir ses capacités de s'exprimer surtout de manifester ou d'exprimer ses besoins à son entourage ou face à son environnement – milieu social. Ainsi des mouvements de l'enfant manifestés par la pression et la tension liées à la faim : l'enfant communique son besoin de manger et sa mère prend conscience pour l'apaiser très vite en l'allaitant. En suivant le même exemple, lors de l'exercice de marionnettes, l'enfant présente des signes de fatigue, de faim ou de soif. À ce moment-là, le comédien marionnettiste met en pause le jeu même si ce n'est pas le moment, mais il doit le faire malgré tout et il demande aux enfants de prendre chacun sa gourde et de prendre un à deux gobelets d'eau.

C'est dans ce sens que les échanges affectifs et sociaux se créent entre le patient, l'enfant ou tout autre participant et son comédien thérapeute et/ou son entourage. L'individu prend ou reprend un sentiment de confiance et il admet très vite des mesures qui lui permettent de démarrer un processus de croissance et de se développer en toute sécurité. Ces facteurs d'interactions aident l'enfant à expérimenter sa force, la capacité de son corps, mais aussi enrichissent petit à petit ses expressions faciales, gestuelles, les mimiques, les comportements et langages. Ses sens seront renforcés et ils anticiperont la découverte de soi et de son environnement. Il sera en mesure de faire la part des choses et d'assimiler les interdits parentaux et fondamentaux attachés à sa socialisation. Autrement dit, l'enfant apprend à travailler en groupe et à ressaisir ses valeurs tout en contribuant à sa part dans le groupe. Son intégration dans le groupe ou dans la société est un processus dans lequel il intègre des attitudes selon ses capacités et il respecte des normes et des valeurs le concernant d'une part, et/ou, d'un groupe d'autre part. C'est ce que les artistes appellent l'intégration sociale.

Plusieurs comédiens retravaillent chez l'enfant les sentiments de frustration, puisqu'ils constituent une expérience essentielle au développement et à l'épanouissement de l'enfant. Ainsi, les frustrations contribuent activement au développement de ses désirs et de son imaginaire. Il apprend à contrôler ses désirs et à renoncer à certains pour satisfaire son groupe ou son entourage, comme le respect des règles et de la loi. Il s'intègre et il développe tout doucement sa personnalité en utilisant l'homéostasie comme source d'épanouissement.

Pourquoi l'enfant est-il obligé de s'intégrer dans la société ? Pourquoi la socialisation de l'enfant est-elle indispensable durant toute sa vie ?

L'homme est de nature lié à des groupes dès sa naissance comme la famille, le quartier, l'école, le travail, un club ou toutes autres institutions dans lesquelles il se développe et évolue. Il faut éviter chez l'enfant par tout moyen l'isolement et les conditions d'absence relationnelle ou les manques de lien intime et d'affection, car cela entraîne très rapidement son exclusion et des souffrances émotionnelles.

b) Le jeu dramatique : un développement psychique et physique de l'enfant

Plusieurs parents et participants aux ateliers se posent la question et cherchent à savoir quelle est la place du jeu ou de toutes activités artistiques dans le développement de l'enfant. La plupart des gens disent ou définissent le jeu dramatique comme une simple activité mentale et physique qui a pour but de faire plaisir à celui qui joue, mais aussi à celui qui le regarde. Or, de grands penseurs comme le pédopsychiatre et psychanalyste Donald Woods Winnicott[179] et le neurologue fondateur de la psychanalyse Sigmund Freud avancent l'idée selon laquelle le plaisir est la base de l'épanouissement et du développement de l'enfant, comme de tout individu. Ici, le jeu dramatique permet à ceux qui jouent d'un côté, et, de l'autre, à leur public de développer le système psychologique et le moteur sensoriel. Sigmund Freud[180] pose le principe selon laquelle le plaisir du jeu favorise le développement de l'enfant, puisqu'en jouant il développe ses perceptions, ses instincts sociaux, ses sens, son intelligence, son argumentation, sa gestuelle, sa voix, ses tendances à l'expérimentation et autres. Plusieurs médecins donnent au jeu une valeur appropriée et l'assimilent à la santé. Ils affirment que jouer est une activité naturelle et même universelle. Le jeu et la santé ont en principe les mêmes objectifs et le jeu correspond à la santé et facilite la croissance de l'enfant.

En partant du principe que jouer, c'est faire quelque chose, il est absolument indispensable de rappeler que le jeu ne peut en aucun cas être dissocié de ses joueurs – ceux qui jouent et ceux

---

[179] Donald Woods WINNICOTT, « *Le développement affectif primaire* », dans *De la pédiatrie à la psychanalyse,* (1969), Payot, 1989, pp. 44-45.

[180] Sigmund FREUD, « *Formulations sur les deux principes du cours des évènements psychiques* », dans *Résultats, idées, problèmes*, P.U.F., Paris, 1984, pp. 136-137.

qui regardent – puisque la valeur du jeu est retrouvée devant le public. Cette activité physique concerne tous les niveaux d'âge. Par exemple chez le nouveau-né, le jeu est présent sur certaines parties de son corps comme : ses mains, ses lèvres, ses pieds, son sexe, etc., mais aussi il y a participation de sa conscience qui occupe une partie considérable dans ses activités. L'enfant qui joue avec sa poupée, quel que soit son âge, manifeste des émotions et cela permet de comprendre et d'évaluer ses ressentis et ses besoins relationnels. Ainsi dans une des expérimentations d'Idrisse Riadhuidine à l'École française Henri-Matisse de Moroni, la petite Rouchdat refuse de participer à l'atelier et elle est très stressée. L'équipe lui chante une chanson pour la motiver, mais elle refuse toujours de bouger et de parler. Elle ne communique pas avec qui que ce soit. Le maître du jeu dramatique lui donne toutes les marionnettes qu'il a dans sa malle, la petite Rouchdat Youssouf n'accepte toujours pas. C'est là où le comédien en charge de l'atelier pense à lui donner son doudou comme objet transitionnel[181] pour l'aider à apaiser ses angoisses et diminuer son stress. Tout de suite après, la petite fille commence à être motivée et son intégration dans le groupe s'est passée facilement. Son doudou a joué un rôle de réconfort psychologique, car elle y attache une valeur affective particulière qui lui permet d'adoucir ses douleurs morales, surtout lorsqu'elle est face à des inconnus.

C'est encore le cas chez tout enfant qui va vers l'âge d'un an, il communique par le jeu et c'est ainsi qu'apparaissent ses premières interactions avec sa famille, son entourage ou ses proches dans des jeux d'alternance et de réciprocité comme le cache-cache. Ce cas s'explique par l'affirmation de la pensée pédagogique d'Henri Wallon analysée et retravaillée par Tran-Thong : *« L'expérience du partenaire fait progressivement reconnaître à l'enfant dans sa propre sensibilité, son altérité »*[182].

---

[181] Selon WINNICOTT, l'*objet transitionnel* définit toute chose ou tout objet matériel comme nounou, peluche ou autres auxquels le nourrisson donne des valeurs personnelles et particulières dans le but d'éluder ses stress surtout en l'absence de ses parents.

[182] TRAN-THONG, *« Stades et concept de stade de développement de l'enfant dans la psychologie contemporaine »*, sixième édition, Paris, Librairie philosophique Joseph VRIN, p. 183.

L'enfant apprend à se raisonner sans la présence d'un support concret et commence à élargir son champ de vision tout en développant son imaginaire. Le jeu évolue en même temps que l'enfant. À l'âge de dix-huit mois, il prend un sens aux jeux du miroir qui contribuent largement à la reconnaissance de soi. L'enfant commence à retrouver confiance en soi et il débute ses premières aventures en jouant seul aux côtés de ses proches. Il n'y a pas de jeu inutile chez l'enfant. Tout contribue à son développement comme le jeu de balle qui aide à la maîtrise du corps puisque c'est un jeu qui demande beaucoup de mobilité physique. Sur le plan des activités artistiques, l'enfant laisse petit à petit ses empreintes sur ses œuvres réfléchies.

À partir de douze ans, l'enfant aime participer à des jeux de société, des jeux collectifs caractérisés par des règles du jeu où il apprend les valeurs de la société et certaines fonctions sociales. Il se démarque par son intelligence développée par le jeu et il commence à gérer ses émotions, ses tensions et ses stress liés à ses peurs. En principe, le jeu de rôle participe à l'organisation de la pensée de l'enfant et l'aide à construire sa personnalité, ses besoins et son affirmation face à son entourage.

c) Les différentes interventions thérapeutiques de marionnettes dans le suivi de soin du patient

Les échanges avec des professionnels du domaine ainsi que lors de différents ateliers de marionnettes étudiés par cette recherche ont permis de comprendre et d'illustrer que cette activité apporte plusieurs intérêts dans le soin du patient et elle est considérée comme support thérapeutique. Dans chaque exercice, la marionnette marque ses empreintes naturellement dans la communication, dans l'information et dans l'éducation du patient et elle initie des échanges dynamiques qui diminuent toute sorte de passivité entre le joueur, patient manipulateur et le jouet – la marionnette –, mais aussi elle motivait les équipes qui ont la responsabilité de monter le spectacle et le public voyeur – le spectateur.

Les apports de la marionnette dans les soins du patient ont eu de l'influence en France dans les milieux sociaux et dans les établissements de soins à partir de la fin des années soixante-dix.

Cette efficacité est le fruit de l'association « Marionnette et thérapie »[183] qui utilisait la marionnette en orthophonie, en rééducation, en resocialisation et psychomotricité, mais elle apportait aussi du mieux-être aux publics en difficulté. Les participants apprenaient à faire bouger la marionnette, à la faire parler, à la faire bouger et parler en même temps et enfin, à savoir assumer un personnage – un rôle. La majorité des artistes utilisent la marionnette en groupe ou individuellement dans le processus de soins des enfants, mais il y a ceux qui en font usage pour la prise en charge des adultes. La valeur des marionnettes n'est pas seulement dans les hôpitaux, mais elle est retrouvée quelques années après dans les milieux scolaires et les établissements pénitentiaires. Trois pays ont devancé la France dans cette expérimentation : le Mexique, l'Angleterre et l'Afrique du Sud. Ce n'est qu'au milieu des années quatre-vingt-dix que la France commence à s'intéresser de cette expérimentation – dans les prisons. À l'exemple de Marie-Christine Markovic, marionnettiste et psychothérapeute, qui introduit la marionnette dans les prisons – à la Maison d'arrêt de La Santé sous forme d'ateliers d'expression intitulés *« Théâtre des Marionnettes »*. Cette intervention a permis le rattachement de cette activité au Service médico-psychologique régional de la Santé sous la direction du Docteur Odile Dormoy du Centre Hospitalier Saint-Anne de Paris. Elle affronte des difficultés liées à l'enfermement dans l'espace, mais elle arrive à avoir la confiance des détenus tout en leur proposant des travaux tant individuels qu'en groupe et elle leur demande de donner un sens à leurs travaux en envisageant une représentation de spectacle. Elle commence par créer un lien entre eux et par leur faciliter la communication entre eux-mêmes, avant de développer la notion

---

[183] L'Association *« Marionnette et Théâtre »* est créée en 1978. Elle a pour objet principal l'expansion et le développement de l'utilisation de marionnettes dans le processus de soins comme un outil de soins, d'information, d'éducation et de rééducation, de communication et de réinsertion sociale. Elle a aussi dans ses buts de former en proposant une formation de base et une aide à la mise en place des ateliers marionnettes et elle assure des conférences sur la pratique de la marionnette. Dans ses activités, il y a l'organisation de formations, de représentations et elle publie un bulletin périodique et participe à des rencontres, à des ateliers et à des assises nationales et internationales.

de travail collectif vers le spectacle. Ces représentations se déroulaient dans le cadre de la prison et elles avaient comme public les détenus et quelques invités de l'extérieur.

Cette démarche est utilisée au Japon dans les mêmes principes sous forme de théâtre à visée thérapeutique avec des marionnettes comme outils de base et les personnes handicapées comme public cible.

Les États-Unis utilisent les marionnettes comme une partie ou une branche de l'art-thérapie. Dans leur système, la marionnette n'est pas une fin en soi, mais plutôt un moyen thérapeutique.

Ces expérimentations peuvent aussi aider l'enfant dans le développement de sa communication et elles diminuent l'écholalie chez l'enfant ou chez toute personne souffrant de ce trouble de langage pour améliorer sa communication.

d) La prise en charge de l'enfant

Comment l'hôpital s'organise-t-il pour aider l'enfant en difficulté à accéder très rapidement à son autonomie d'une part, et, d'autre part, à sa socialisation ? L'hôpital intègre dans son professionnalisme un projet consistant à aider l'enfant à maintenir de façon efficace le développement de sa personnalité, à lui apporter tous les moyens d'apprentissages tout en tenant compte de ses capacités et à renforcer les possibilités de reprendre son autonomie ainsi que de développer largement sa relation avec ses proches. Chaque artiste thérapeute est référent de dix à quinze enfants au maximum. Il est tenu de partager avec eux leur quotidien en les soutenant, les aidant et les accompagnant à accéder positivement à leur autonomie et leur socialisation.

C'est pourquoi chaque journée est rythmée par différentes manifestations au sein des établissements de soins comme des chants, des cris, des déclamations des mots, des gestes, etc. Les professionnels de théâtre interviennent avec les professionnels médicaux et paramédicaux en groupe ou individuellement pour garantir une prise en charge individuelle ou en groupe. Ils mettent en place des réunions d'étude pour les psychologues chaque lundi soir et une autre pour les éducateurs spécialisés tous les quinze jours. Il y a aussi une autre réunion pour les artistes avec l'équipe soignante toutes les semaines de dix-sept heures à dix-neuf heures. Cette dernière réunion a une particularité parce qu'elle commence par prévoir les dates des prochaines visites pour les parents ainsi que la rencontre des éducateurs avec les parents. Elle permet de revoir les points difficiles de la semaine, les cas critiques et elle initie la mise en place d'un nouveau projet et la réflexion sur certaines activités spécifiques. Enfin, ils examinent les analyses cliniques de chaque enfant ; et une fois par an, ils analysent les comportements des parents.

L'équipe pluridisciplinaire réalise avec chaque famille le projet à mettre en place pour assurer la prise en charge en concertation avec l'enfant lui-même dès son arrivée dans l'établissement. Cette exigence est émanée de l'article R.4127-36 du Code de la santé publique (article 36 du Code de déontologie médicale) qui précise que : *« Le consentement de la personne examinée ou soignée doit être recherché dans tous les cas. Lorsque le malade, en état d'exprimer sa volonté, refuse les investigations ou le traitement proposé, le médecin doit respecter ce refus après avoir informé le malade de ses conséquences. Si le malade est hors d'état d'exprimer sa volonté, le médecin ne peut intervenir sans que la personne de confiance, à défaut, la famille ou un de ses proches ait été prévenu et informé, sauf urgence ou impossibilité. Les obligations du médecin à l'égard du patient lorsque celui-ci est un mineur ou un majeur protégé sont définies à l'article R. 4127-42. »*[184]

En revanche, l'enfant a le droit de revenir sur sa décision à tout moment selon le principe de la loi n°2002-303 du 4 mars 2002 relative aux droits des malades et à la qualité du système de santé ainsi que les dispositions de l'article 16-3 du Code civil et la Charte de la personne hospitalisée en référence de la Circulaire du mars 2006[185], renforcées par l'article L.1111-4 du Code de la santé publique qui impose que : *« Toute personne prend, avec le professionnel de santé et compte tenu des informations et des préconisations qu'il lui fournit, les décisions concernant sa*

---

[184] Légifrance, Code de la santé publique, version en vigueur au 6 août 2016, consulté le 6 octobre 2018.

[185] Circulaire relative aux droits des personnes hospitalisées N°DHOS/E1/DGS/SD1B/SD1C/SD4A/2006/90 du 2 mars 2006.

santé. [...] Aucun acte médical ni aucun traitement ne peut être pratiqué sans le consentement libre et éclairé de la personne et ce consentement peut être retiré à tout moment. »[186] Ce consentement est valide lorsque le professionnel médical et/ou paramédical et/ou artistique délivre une information médicale ou artistique loyale, claire et adéquate au projet de soins envisagé.

Les objectifs des ateliers s'appuient sur les valeurs et les moyens de la communication, d'apprentissage, de maîtrise de soi, de l'autonomie et de socialisation de l'enfant ou de la personne prise en charge. Dans leur ensemble, ils sont adaptés aux capacités de l'enfant et à son niveau de souffle.

Par nécessité, l'enfant peut être pris en charge soit en groupe ou individuellement par le comédien, le psychologue ou l'orthophoniste tout comme le psychomotricien. Chaque décision de prise en charge est décidée par l'artiste en collaboration avec le médecin traitant. Ils commencent par un temps d'observation dans le but de découvrir l'enfant, ses difficultés et ses comportements, avant de décider de la méthode thérapeutique à mettre en place.

Il y a aussi un atelier de prise en charge pour six enfants souffrant de troubles de communication. Ils parlaient un langage oral correct, mais parfois ils ont recours à des logorrhées. Ils présentent un trouble du langage symbolisé par le besoin morbide de parler. Il se manifeste par des flux des paroles, des cris inutiles, des blablas prétentieux, des paroles incohérentes ou des fous rires qui gênent la communication et la relation. C'est ainsi que le trouble de comportement apparaît chez le patient quelquefois avec agressivité. Plus l'enfant est contrarié, plus il développe une crise difficile à éliminer. Cela provoque chez ces enfants une instabilité émotionnelle marquée par la multiplication des émotions du refus, par la colère, par la présence de l'impatience, par le manque de confiance, par la contrariété et qui rendent très difficile la communication ou toutes formes d'échanges.

Néanmoins, ils peuvent se présenter aussi dans leurs émotions : des joies, du bien-être, du plaisir, des affections, etc. C'est pourquoi le comédien se trouve dans l'obligation de manifester un sentiment d'accompagnement, d'attention et de

---

[186] Code de la santé publique, 30e édition, éd. Dalloz, 2016.

sympathie pour répondre aux besoins de ses jeunes patients. Quant aux activités mises en place par l'équipe, les enfants sont immergés dans des imaginations, des motivations et des imitations, mais ils perdent complètement leur capacité de concentration. Toutefois, la présence d'une activité ludique augmente l'efficacité et la qualité de l'atelier thérapeutique de marionnettes. L'équipe artistique, médicale, éducative et/ou paramédicale lance à chaque début d'année un projet personnel pour chaque enfant. Elle envisage d'améliorer la relation, la stabilité émotionnelle, l'expression, la communication, le développement du plaisir de faire, le bien-être et elle améliore la tolérance à supporter la frustration. Elle maintient un dispositif consistant à diminuer chez l'enfant le sentiment de persécution, d'humiliation et d'isolement pour favoriser la concentration, l'imagination, la socialisation et l'observation.

Conclusion du Chapitre I

Au terme de notre travail, il est essentiel de préciser que certains patients ont trouvé des atouts du psychodrame soit dans un travail de groupe soit en individuel tout comme dans les ateliers d'improvisation qui demandent une spontanéité individuelle, ou dans ceux qui impliquent la dynamique d'un groupe.

Effectivement, ce travail constate que ces ateliers théâtre constituent un ensemble d'apaisements que le théâtre thérapeutique procure non seulement au corps mental, mais aussi au corps physique pendant et après l'atelier d'échanges. Il est vrai qu'avant l'exercice, le comédien fixe ses objectifs thérapeutiques, mais au cours de la pratique d'autres objectifs s'ajoutent pour compléter la rééducation préalable et ainsi faire de l'art théâtral un outil ou un moyen thérapeutique efficace.

Notre travail démontre que ce genre d'ateliers examine d'un côté, l'état de santé des enfants, et, de l'autre, celui des adultes psychotiques sous forme d'animations – le psychodrame, ou de création théâtrale.

Toutefois, il faut retenir qu'il était question de savoir pourquoi le théâtre est considéré comme un projet thérapeutique au sein des établissements de santé.

Tout d'abord, il est réfléchi de dire que le théâtre comme projet thérapeutique, c'est reconnaître un droit fondamental de l'Homme, retenu comme un droit essentiel, intangible et inviolable d'une part, et, d'autre part, un droit complémentaire dans l'activité culturelle. C'est pourquoi la plupart des instances internationales en charge de la protection des droits de l'Homme considèrent ce droit comme inhérent à tout un chacun.

Cette étude a aussi constaté que dans ce projet thérapeutique le patient est considéré comme acteur de sa santé ce qui permet d'étudier les origines de sa maladie psychique et les facteurs pathogènes troublant sa propre personnalité.

En bref, on peut dire que le théâtre étudie dans son projet thérapeutique trois univers, éléments de la psychothérapie : l'environnement, les conditions sociales d'existence de la personne, ainsi que l'organisation de son quotidien à l'hôpital, de façon à ce que sa réintégration sociale soit mieux envisagée.

CHAPITRE II – LA PRATIQUE DU THÉÂTRE CHEZ LE PROFESSIONNEL ERGOTHÉRAPEUTE

La pratique du théâtre à des fins de soins médicaux touche aussi la profession d'ergothérapeute. Tout d'abord, sa profession initiale consiste, selon l'Association nationale française des ergothérapeutes (ANFE), en une activité paramédicale intervenant sur la santé du patient souffrant de problèmes de fonctionnement dans sa vie quotidienne pour assurer sa rééducation, sa réadaptation et son intégration ou sa réintégration sociale. L'ergothérapeute est un membre de l'équipe soignante pluridisciplinaire et il peut intervenir dans plusieurs spécialités telles que la psychiatrie, la neurologie, la traumatologie et actuellement il intervient dans les séances de théâtre dramatique à finalité de soins.

Cette profession est présente dans les hôpitaux français depuis plus de cinquante ans et elle est reconnue par le Code de la santé publique dans son Titre III-2 du Livre IV article L.4331 – qui dispose que : *« Est considérée comme exerçant la profession d'ergothérapeute toute personne qui, non-médecin, exécute habituellement des actes professionnels d'ergothérapie, définis par décret en Conseil d'État pris après avis de l'Académie nationale de médecine. Les ergothérapeutes exercent leur art sur prescription médicale. »*[187] Son intervention est encore définie par le Décret du 29 juillet 2004[188] qui précise qu'il participe à l'ensemble des traitements dans le cadre des incapacités physiques ou mentales, de déficiences, de dysfonctionnements et de toutes formes de handicaps de nature somatique. Son intervention est sollicitée pour activer la partie touchée ou les différentes fonctions déficitaires, ainsi que pour diminuer les facteurs résiduels d'inadaptation fonctionnelle ou empêchant la

---

[187] Code de la santé publique, *op. cit.*

[188] Décret n° 2004-802 du 29 juillet 2004 relatif aux parties IV et V (dispositions réglementaires) du code de la santé publique et modifiant certaines dispositions de ce code. Les dispositions réglementaires des parties IV et V du code de la santé publique font l'objet d'une publication spéciale annexée au Journal officiel de ce jour (voir à la fin du sommaire), JORF n°183 du 8 août 2004, page 14150, texte n° 5.

manifestation des sentiments relationnels de la personne soignée. Son rôle est d'aider la personne soignée à récupérer ou à retrouver une autonomie individuelle et à maintenir sa place sociale et professionnelle.

Aujourd'hui, l'ergothérapeute détient plusieurs compétences. Selon l'ANFE, l'ergothérapeute a le droit ou le pouvoir de mettre en place des activités de soins de type rééducation, intégration ou réinsertion et réhabilitation psychosociale dans les institutions de soins. Sur ce pouvoir conféré à l'ergothérapeute, le ministère en charge des Affaires sociales et de la Santé établit dix niveaux référentiels de compétences, mais cette recherche s'intéresse surtout au niveau 3 intitulé : Compétences 3 : Mettre en œuvre des activités de soins, de rééducation, de réadaptation, de réinsertion, et réhabilitation psychosociale en ergothérapie : *« Adapter l'activité en fonction des capacités et des réactions de la personne, du contexte [...] pour l'accomplissement de l'activité ; mettre en place et adapter le cadre thérapeutique en fonction de la situation et des réactions de la personne ou du groupe de personnes ; installer la personne de façon appropriée et ergonomique ; concevoir, préconiser et réaliser des équipements et des matériels de confort, de prévention [...] et en vérifier la conformité ; évaluer les effets des activités en tenant compte des conditions de sécurité, d'hygiène et des recommandations techniques des produits et des matériels et [...] ; mettre en œuvre les techniques en ergothérapie en vue de maintenir et améliorer les gestes fonctionnels [...] : techniques d'entraînement articulaire, musculaire, sensitif et sensoriel ; techniques de réafférentation proprioceptive, d'intégration motrice, cognitivo-sensorielle et relationnelle, de facilitation neuromotrice, techniques cognitivo-comportementales et de stimulation cognitive ; techniques [...] d'accompagnement ; techniques de compensation et de remédiation ; identifier les facteurs et mettre en œuvre les stratégies favorisant l'engagement des personnes dans l'activité et l'amélioration de leur autonomie ; utiliser les techniques d'entraînement en vue de développer la tolérance à l'effort et à l'endurance ; accompagner la personne dans le transfert de ses acquis fonctionnels et cognitifs [...] ; conduire une relation d'aide thérapeutique comme base du processus d'intervention en ergothérapie ; animer et conduire des groupes selon différentes techniques, analyser la dynamique relationnelle dans le groupe ou dans le système familial, professionnel, éducatif et social ; faciliter et recueillir l'expression de la personne sur ses conflits internes lors de mises en situation d'activité. »*[189]

Au final, l'ergothérapeute intervient dans des processus très complexes qui sont traduits dans des mouvements théâtraux. Cette activité de dramathérapie permet de réhabiliter les soins nécessaires durant toute la période aiguë et de prévoir une phase de réinsertion socioprofessionnelle des personnes atteintes des troubles psychiatriques. C'est dans ce genre d'activités que le patient arrive à prendre contact avec la réalité et cela l'aide à exprimer ou à manifester le fond inconscient de sa personnalité. Les mouvements psychodynamiques forment une partie complémentaire du cadre analytique. *« Selon Mosey [...], trois principaux cadres de référence distinguent les ergothérapeutes qui travaillent dans le domaine psychosocial : le cadre analytique, le cadre développemental et le cadre acquisitionnel. Le cadre analytique a comme intérêt le contenu intrapsychique qui guide les comportements. L'activité permet de prendre contact avec la réalité et de pouvoir exprimer le contenu inconscient de sa personnalité. L'approche psychodynamique fait partie [...] du cadre analytique. Le cadre développemental est [...] "influencé par les stades de développement naturels de la personne et utilise l'activité comme moyen compensatoire pour amener la personne à progresser d'un stade de développement à l'autre et répondre à des besoins non comblés." L'approche d'intégration sensorielle est un bon exemple. Le cadre acquisitionnel [...] considère le comportement comme résultant d'un processus d'interaction avec l'environnement et d'apprentissage. L'activité permet donc le développement d'habiletés et permet à la personne d'expérimenter la réussite. L'approche cognitive et comportementale [...] en fait partie. »*[190]

---

189 http://vae.asp-public.fr/index.php?id=fr82

190 Victor ROLLAND *« Réinsertion sociale et schizophrénie : Utilisation d'un programme de remédiation cognitive par l'ergothérapeute »*, sous la direction de Sabine LIONNARD-RETY, Université Claude-Bernard Lyon 1, Institut des sciences et techniques de réadaptation, Institut de formation en ergothérapie, Mémoire pour l'obtention du diplôme d'État en ergothérapie, 2012, p. 5.

Le métier de Molière permet de gagner petit à petit la confiance des patients souffrant d'Alzheimer ou de schizophrénie. Cette affirmation remonte aux multiples activités de théâtre dramatique réalisées tous les jours avec des patients en ergothérapie. Cette forme de médiation reste très pertinente puisqu'elle permet de canaliser les émotions et les comportements des patients à travers un sujet qui leur plaît. Participer à certains ateliers théâtre en ergothérapie a permis de comprendre que le patient présentait d'autres signes cliniques, autres que ceux déjà observés et analysés dans les autres ateliers. En effet, ici le patient présente une maîtrise de soi, un bon contrôle de ses émotions, de ses gestes et de ses mouvements, de sa voix et de son silence, mais aussi de ses hallucinations.

La découverte du savoir-faire de l'ergothérapeute a initié certaines interrogations qui ont surgi lors de l'expérimentation. Pourquoi l'activité dramatique arrive-t-elle à canaliser facilement les gestes, les comportements et aussi les émotions de la personne examinée ? Pourquoi n'arrivait-elle pas à gérer ses émotions et ses situations sociales avant la thérapie théâtrale ?

Tout d'abord, il faut tenir compte que le psychodrame ou la dramathérapie en soins psychiatriques a pu assurer la réinsertion sociale des patients avec le temps et le renforcement des dispositifs de politique de santé. C'est pourquoi il y a eu les développements de différents cadres professionnels paramédicaux pour renforcer et pour compléter la prise en charge des personnes en difficulté.

L'ergothérapie participe à ce changement anticipé par l'aide du théâtre, surtout à l'intégration sociale des patients qui ont un problème de fonctionnement dans leur quotidien. Le théâtre reconnaît que la schizophrénie est une pathologie complexe fusionnant plusieurs symptômes troublant l'individu et l'empêchant de s'intégrer pleinement dans sa société. C'est justement dans ce sens que cette recherche va s'intéresser à savoir comment le professionnel ergothérapeute va aider le malade souffrant de schizophrénie ou autre à se réintégrer ou à se réinsérer très rapidement dans sa société.

Pour pouvoir répondre à ces multiples questions, il est indispensable de s'intéresser à certaines approches et techniques thérapeutiques de différents spécialistes dans l'objectif de bien garantir la réinsertion sociale de leurs patients. Il y a plusieurs techniques de réintégration sociale chez les personnes souffrant de schizophrénie. C'est pourquoi le travail de cette étude se centre sur le programme de *« remédiation »*[191] cognitive à base d'interventions psychosociales personnalisées. *« Les déficits cognitifs retrouvés dans la schizophrénie prennent une place importante dans la littérature et de nombreuses applications ont vu le jour pour traiter ces déficits. [...] les troubles des fonctions cognitives seraient à la base de déficits sociaux importants. Ces applications sont toutes d'inspiration cognitivo-comportementale, mais elles ne traitent pas toutes les mêmes niveaux cognitifs. »*[192]

Tout au long de ce chapitre, l'étude aura comme axe principal la *« remédiation »* cognitive et l'entraînement des habiletés sociales. Le programme de *« Integrated Psychological Treatment »* est un outil approprié dans l'usage des techniques des ergothérapeutes pour la démarche de réintégration sociale des personnes souffrant de schizophrénie, mais ce programme est peu connu en France. *« Il convient donc d'évaluer ce programme pour savoir s'il répond à l'objectif de la réinsertion sociale. De même, il est intéressant d'évaluer la demande des ergothérapeutes pour l'utilisation de ce type de thérapie. »*[193]

Pour répondre aux problèmes posés dans ce Chapitre, il est nécessaire d'aborder *« Les principales activités du théâtre ergothérapeutique »* en Section I, et, *« Les approches théoriques et les modalités de prise en charge du patient »* en Section II.

---

[191] La remédiation consiste à l'ensemble des méthodes et des moyens permettant de résoudre certaines difficultés d'apprentissage identifiées au cours d'un diagnostic ou d'une évaluation.
Il faut donc distinguer la *« remédiation »* et *« le rattrapage »* puisque ce dernier consiste en une remise à niveau des connaissances.
Or, en art-thérapie, la remédiation cognitive consiste à la rééducation des fonctions intellectuelles, parfois appelées fonctions supérieures telles que l'apprentissage et les comportements sociaux, par la pratique des exercices ludiques. Elle est pratiquée dans le domaine thérapeutique pour réparer des lésions cérébrales ou dans le domaine pédagogique pour corriger une déficience intellectuelle.
[192] Victor ROLLAND *« Réinsertion sociale et schizophrénie : Utilisation d'un programme de remédiation cognitive par l'ergothérapeute »*, *op. ci.*, p. 25.
[193] *Ibid.*

Section I – Les principales activités du théâtre ergothérapeutique

Pour mieux cerner les principales activités du théâtre chez le professionnel ergothérapeute, il est indispensable de connaître d'abord les conséquences, les répercussions ou les effets des troubles cognitifs menaçant la vie quotidienne du malade souffrant de schizophrénie. Très peu de scientifiques se sont intéressés à ce sujet d'étude, pourtant il y a plus de dix ans de cela, Harvey Philip D. et Sharma Tonmoy s'y sont intéressés et ils expliquent dans leur recherche de 2003[194], que certains problèmes de fonctions cognitives déficitaires sont directement liés, impliqués ou mêlés dans la symptomatologie négative de la pathologie.

Il est donc important de se demander par exemple pourquoi une personne peut avoir un trouble dans ses fonctions exécutives. C'est tout simplement parce que la personne a des défaillances dans sa mémoire déclarative[195] et dans sa mémoire de travail qui seraient fortement associées et impliquées dans des dysfonctionnements empêchant sa vie indépendante et sa maîtrise de soi. De plus, les troubles des fonctions cognitives liés à ces deux mémoires sont associés à d'autres mémoires comme la mémoire procédurale qui aide ou assiste la mémoire de travail pour assurer la vigilance dans le fonctionnement professionnel ou dans toute activité physique. *« Ainsi, Green [...], cités par Laroi et Van der Linden [...], ont démontré que la mémoire verbale à long terme était corrélée à tous les types de fonctionnement social, et que le niveau de vigilance était relié à l'acquisition d'habiletés sociales et à la résolution de problèmes. Ces données suggèrent largement le lien entre les déficits*

---

[194] Harvey PHILIP D, Sharma TONMOY, *« Comprendre et traiter la cognition dans la schizophrénie : manuel du clinicien »*, Londres, Martin Dunitz, 2003.

[195] La mémoire déclarative, elle est parfois appelée mémoire explicite. Elle concerne le stockage et la récupération de données qu'une personne peut les faire apparaître de façon consciente et les exprimer verbalement. Elle est aussi responsable de la mémorisation de toutes les données sous forme verbale. C'est-à-dire, tout ce qu'un individu peut exprimer avec le langage. Elle a encore une fonction complémentaire, car elle aide la mémoire procédurale qui facilite l'acquisition et l'utilisation de compétences motrices comme pratiquer le sport.

cognitifs et le statut fonctionnel des personnes souffrant de schizophrénies. [...], des études plus précises permettront de définir les liens qui existent entre les processus cognitifs et les activités spécifiques de la vie quotidienne. [...] il est primordial que les troubles cognitifs soient évalués en situation écologique pour mettre en place des stratégies de compensation bénéfiques pour le patient. De plus, cette évaluation permettrait de révéler des difficultés d'interactions avec l'environnement qui n'est pas faisable avec les tests classiques de type papiers-crayons. [...] les évaluations en vie quotidienne permettraient de définir les capacités et incapacités cognitives de la personne dans son milieu de vie pour évaluer le niveau d'autonomie et les possibilités d'insertion sociale des patients. »[196]

Richard Bouchard confirme son opinion selon laquelle si la marionnette s'adresse directement aux enfants et aux gens d'esprit, l'art dramatique – le théâtre en particulier ou l'art – la culture en général s'adressent intimement à l'intelligence. Quel que soit l'apport de l'art, ce dernier sollicite la participation de toutes formes de compétences, d'intelligence et la présence de potentiel chez la personne qui s'y investit. C'est à partir de là que la personne peut surmonter ses émotions, ses douleurs et ses sentiments désagréables. C'est pourquoi le recours au théâtre est indispensable pour aider l'individu et est nécessaire et très utile, car il facilite un retour à l'investissement. Ainsi ressort l'expression de théâtre utile, désignée par son effet thérapeutique, par son côté curatif et par son exception de toucher à la sensibilité de l'homme. Son intervention n'est jamais mise en cause, ni sa réussite extraordinaire ni son expression particulière et séduisante. Au théâtre, le langage, l'exclamation des mots, le silence et la gestuelle constituent le monopole d'expressions tant physiques que morales et faciales. Il est possible de cerner l'essence même du théâtre par l'usage et l'exploitation de l'ensemble de ses moyens.

Certes, la personne présentant des signes de schizophrénie[197] ne peut avoir une santé meilleure qu'en travaillant sur ses parties

---

[196]Victor ROLLAND *« Réinsertion sociale et schizophrénie : Utilisation d'un programme de remédiation cognitive par l'ergothérapeute », op. cit.*, p. 14.

[197] - Difficultés à établir un lien ou contact avec ses proches,

défaillantes telles que son cerveau, son corps, sa timidité, sa peur, son handicap, son regard ou autre.

L'ergothérapeute prévoit dans son projet d'intervention ergothérapique des activités de théâtre thérapeutique caractérisées par des évaluations, d'analyses, d'informations, de prévoyances, d'éducations et de resocialisations. La première action à mettre en place est d'évaluer la situation clinique de la personne sous plusieurs formes, par exemple sa conduite lors de l'entretien, l'identification de ses besoins et de ses attentes, et enfin s'assurer d'une observation lors de la mise en pratique. C'est ainsi qu'une analyse des données et des informations recueillies peut être effectuée. Dans ses objectifs, il doit informer le patient de la démarche envisagée tout en l'intégrant dans le projet en tant qu'acteur. L'artiste ergothérapeute est tenu de communiquer verbalement et par écrit avec l'équipe pluridisciplinaire en prévoyant les ressources matérielles essentielles au projet. Ils organisent ensemble la prise en charge, tout en respectant les règles qui régissent la profession d'ergothérapeute et celles de l'établissement de soins.

Paragraphe 1 – Les patients cibles de l'activité ergothérapeutique

Au-delà de la personne présentant les pathologies de la schizophrénie, l'artiste ergothérapeute a dans son atelier plusieurs individus ciblés par son travail. Dans son profil de compétences psychosociales, il engage des processus ou des techniques d'observation consistant à identifier par l'auto-observation et/ou par la conversation durant toutes les étapes d'entretien, les comportements ou les gestes inadaptés chez l'individu. Par exemple une personne souffrant d'une dépression : au début de la première séance, elle est informée de sa situation et de la démarche envisagée en activité artistique et thérapeutique, mais aussi du rôle de l'ergothérapeute et de son observation. Le patient est aussi informé qu'il doit s'investir et

- Envahie par des hallucinations et des impressions étranges,
- Avoir l'impression d'entendre des voix alors que personne ne parle,
- Conscience altérée, etc.

contribuer dans le même projet en tant qu'associé. Dans les explications de l'ergothérapeute, il sollicite l'avis du malade avant de commencer et il cherche à comprendre ce qu'il accepte et tout ce qu'il ne veut pas. Il observe aussi les déficits comportementaux comme l'inactivité, l'insensibilité, l'évitement social et l'aboulie afin d'améliorer et d'adapter ses comportements à sa vie quotidienne. Sur ces nouvelles cibles, il y a aussi les personnes souffrant de troubles psychotiques puisqu'elles présentent des troubles du comportement qui doivent être éliminés, ou diminués en fréquence ou modifiés en intensité. Il est indispensable de parler des personnes présentant des troubles de contradictions ou de dysrégulations émotionnelles ou comportementales, comme ceux qui souffrent de troubles de la personnalité.

Le comédien ergothérapeute utilisera des indicateurs d'observation directe caractérisés par les activités et les mouvements comportementaux, mais aussi les activités de la vie quotidienne et il mesurera le niveau d'autonomie du patient dans des conditions physiques et/ou instrumentales. *« L'observation porte sur trois types d'actions : les actions automatisées telles que marcher par exemple, les actions répondant à des schémas, des patterns ou routines, se préparer une tasse de thé par exemple, et les actions inconnues par la personne où elle sera obligée d'agir en transférant des compétences acquises dans d'autres routines [...]. Nous avons dans cette catégorie, par exemple, accomplir son hygiène personnelle, conduire une activité particulière [...] se déplacer d'un endroit à un autre, exécuter diverses tâches plus ou moins complexes, entretenir son appartement, cuisiner, s'occuper d'un enfant, etc. Le second indicateur sur lequel portera l'observation directe est caractérisé par les habiletés sociales et interpersonnelles : ce sont toutes les situations où la personne ne peut pas agir seule. Les indicateurs de cette catégorie sont, par exemple, participer à une conversation avec [...] plusieurs personnes, prendre une initiative auprès d'autres personnes, se soumettre à un ordre, avoir une attitude de leadership, refuser une tâche ou une demande, accepter un compliment, savoir collaborer dans un groupe. Le troisième indicateur porte sur l'identité personnelle et la capacité à exprimer ses différents rôles [...] par des apparences [...] ou des attitudes particulières.* »[198]

Au-delà de ces trois modes d'observations directes, il y a trois autres modes d'indicateurs d'observation indirecte symbolisés par des signes que le comédien ergothérapeute ne serait pas capable d'observer directement. C'est pourquoi la participation et la collaboration du patient dans le projet sont nécessaires et même indispensables, soit sous la forme d'auto-évaluation, d'auto-observation et d'auto-analyse, soit d'une étude systématique assurée par le comédien ergothérapeute pour découvrir ce que le patient cache au fond de lui-même. *« Le premier indicateur indirect est caractérisé par les compétences neurocognitives simples ou complexes : chaque activité de la vie quotidienne ou le comportement d'autonomie observé exige de la personne des compétences cognitives simples telles que la capacité de compréhension de la consigne, d'anticipation, d'attention [...] de concentration, de mémoire procédurale et des compétences cognitives complexes telles que la capacité à organiser la tâche [...] capacité à la résolution de problèmes, capacité à la prise de décision, capacité à s'exprimer oralement, par écrit [...]. Les capacités neurocognitives complexes devraient être travaillées en collaboration avec un neuropsychologue. L'ergothérapeute est surtout concerné par les compétences cognitives procédurales faisant intervenir un traitement de l'information simple. Le second indicateur indirect est caractérisé par les constituants émotionnels et physiologiques : perceptions ressenties par la personne, les émotions primaires [...] et les émotions apprises ou sociales telles que la responsabilité, la culpabilité, la jalousie, le ressentiment [...]. Enfin, troisième catégorie, les constituants moraux et sentimentaux caractérisés par les valeurs personnelles, les intérêts, les motivations, les jugements, les espoirs, les rêves [...]. Dans cette catégorie sont incluses les représentations que la personne se fait de son corps propre, de la relation qu'elle entretient avec le monde externe. Nous*

---

198 Sous la direction de Marie-José MANIDI, *« Ergothérapie comparée en santé mentale et psychiatrie »*, Les Cahiers de l'école d'études sociales et pédagogiques, ch. des Abeilles 14, CH-1010, Lausanne, 2005, p. 63.

intégrons également dans cet indicateur le sentiment même de soi ou la conscience de soi. »[199]

Au moment de l'exercice, le comédien évalue le patient et si ce dernier présente par exemple des situations violentes, il est violent, le comédien ergothérapeute mesurera de manière subjective le niveau, l'intensité et l'expression de cette violence.

Si l'individu éprouve de l'anxiété, il essaiera lui-même d'évaluer le niveau de l'intensité émotionnelle à l'aide d'une estimation cadrée entre 0 et 10. Par exemple le comédien ergothérapeute demande au patient de préparer son café. Il va donc évaluer la latence du patient qui est égale au temps parcouru ou écoulé entre la demande du comédien et le commencement de l'action de préparation de son café.

A] L'anxiété sociale ou phobie sociale – trouble du spectre de la schizophrénie

Tout d'abord, l'anxiété doit être distinguée de la peur. Elle correspond à une sensation de troubles, de traumatismes ou de malaises présente chez l'individu de manière constante, surtout chez les personnes atteintes de schizophrénie et plus particulièrement chez celles qui souffrent de schizophrénie paranoïde. Cette phobie ne correspond pas à un danger identifié chez la personne souffrante, mais elle est plutôt considérée comme une situation présentant un éventuel comportement incontrôlable, par exemple : des crises de panique, des insomnies, des tremblements ou une augmentation de la pression artérielle. Ce trouble du spectre de la schizophrénie fait partie des symptômes négatifs de cette maladie, toutefois, il peut être encouragé par d'autres symptômes jugés positifs comme des délires ou des hallucinations.

La personne présentant ces troubles doit être sous l'observation attentive du comédien ergothérapeute puisqu'elle a peur d'agir ou de dévoiler des symptômes d'anxiété pour éviter d'être jugée négativement. Elle ne participe pas à une situation présentant une peur ou une angoisse. *« La peur ou l'anxiété sont disproportionnées par rapport à la menace réelle posée par la*

---

[199] *Ibid.*, p. 64.

situation sociale et compte tenu du contexte socioculturel (critère E). La peur, l'anxiété ou l'évitement sont persistants, durant habituellement six mois ou plus (critère F). La peur, l'anxiété ou l'évitement entraînent une détresse ou une altération cliniquement significative du fonctionnement social, professionnel [...] (critère G). La peur, l'anxiété ou l'évitement ne sont pas imputables aux effets physiologiques d'une substance ni à une autre affection médicale (critère H) [...] ne sont pas mieux expliqués par les symptômes d'un autre trouble mental (critère I). Si une autre affection médicale est présente, la peur, l'anxiété ou l'évitement sont clairement non liés à cette affection ou excessifs (critère J). On peut spécifier si le trouble d'anxiété sociale est [...] de performance dans le cas où la peur est limitée aux situations de performance ou de parler en public. Selon le modèle cognitivo-comportemental, les distorsions cognitives dans le trouble d'anxiété sociale seraient principalement centrées sur l'anticipation du rejet, de la désapprobation ou de l'embarras. Ces pensées automatiques négatives avec focalisation interne seraient un facteur d'entretien de l'anxiété sociale en provoquant des réactions émotionnelles négatives et en altérant la performance dans les situations sociales [...]. »[200]

C'est le cas lorsqu'un individu entend des voix désagréables venant de près ou de loin lui donnant des ordres. Cela peut être un facteur de stress et d'angoisse qui augmente l'intensité de l'anxiété. C'est surtout une anxiété sociale lorsque le patient a le sentiment de désinsertion sociale, de solitude, d'inutilité ou d'abandon. Il entend un langage intérieur comme si c'était un message venant de quelqu'un d'autre. Entendre parler, suivre des ordres alors que personne ne s'exprime autour de soi, constitue une expérience dérangeante. C'est dans ce sens-là que le comédien ergothérapeute envisage des exercices visant à apprendre à bien distinguer la voix intérieure et tout type du discours d'autrui.

---

[200] Nicolas THOUMY, *« La comorbidité entre troubles du spectre de la schizophrénie et troubles anxieux, revue de la littérature »*, directeur de thèse Docteur Clélia QUILÈS, Université de Bordeaux, Médecine humaine et pathologie, 2016, p. 16.

1) Une analyse des signes cliniques et quelques diagnostics possibles

Ici, le comédien en charge de l'atelier cherche l'approche consistant à déterminer systématiquement les comportements problématiques du patient en identifiant les antécédents, d'une part, et, d'autre part, à chercher à comprendre comment ils se déclenchent. Il cherche encore à savoir quelles sont les éventuelles conséquences soit pour la personne souffrante soit pour son entourage. À ce niveau, il doit aussi évaluer le degré d'implication de la personne dans sa volonté de procéder au changement. L'analyse comportementale et fonctionnelle est concrète et en même temps synthétique. Il est indispensable d'analyser les comportements et d'identifier les leviers d'activités artistiques, culturelles et thérapeutiques pour aider le changement envisagé par le patient.

Procéder à une analyse fonctionnelle est un moyen de dessiner, de schématiser dans le dossier du patient le problème dont il souffre. Il est évident que tous les signes cliniques ne sont pas représentés dans le dossier, mais l'essentiel et les grandes lignes doivent y figurer.

Comment peut-il analyser les signes cliniques présentés par le patient ? Comment peut-il remarquer tous les comportements problématiques lors de l'atelier ?

Dans les séances d'ateliers, le comédien commence par regarder l'inactivité du patient. S'il n'est pas actif et qu'il ne participe pas à la démarche, cela signifie qu'il souffre déjà de troubles d'anxiété sociale. Celui qui reste sans rien faire dans l'atelier présente des comportements problématiques. En plein exercice par exemple, le comédien propose au patient de faire de la broderie et ce dernier décide de broder une robe pour sa fille. Néanmoins, il commence par avancer une pensée d'auto-observation telle que : *« Je ne sais pas faire ça, et d'ailleurs, même si j'arrive à le faire, ça ne sera pas présentable. Certes, je suis une mauvaise mère »* (paroles de Madame X. lors d'une phase d'échanges pendant les enquêtes). Dans le débat d'échanges, elle avançait des sentiments émotionnels qui vont vers une auto-observation rarement identifiée pour les non professionnels. Elle disait : *« J'ai peur d'avancer, je me sens contrariée et confuse. C'est plutôt la fatigue qui me gagne. »* Ce genre de sentiments lui provoque des conséquences.

D'autres types de comportements problématiques peuvent se présenter lors d'une séance de groupe. Par exemple : au début de l'atelier, un des participants se retire et se met de côté. Il s'éloigne un peu du groupe. Le comédien lui demande pourquoi il s'éloigne des autres et il répond avec une voix chuchotante : *« De toute façon, je ne vois pas qui pourrait s'intéresser de moi. Je suis nul et je ne sais pas quoi dire dans le groupe. »* Ce patient présente un sentiment d'isolement qui a des conséquences pour lui puisqu'il a peur des autres.

Avant que le comédien définisse le problème et établisse une ligne de soins artistiques et thérapeutiques, il doit regarder et définir au préalable les comportements inadaptés du patient et ceux qu'il doit améliorer ainsi que ceux qu'il doit garder de façon durable. Ainsi, il comprendra donc ce qui est nécessaire pour l'apprentissage thérapeutique et comment l'évaluer.

a) L'anxiété : l'éventuelle conséquence chez le souffrant de la schizophrénie

Pourquoi le jeu dramatique intervient-il de façon individuelle ou en groupe dans les soins du patient présentant des pathologies de schizophrénie ?

« Le théâtre participe dans les soins du patient pour éviter ou éliminer toutes les conséquences possibles chez le soigné. Le maître du jeu dramatique retravaille sur la première conséquence qui est le retrait social. Le souffrant d'anxiété éprouve […] un sentiment d'inconfort et d'accompagnement dans ses rapports d'interaction avec les autres. Il se sent gêné et mal à l'aise dans le travail de groupe et surtout face à l'inconnu. Il aura tendance à rester dans son environnement habituel et s'éloigner, à s'isoler […] de ses parents, de ses proches […].

Prenons par exemple un Monsieur G. bénéficiant des soins dans un Établissement d'Hébergement pour Personnes Âgées Dépendantes […] est souffrant d'une anxiété – une pathologie de schizophrénie. Chaque milieu et fin de la semaine sa famille vient lui rendre visite. Cependant, au bout de deux ou trois heures, Monsieur G. commence à avoir besoin de s'isoler, d'avoir un peu de distance et il demande à sa famille de se retirer. Cela ne signifie pas qu'il ne veut pas les voir comme certaines familles le pensent, mais c'est juste une manifestation d'anxiété qui gagne [...] son système psychologique et qui se manifeste sur son corps.

Cette souffrance peut engendrer des troubles du sommeil [...]. Des difficultés pour s'endormir, de fortes présences de cauchemars et alors le temps du sommeil n'est plus perçu comme un temps de repos, mais plutôt comme [...] ou moment de stress supplémentaire.

Les conséquences peuvent se développer vers une sanctuarisation du domicile ou une partie du domicile comme les toilettes [...] ou la chambre à coucher. Celui qui présente ces pathologies [...] veut tout contrôler jusqu'aux moindres détails de ces espaces [...] afin d'éviter de rentrer en conflit [...] ou en confrontation à des situations gênantes. La chambre à coucher [...] devient un lieu sécurisé et les entrées sont sélectives. Les entrées à l'improviste peuvent être mal perçues. Il est indispensable de parler de l'addiction à l'alcool ou à l'usage fréquent de la cigarette, du cannabis, mais aussi tous ces produits toxiques peuvent empêcher l'efficacité du traitement médicamenteux. Avoir recours à ces produits toxiques est une réponse directe à l'anxiété et plusieurs patients considèrent que c'est une forme d'automédication. [...] L'anxiété peut engendrer d'autres conséquences comme des achats compulsifs [...], mais elle peut aussi mener le patient jusqu'au suicide. C'est une des conséquences que les comédiens ergothérapeutes travaillent de plus en plus dans l'art dramatique dans le principe de montrer la douleur de la mort pour enfin s'assurer que ses patients ne feront pas à la mort un recours stricto sensu. »[201]

b) La prise en charge du patient

Les méthodes de prise en charge chez le comédien ergothérapeute diffèrent de celles des autres professionnels dans le sens où son concept thérapeutique se base sur des principes distincts de la thérapie humaniste comme la gestalt-thérapie. Cette psychologie de forme a été initiée pour la première fois par

---

[201] *Ibid.*

le philosophe et le psychologue autrichien Christian Von Ehrenfels en 1890 dans son article *« Üeber gestaltqualitaeten »*[202] et elle a été retravaillée en 1910 par trois psychologues : Max Wertheimer, Kurt Koffka et Wolfgang Köhler. Cette théorie aide l'individu à avoir une vision générale de lui-même afin de lui permettre de comprendre très rapidement comment il fonctionne. La gestalt-thérapie fait partie des thérapies psychocorporelles avec le jeu comme activité de base : le théâtre, la mise en scène des difficultés ou l'exploitation des dessins ou autres. Le travail par cet aspect ludique permet facilement d'identifier et de comprendre l'origine de ces difficultés et de prévoir et d'expérimenter des pistes, des chemins ou des solutions nouvelles. L'intervention peut être soit en psychothérapie individuelle soit en groupe, en couple, en entreprise ou en famille.

La théorie[203] de la gestalt-thérapie *(rappelons d'abord la définition du mot allemand « Gestalt ». Une gestalt est un tout, une figure, une configuration d'ensemble)*[204] précise que le tout est différent de ses composantes. Elle impose par ses lois un impact majeur sur la perception visuelle et présente une incidence considérable sur la manière dont chaque individu perçoit la forme d'une image et comment il lui attribue un sens. C'est pourquoi le cerveau donne ou attribue un sens à des formes quelconques ou des images qui n'en ont pas auparavant. Le travail d'expérimentations avance des théories sur : une approche globale, c'est-à-dire que le sujet est étudié dans son ensemble, l'exercice doit considérer le corps, l'âme et l'esprit comme une unité inséparable ; une centralisation du sujet sur sa personne, ses affections, ses besoins, ses buts et ses capacités au centre des soins thérapeutiques ; une assistance tout au long du processus de soins, le soigné détermine lui-même sa thérapie de façon active et il est assisté par le comédien ergothérapeute ; une

---

[202] Christian VON EHRENFELS, *« üeber gestaltqualitaeten »*, Vierteljahrsschrift fuer wissenschaftliche Philosophie, 1890 (Christian von Ehrenfels, *« À propos des qualités de design »*, Journal trimestriel de philosophie scientifique, 1890).

[203] Janine CORBEIL, Danielle POUPARD, *« La Gestalt »*, éd., Revue Santé mentale au Québec, Vol., 3, n°1, 61–84, juin 1978.

[204] *Ibid.*

orientation sur le développement de l'individu : évolution et orientation sur le comportement individuel ; une initiation aux relations d'échange, prévoir un dialogue ouvert entre l'artiste ergothérapeute et le soigné, placer un climat de communication et de contact à égalité généralement remarqué par un tutoiement (tu, te ou je, moi). Le contact direct entre tous les participants constitue le moteur de la motivation et de l'implication à la thérapie.

2) L'atelier de théâtre du comédien ergothérapeute

Ce travail de recherche démontre qu'il est indispensable d'interroger différents artistes ergothérapeutes pour mieux cerner les interrogations de ce chapitre. D'un côté, il faut analyser les moyens et les méthodes de ceux qui n'utilisent pas le même système pour faciliter la réintégration ou la réinsertion sociale des personnes affectées par des troubles de schizophrénie. Autrement dit ceux qui utilisent des techniques classiques pour encourager la réinsertion sociale telle que les sorties de groupes, des manifestations artistiques ou artisanales dans le but de développer des liens affectifs et sociaux, mais aussi de favoriser le sens de la collaboration, d'aider le souffrant de façon individualisée à répondre à ses besoins personnels. Cette partie constitue l'activité du groupe des non IPT *(Integrated Psychological treatement)*[205]. D'un autre côté, il faut étudier l'expérimentation des professionnels qui utilisent le programme IPT comme moyen de *« remédiation »* cognitive dans le sens de favoriser très rapidement la réinsertion sociale de la personne présentant des signes de schizophrénie. En guise de rappel, le programme d'IPT est une formation continue proposée aux ergothérapeutes par l'Association Nationale française des Ergothérapeutes dans le cadre d'un diplôme universitaire mis en place en 2012.

Après plusieurs enquêtes, cette recherche affirme que les professionnels qui n'utilisent pas l'IPT sont peu nombreux sur le territoire français et il est difficile d'en trouver un qui répondrait volontiers à des questions pratiques et même théoriques. En effet,

---

[205] *Ibid.*

ce programme domine la profession d'ergothérapeute et il est majoritairement proposé aux personnes soignées et suivies dans des institutions de soins spécialisés dans la réhabilitation psychosociale et professionnelle. Cependant, après la lecture de plusieurs rapports et articles scientifiques évoquant cette problématique, il était indispensable de répertorier ceux qui acceptaient de répondre très rapidement pour faciliter la recherche. La difficulté était énorme puisqu'il était quasiment impossible de les joindre, que ce soit par téléphone, par email ou autres.

Toutefois, certains professionnels ayant recours à ce programme ont répondu aux questionnaires, même si cela n'était pas suffisant, ils ont fait le geste de vouloir contribuer à encourager et à soutenir cette recherche. Dans la partie des professionnels n'utilisant pas l'IPT, quelques-uns ne voulaient pas répondre aux questionnaires parce que leur savoir-faire n'intègre pas la réinsertion sociale dans les démarches des ateliers et de prise en charge. C'est pourquoi l'étude s'intéressait un peu plus à ceux qui participaient à la réinsertion sociale des personnes présentant des signes de schizophrénie en soins psychiatriques pour les adultes.

Pour la plupart des questions, il a été volontairement décidé de ne pas les poser clairement pour éviter d'influencer les réponses ou d'initier une piste. Il y avait aussi l'idée d'éviter de donner une image de comparaison à ces deux groupes de travail. Il était important d'être positif puisqu'il n'était pas question de promouvoir une technique ou un système par rapport à l'autre, mais de repérer et d'identifier les besoins communs, d'évaluer une pratique et enfin de délimiter l'intervention de chacun.

Après avoir étudié chaque étape du questionnaire, il faut encore approfondir la notion de réintégration ou de réinsertion sociale en ergothérapie puisqu'au fil de l'évolution de cette recherche, il est apparu que tous les comédiens ergothérapeutes n'utilisaient pas ce terme de la même façon.

D'une part, il est considéré comme le fait de réintégrer l'individu dans la société, une manière de réintroduire petit à petit le patient dans ses activités de la vie quotidienne et dans la communauté.

D'autre part, la notion d'insertion sociale est perçue par certains professionnels du domaine comme toute activité favorisant le retour intégral ou partiel de l'individu examiné dans la communauté ; par exemple l'aide et la facilité octroyées à ces gens-là pour accéder à leurs droits et à leurs obligations attachées à la vie collective.

En France, il y a un autre sens accordé à cette notion avancée par Gilles Vidon depuis le début des années quatre-vingt-dix qui s'est référé à plusieurs courants[206] de pensée, comme la psychothérapie institutionnelle, la sectorisation psychiatrique et le mouvement de création d'alternatives à l'hospitalisation. Il s'agit de la réadaptation ou de la réhabilitation. Selon ces avancées, la démarche de réhabilitation doit pouvoir proposer à l'individu des réponses adaptées à ses besoins et à tous les facteurs provoquant une entrée en psychose et qui incitent à les corriger et qui permettent une véritable insertion accompagnée par des objectifs motivants et plausibles. Il développe ses recherches en affirmant que la réadaptation est l'ensemble des soins distincts et spécifiques s'adressant à des personnes souffrantes, après avoir passé la période des soins curatifs adéquats. La notion de réinsertion ou plutôt d'insertion tout court, apparaît chez la personne examinée comme problématique, mais elle est susceptible d'être résolue dans le plus bref délai et elle arrive ainsi à participer de façon libre et responsable à sa vie personnelle et sa vie commune. Tout simplement, la réinsertion sociale est un procédé de réadaptation de la personne malade. En effet, le comédien ergothérapeute s'intéresse à la réinsertion sociale du patient parce que ses pathologies l'empêchent de s'intégrer et de s'adapter mentalement dans la société.

Il y a d'autres artistes qui utilisent la réhabilitation dans le sens de la littérature anglo-saxonne qui signifie en psychiatrie

---

[206] Gérard MASSÉ, *« Pour une réhabilitation psychosociale à la française »*, éd., Revue, L'information psychiatrique, avril 2004, Vol., 82, 291-296. Repris dans les ouvrages de Gilles VIDON, *« La réhabilitation psychosociale en psychiatrie*, Paris : Frison-Roche, 1995 et Gilles VIDON, *« Comment le terme de réhabilitation est-il apparu dans notre environnement culturel ? » In* : ARVEILLER J-P, éd. *Pour une psychiatrie sociale, 50 ans d'action de la Croix-Marine*. Érès : Ramonville Saint-Agne, 2002.

l'apprentissage d'un ou des comportements ou des attitudes. Il permet à l'individu de retrouver ses activités ou de pallier un déficit gênant.

Il est indispensable de parler de la réinsertion sociale en utilisant les moyens de la réhabilitation psychosociale avant de définir ses objectifs. Cette action dramatique a un but général et prend en considération l'état de santé du malade. Elle essaie d'améliorer, de maintenir et de restaurer la qualité de vie de l'individu touché par des problèmes psychiatriques en l'aidant à se prendre en charge et à maintenir sa vie quotidienne afin qu'il puisse travailler ou apprendre à vivre dans la communauté avec toutes formes de satisfactions possibles. *« Enfin, il convient d'établir la place de la réhabilitation psychosociale en psychiatrie. Selon Blondeau, Nicole et Lalonde [...], il existe plusieurs interventions spécifiques validées scientifiquement en fonction de la phase de la maladie. Les auteurs différencient la phase aiguë de la maladie de la phase de rémission ou de stabilisation. [...] je m'intéresserai à la phase de rémission dans la schizophrénie. [...] le but de la réhabilitation consiste à "maintenir un bon contrôle sur les symptômes, à minimiser les stresseurs agissant sur le patient, à diminuer le risque de rechute et à favoriser la réhabilitation par l'acquisition de stratégies adaptatives." Selon certains auteurs, ce stade nécessite la mise en place d'interventions psychosociales spécifiques pour diminuer le risque de rechutes. Ce risque de rechute est [...] élevé durant les cinq années suivant la première crise. De plus, le nombre de rechutes pourrait être associé à une plus grande résistance au traitement. Il est donc primordial que les soins soient spécifiques et adaptés aux patients pour limiter le risque de rupture. Les interventions psychosociales sont donc un moyen pertinent dans la prise en charge évolutive des personnes souffrant de troubles psychiques. Toujours selon Blondeau [...] il existe trois interventions psychosociales spécifiques de la phase de rémission :*

** Les interventions auprès des familles : Celles-ci ont pour but d'amener le patient et sa famille à une position de collaboration active pour avoir une vision plus réaliste de la maladie. [...] On peut [...] citer le programme Psychose : Aider, Comprendre, Traiter.*

** Les interventions communautaires : Dans ses interventions, on peut citer les techniques de soutien à l'emploi, les suivis individuels en équipe dans la communauté.*
** Les interventions individuelles : [...] les thérapies d'inspiration cognitivo-comportementale comme le programme IPT ou des techniques visant à améliorer les schémas cognitifs. Il s'agit notamment de la thérapie COPE (Cognitively Oriented Psychotherapy for Early Psychosis). »*[207]

a) La scène : espace intermédiaire et de créativité

L'espace du jeu n'a pas de limites. Il est très vaste et il peut se prolonger vers toutes formes de créativités selon l'individu, sa culture et sa liberté. Son espace constitue l'ensemble de son vécu, de son histoire et de toutes ses expériences tant personnelles que professionnelles. Pour mieux étudier la réintégration, la réinsertion, la réhabilitation ou la resocialisation du patient, il faut donc mettre son espace de vie dans l'étude fonctionnelle de façon indivisible, individuelle et collective. Chaque individu a son espace à lui qui lie son expérience et son environnement.

C'est le lieu convenable pour analyser sa réalité psychique, ses comportements et son mode de vie en fonction du monde existant. C'est pourquoi il faut considérer cet espace dans l'imaginaire et dans la créativité du patient pour pouvoir assurer son développement de façon progressive. Il développe la capacité de créativité, d'imaginaire, de production et il est utile pour mesurer le développement du soi.

C'est pourquoi il faut toujours aider le patient à découvrir ce qu'il est et ce qu'il représente pour mieux solliciter sa créativité. Il découvre sur la scène en même temps que le comédien ergothérapeute, ses goûts, ses désirs, ses passions, ses habilités, ses envies, ses manières d'agir et de réagir ainsi que ses attachements, c'est-à-dire que c'est le lieu idéal pour découvrir et développer tout ce qui le caractérise. Le jeu contribue à l'épanouissement, à la connaissance et à l'équilibre du patient, ce qui n'était pas possible avant l'intervention.

---

[207] Victor ROLLAND, *« Réinsertion sociale et schizophrénie : Utilisation d'un programme de remédiation cognitive par l'ergothérapeute », op. cit.*, p. 7.

C'est dans l'espace du jeu que le patient regagne un sentiment de confiance et de sécurité et qu'il identifie les mesures d'accompagnement prévues à son égard. La plupart des artistes intervenant dans ce domaine le considèrent comme un espace de transition et de repos.

b) La mise en œuvre de l'atelier

La répétition de la scène et la représentation sont en principe deux moments différents dans chaque réalisation d'une pièce de théâtre, mais ils sont indispensables pour mener à bien l'étude d'expérimentation théâtrale. La répétition est la phase la plus difficile pour chaque comédien puisque c'est la partie ou la phase la plus chronophage de toutes les étapes avant d'arriver à la phase finale qui est la représentation de la pièce. Dans chaque atelier, le patient reprend et retravaille les mêmes thèmes et évolue progressivement avec l'équipe encadrante. Les grands hommes du théâtre disent qu'il n'y a pas de représentation sans répétitions. Elle est indispensable au jeu dramatique, même si certains projets d'expression scénique n'ont pas une finalité représentative. Le fait de prévoir des séances de répétition permet de stabiliser la vie du patient et de bien repérer les étapes et les modifications de la pièce étudiée. Elle demande une implication de chaque personne dans chaque personnage.

La représentation est le fait de représenter publiquement le travail effectué de semaine en semaine, dans le but de solliciter l'avis du public d'une part, et, d'autre part, pour constater l'évolution des participants.

Certains comédiens ergothérapeutes expérimentant les malades touchés par la schizophrénie expliquent que le traitement neurologique n'apporte pas un changement total à la vie sociale et/ou professionnelle du malade examiné, puisque la plupart de ces malades ont ou gardent en général un symptôme négatif considérable.

« Dans le but de la réinsertion, il faut adjoindre au traitement de base des actions psychosociales et psychothérapeutiques. […] il est primordial de prendre en compte les troubles cognitifs retrouvés dans la schizophrénie. En effet, les troubles cognitifs ont des conséquences sur l'aspect microsocial et macrosocial de

la personne. [...] il convient d'expliquer le concept de traitement de l'information. Ce concept englobe tous les processus de classification, d'association et d'évaluation des informations à la base des comportements et du vécu. La théorie du traitement de l'information cherche à comprendre comment les informations sont saisies, comprises et traduites en conduites observables. Les patients schizophrènes souffrent de troubles du traitement de l'information. En effet, Pomini et al [...] mettent en avant des troubles cognitifs de base se répercutant sur le système. On peut citer [...] la difficulté dans la sélection de stimuli, dans l'identification de stimuli et des difficultés dans la formation de concepts. [...] Les patients schizophrènes réagiraient de façon excessive à des indices immédiats, mais négligeraient des stimuli plus éloignés dans le temps. Cette capacité d'apprentissage comportementale est sous la dépendance des fonctions neurocognitives de base comme la mémoire, l'attention, mais aussi d'éléments psychologiques comme les biais de perception des évènements. Elle dépend aussi de facteurs subjectifs comme la motivation ou le sentiment d'efficacité personnelle. [...] pour accroître l'efficacité d'un comportement social, on peut : améliorer les fonctions neurocognitives, enrichir le répertoire comportemental, améliorer le sentiment d'efficacité, diminuer les biais cognitifs, accroître l'apprentissage de problèmes interpersonnels et modifier l'environnement du patient. [...] Ils ont développé un modèle selon lequel les troubles du traitement de l'information se répercutent sur d'autres niveaux de fonctionnement et se renforcent mutuellement sur leurs effets fonctionnels. Les auteurs ont donc développé des cercles vicieux pouvant expliquer ces interactions fonctionnelles perturbatrices. »[208]

Pour faire fonctionner un atelier de théâtre ergothérapeutique il faut donc un lieu fixe dédié pour le travail, des horaires précis, avoir les mêmes référents dans chaque exercice, mais aussi le groupe de travail doit être le même avec peu de changements. Il est impératif que tous les participants aient les mêmes conditions, les mêmes règles et les mêmes obligations afin d'assurer un dynamisme de groupe.

---

[208] *Ibid.*, p. 13.

B] Le théâtre pour les personnes âgées

Les personnes âgées constituent un intérêt particulier chez les professionnels médicaux, mais aussi paramédicaux dans la mesure où elles sont touchées dans leur santé mentale par la maladie et par la vieillesse. Elles souffrent d'un certain nombre de problèmes qu'elles ne connaissaient pas dans la vie active tels que la stigmatisation, l'image que leur renvoie la société ou leur entourage tout comme l'exclusion. Les personnes âgées ne sont pas capables de suivre le rythme de l'évolution rapide de la société, car cela demande un effort constant d'adaptation et d'équilibre qui leur manque à cet âge.

L'intérêt que présentent les personnes âgées est que l'opinion publique considère la vieillesse comme un déclin inéluctable.

Le but de prendre en charge les personnes âgées et de les aider dans une large mesure à affronter un triple défi indispensable à leur âge. Elles doivent se battre contre les problèmes et les difficultés liés à leur âge comme le vieillissement physiologique, l'image renvoyée par leur entourage qu'elles trouvent parfois dégradante, ennuyante et négative, parallèlement elles doivent se battre contre les pathologies de l'âge avancé. C'est ainsi que les comédiens s'engagent à dénoncer et à éradiquer les idées fausses qui touchent les personnes âgées afin de faciliter la compréhension de leurs troubles, l'isolement de chacune d'elles et de mieux traiter toutes les maladies de leur âge avancé. Cette manière de dénonciation a incontestablement dominé les ateliers et la pratique des comédiens exerçant dans les établissements de soins plus particulièrement en ergothérapie depuis les années soixante.

1) Les causes fréquentes des pathologies affectant l'âge avancé

Les personnes âgées dans ce monde contemporain sont touchées par la dépendance. Cette pensée est naissante en matière de santé publique, mais elle occupe une place prépondérante en atelier d'ergothérapie et en art dramatique au cours de ces trois décennies. Cette population souffrant d'une maladie d'impulsivité – la schizophrénie – entraîne un abus de médicaments agissant sur le fonctionnement psychique et elle se réfugie dans la consommation d'alcool et/ou des produits toxiques. La Société canadienne de la schizophrénie précise qu'environ 50 %[209] des personnes qui ont bénéficié d'un diagnostic de schizophrénie éprouvent aussi certains problèmes liés à la consommation de drogue, d'alcool et d'autres produits nocifs ou à la dépendance à toutes sortes de subsistances psychoactives. Les personnes âgées ont une instabilité croissante des troubles et des problèmes psychologiques. Leur catégorie sociale est fortement diminuée. Elles perdent des valeurs sociales, psychiques et le fait d'exister pour oublier ou éviter la mort cliniquement annoncée.

Le schizophrène a deux facteurs pathologiques amplifiant sa fragilité due à l'âge avancé : d'une part, il y a les atteintes psychoaffectives et, d'autre part, les affections psycho-organiques. Ils développent d'autres branches conséquentes qui en renforcent les causes principales : le poids de thérapie médicamenteuse, la peur de l'inconnu, la peur des accidents, la peur de perdre du poids, mais aussi de son propre vieillissement ; l'intériorisation du sentiment de faiblesse, de stigmatisation et l'élimination de toute évidence.

a) D'autres causes possibles pour une prise en charge

Les comédiens ergothérapeutes prenant en charge les personnes âgées s'attachent un peu plus à leurs participants aux ateliers, car ils considèrent que le théâtre est le moyen le plus rapide pour éradiquer les troubles mentaux. Ils essaient donc de renforcer certains mécanismes pour supprimer la stigmatisation des personnes d'âge avancé atteintes des troubles psychiques. Ce renforcement est effectué à partir des actions culturelles telles que prendre en considération les différences, les attachements et les croyances significatives ayant un sens particulier dans la vie de la personne âgée, mais aussi dans la société. L'ensemble des méthodes et des moyens mis en place par la technique de l'ergothérapeute prend en compte le lien de causalité de la maladie psychique. Les ergothérapeutes envisagent avec les

---

[209]http:www.schizophreniaandusbstanceuse.ca/french/sutepagesF/familiersF.html, consulté le 21 octobre 2018.

membres de la famille ce qu'ils considèrent comme solution tout en retenant leurs propositions.

À chaque étape, des mesures obligent le professionnel à prendre en compte l'instabilité économique et sociale de la personne âgée telles que la guerre – affluence des réfugiés –, sans domicile fixe ou émigration, puisque ces cas représentent une porte ouverte à la stigmatisation et aux injures faites aux patients de toutes catégories d'âge, souffrant d'une ou de plusieurs pathologies mentales.

L'intérêt porté à ces personnes âgées est renforcé du fait de la négligence ou de l'absence de mesures ou de stratégies préventives et de politiques de traitement des maladies mentales. Il y a surtout un manque d'information et d'éducation de la personne malade, et aussi du professionnel médical et du public de proximité afin qu'ils puissent comprendre la valeur que représente une personne âgée et sa santé. Cette prise de connaissance aide la population à comprendre le niveau de discrimination sexuelle à l'égard de la population des personnes âgées où les femmes sont encore plus touchées que les hommes.

b) Quelques conséquences possibles de troubles mentaux

La personne âgée souffrant d'un ou de troubles mentaux comme la schizophrénie et qui subit de multiples stigmatisations sans bénéficier de prise en charge, va fort probablement développer des attitudes négatives comme : *« Les idées de préjudice dans la pensée populaire qui désigne la personne atteinte mentalement comme dangereuse, faible, irresponsable [...] ; l'association de la vieillesse à la faiblesse, à la maladie, aux bizarreries, à l'inflexibilité, à l'improductivité [...] ; le développement d'idées fausses selon lesquelles les individus seraient responsables de leur maladie et de ses conséquences ; l'émergence de clichés populaires [...] la conviction traumatisante chez les victimes de stigmatisation se traduisant par la gêne, la dévalorisation, le recul devant la possibilité de discuter de leurs problèmes, les empêchant d'accéder aux services ; l'apparition de sujets tabous fuyant le débat public ; l'instauration d'attitudes professionnelles négatives [...] des personnes âgées souffrant de maladie mentale ; le renforcement d'opinions professionnelles alarmistes relatives aux besoins, à la charge et aux coûts des soins.*

Ces constats situent bien le problème de la personne âgée, qu'elle soit saine ou atteinte dans sa santé [...]. Nous percevons [...] des notions ou des mots clés tels que : lourdeur de la charge, dangers, improductivité, incapacité, etc. »[210]

2) Les facteurs d'orientations d'une prise en charge

La plupart des recherches faites en psychiatrie avancent trois grands axes pathologiques ou paramètres d'orientations de prise en charge du patient atteint de troubles psychoaffectifs qui constituent l'essentiel ou les principes de base des pathologies rencontrées en sciences d'études psychiatriques. Il s'agit de la dépression, de la démence et de la décompensation psychotique. Ces trois facteurs touchent la personne de l'âge avancé, souffrant de schizophrénie.

Ces trois axes sont travaillés de façon non identique parce qu'ils sont attachés ou associés à différents paramètres dont il faudra toujours tenir compte du début jusqu'à la fin de l'atelier dramatique, de façon personnalisée. *« Ils constituent des nœuds auxquels chaque approche thérapeutique impliquée dans la situation se doit de trouver une réponse appropriée [...] en fonction de ses propres outils. Nous remarquons que des trois catégories pathologiques énumérées ci-dessous, deux appartiennent au registre psychoaffectif et la troisième au registre particulier des troubles psycho-organiques. Le fait de bien distinguer ces deux versants n'est pas fortuit [...], le concept d'application ergothérapeutique diffère, selon qu'il s'adresse à l'une ou à l'autre "famille" pathologique. »*[211]

En parlant de la prise en charge de l'âge avancé en ergothérapie, cela confond les deux notions de réadaptation et d'adaptation. Peu importe les moyens de prise en charge, soit en psychiatrie soit en ergothérapie, la mission de l'une ou de l'autre impose une obligation de répondre à leur impératif tout en optant

---

[210] Marie-José MANIDI, *« Ergothérapie comparée en santé mentale et psychiatrie », op. cit.*, p. 263.
[211] *Ibid.*, p. 267.

pour des objectifs et des actions extra-hospitalières. Car il existe toujours des liens entre la maladie et le milieu dans lequel vivait le patient avant, pendant et après la maladie. Les comédiens installent dans leurs champs d'études une trilogie d'interactions : patient, activité et environnement. Mais dans tous les cas, le patient est au centre de l'activité et de l'environnement. C'est pourquoi, avant de lancer le processus de l'atelier, il faut inciter et pousser les limites de la pensée et de la réflexion pour toucher d'autres sciences et disciplines susceptibles d'apporter une solution.

Cette recherche propose une vision globale à prendre comme exemple d'orientation en soins ergothérapeutiques fondés sur des activités dramatiques. Le patient est pris en charge en fonction de ses troubles dépressifs qui en général sont fréquents chez la personne âgée. Il en est de même lorsqu'il présente une augmentation de ses pertes cognitives et qu'il demande un accompagnement aux soins. *« L'intervention précoce en matière d'atteinte organique cognitive peut atténuer l'augmentation des démences dues au vieillissement démographique et le problème de l'augmentation régulière du nombre de personnes nécessitant des prestations de santé. La polymorbidité chez les personnes âgées nécessite une approche intégrée [...]. Des mesures ciblées de prévention et de rééducation auprès des personnes âgées permettent d'atténuer [...] le problème de l'augmentation continue, due au vieillissement démographique, du nombre de personnes nécessitant des prestations de santé. Il n'est pas dans l'ambition de ce texte de s'approprier une science comme la démographie. Il s'agit simplement d'attirer l'attention sur l'influence que peuvent avoir des mesures de réadaptation, de prévention et de compréhension des phénomènes influençant la santé publique, afin de permettre la mise en place des solutions les plus appropriées. »*[212].

a) Signes de dépressions et de décompensations psychotiques

La personne âgée ou toute personne souffrant d'une schizophrénie conséquente présente des états dépressifs qui

[212] *Ibid.*, p. 266

motivent la prise en charge. Il y a par exemple l'agressivité, le manque de temps, la culpabilité, la souffrance morale, la haine et le manque d'envie.

Elle a aussi d'autres états de décompensation psychotique comme la gestion de l'angoisse via ses mécanismes de défense, la relation de cause à effet, l'allusion à la réalité et à l'imaginaire, les difficultés gênant le discernement et la distinction entre l'agréable et le désagréable, tout comme l'espace et la distance et autres.

b) Les signes de la démence

La personne présentant une défaillance psychologique de type démence a forcément des aliénations mentales, une altération des facultés corporelles ou mentales ou même des troubles psychiques ou neuropsychiques selon les normes du droit pénal.

Le psychothérapeute doit présenter les attitudes telles que : *« Admettre le discours du dément comme un désir de communiquer ; considérer ses propos comme significatifs de ce qu'il est, de ce qu'il éprouve ; s'adapter au degré de détérioration : en s'accommodant des changements progressifs des modes de communication qui deviennent moins informatifs, qui laissent la place à l'échange émotionnel ; s'adapter aux capacités déclinantes [...]: en renonçant progressivement à aider à affronter le futur, en adoptant un mode d'approche instantané limité au présent ; aider dans le dialogue à identifier les liaisons entre le présent et les fragments du passé [...]; aider, par la répétition des contacts, à établir une permanence externe par la constance dans le mode d'approche, par la constance dans le style de communication. »*[213]

3) Existe-t-il une responsabilité administrative des hôpitaux pratiquant des soins psychodramatiques ?

Le *« Programme Culture à l'Hôpital »* intégré dans la politique de santé publique n'a pas évoqué la responsabilité

---

[213] *Ibid.*, 127.

pénale des établissements de soins pratiquant l'art de Molière comme processus ou forme de soins.

Quel est donc le régime juridique applicable en cas de responsabilité pénale engageant l'institution de soins faisant du patient la victime des faits artistiques ?

À ce jour, il n'y a pas de cas constaté où un patient se soit déclaré d'avoir été victime d'une activité dramatique et artistique au sein de l'hôpital. Toutefois, prenons l'exemple des soins artistiques exercés par des infirmières non initiées au savoir-faire artistique, au sein d'un établissement psychiatrique ou ergothérapeutique. Il se pourrait qu'un jour un patient bénéficiant de soins artistiques, considère que les soins exercés n'ont pas permis d'éradiquer ou d'éviter la souffrance et/ou la survenance d'un préjudice. Ainsi le suicide d'un patient, souffrant d'un trouble psychiatrique et ayant participé aux ateliers dramatiques de l'institution, pousse à s'interroger sur l'existence d'une faute pénale susceptible d'engager la responsabilité de l'hôpital. Il faut tout d'abord comprendre que le passage à l'acte suicidaire est l'un des facteurs principaux incitant la prise en charge du patient dans les services de psychiatrie et/ou d'ergothérapie. Lorsque le patient présente des comportements suicidaires, il peut être placé en soins psychiatriques par sa volonté ou à la demande d'une autre personne ou à la demande d'un représentant de l'État. Dans certains cas, le législateur donne la possibilité aux soignants d'user de la force pour soigner le patient lorsque celui-ci présente un comportement qui peut entraîner la mort. C'est pourquoi, dans certains cas, le geste suicidaire peut être considéré comme attaché à la pathologie mentale.

Si la responsabilité de l'établissement est engagée, il est donc indispensable de chercher la situation juridique de la victime, mais aussi du professionnel exerçant. Tout d'abord, le patient en soin libre n'a pas la même situation juridique que le patient retenu contre son gré et pour lequel des mesures de contrainte sont utilisées afin de lui empêcher la mort. Ce dernier serait victime de voies de fait lorsqu'il est retenu au-delà du temps essentiel pour assurer sa prise en charge. Il n'est jamais possible pour l'équipe de procéder à des mesures contraignantes pour un patient en soin libre, sauf dans une situation d'urgence.

La prévention à l'acte suicidaire et à l'acte auto-agressif est l'une des priorités du psychiatre et de l'ergothérapeute professionnel. *« Il n'existe cependant pas sur cette question d'obligation de résultat à la charge du service public hospitalier. Si cela était le cas, le risque serait d'aboutir à un régime d'hospitalisation basé sur la présomption de dangerosité, sur l'interdit et la suspicion généralisée. »*[214]

Dans ce genre de situations, il y a des conséquences importantes tant sur les droits du patient que sur les obligations à la charge du service public.

Est-il possible d'utiliser les principes du droit en soins psychiatriques dans les ateliers psychodramatiques et ergothérapeutiques ? Si le comédien en charge de soins n'est pas un professionnel de l'hôpital, c'est-à-dire un artiste de l'extérieur exerçant à l'hôpital, quelle est donc la règle de droit applicable ?

Dans chaque type de prise en charge, il faut absolument une réglementation et des obligations spécifiques. Il n'est pas possible que le professionnel artistique exerce à l'hôpital sans une protection juridique.

Que se passerait-il lorsque les dommages causés au patient souffrant de troubles psychiques en soin psychodramatique ou en soin ergothérapeutique engageaient la responsabilité de l'établissement de soins ? Même si la loi n'a pas évoqué la responsabilité des dommages causés lors des soins artistiques, il serait tout d'abord important d'étudier la position et l'obligation pesant sur l'institution au moment des faits. C'est pourquoi il est indispensable que le législateur essaie de partager la responsabilité de chacun dans les soins dramatiques de l'hôpital. Certes, la loi s'intéresse aux soins des établissements psychiatriques, mais elle reste silencieuse sur la pratique artistique au sein dudit établissement.

---

[214] Éric PECHILLON, *« La responsabilité administrative de l'établissement pratiquant du soin psychiatrique »*, CAA Bordeaux, Consort A. C. Centre hospitalier de Brive, 9 avril 2013, n°12, p. 2.

Paragraphe 2 – La thérapie cognitive et comportementale

Pourquoi le comédien ergothérapeute exerce-t-il une thérapie cognitive et comportementale dans ses ateliers d'expérimentations ? Quel est le lien entre ces deux notions ?

Dans chaque exercice, l'artiste travaille davantage sur l'apprentissage d'un processus comportemental. Ce choix est motivé par deux raisons. La première est que le comportement se manifeste très bien avec l'art dramatique et toute activité physique. La seconde est que l'exercice sur la réactivation des cognitions se fait de façon continuelle en psychothérapie.

Le modèle cognitif développé par le théâtre dramatique et adapté au patient souffrant de démence ou de retard mental ne concerne que la population des personnes atteintes de troubles et présentant des pathologies de schizophrénie. Cette approche consiste à favoriser le traitement du patient souffrant de troubles psychiatriques et à lui apprendre un modèle de vie et de comportement qu'il souhaiterait dans le but de mieux organiser, orienter et programmer de façon efficace les soins psychodramatiques dans l'espace et dans le temps. Lorsque le comédien engage une thérapie cognitive et comportementale, cela signifie que le patient est bloqué dans une attitude inadaptée et c'est donc à lui de prévoir des mesures suffisantes adaptées au changement comportemental. Le schizophrène est initié dans un ensemble de conduites tout en contrôlant les actions qu'il produit : affection, raisonnement, émotion, pensée et anticipation, mais aussi la manière dont il appréhende la vie réelle.

Comment l'approche cognitive et comportementale est-elle appréhendée dans une activité psychodramatique ?

Il s'agit donc de prévoir une activité tout en tenant compte du temps et de l'espace. Prenons par exemple le voyage comme thème de travail en séance ergothérapeutique et psychodramatique.

Monsieur W. part en voyage tout seul. Il passe acheter son billet, prépare ses valises, part à l'aéroport à l'heure, pèse et procède à l'enregistrement de ses bagages, suit la file d'embarquements, monte dans l'avion, s'installe, attache la ceinture, descend à destination, prend ses bagages, prend un taxi, arrive à l'hôtel, prend une douche, mange et s'allonge sur son lit pour se reposer.

Cette activité demande une gestion du temps, le respect de procédures, d'avoir de la patience, de contrôler son attitude, de respecter ses co-voyageurs et les normes aéroportuaires. Les autres participants jouent les autres personnages ou rôles pour l'accompagner tout au long de son voyage. Les séquences comportementales suivantes dévoilent le niveau de gestion du temps, de l'espace et de comportement du patient. En principe, le malade est contrôlé à chaque étape pour voir s'il respecte les règles, le temps ainsi que l'espace. Par exemple, pour prendre le taxi : regarder le taxi qui s'approche, lever la main pour faire signe au chauffeur, s'installer dans la voiture et attacher la ceinture, payer les frais de transport une fois arrivé à destination et faire descendre ses bagages. Si le patient répète la même scène tous les jours dans chaque séance et qu'il n'oublie pas des étapes, cela permettra de soigner petit à petit la gestion comportementale et ses fonctions cognitives.

A] Les différentes théories de l'apprentissage

L'expérimentation menée pour Monsieur W. permet de comprendre l'évolution des comportements et comment ils sont produits. En réalité, l'étude expérimentale en général ou l'approche de thérapie cognitive et comportementale en particulier tient compte de tous les éléments et de tous les détails pour mieux analyser les microévolutions cognitives et comportementales. Elle analyse la situation, la réponse ou le détail de chaque comportement exprimé comme réponse à cette situation, et aussi les résultats agréables, désagréables, positifs ou négatifs issus des comportements de Monsieur W.

Pendant l'exercice, le comédien ergothérapeute en charge de l'atelier note dans le cahier de suivi du patient tous les changements que Monsieur W. présente régulièrement dans les ateliers. Rappelons que Monsieur W. souffre de troubles psychiques présentant des pathologies de la schizophrénie.

En revenant sur l'évolution de son exercice de séquence comportementale, Monsieur W. doit prendre le vol à 13 h 45 pour partir à l'étranger. Le comédien considère comme signes évolutifs si le patient respecte la règle. Par exemple : pour prendre le taxi, il fait signe au chauffeur en levant le bras, il regarde s'il a bien vu, il recule pour permettre au chauffeur de garer la voiture et il s'assure s'il a bien mis ses valises dans le taxi, s'il a respecté les consignes de sécurité comme attacher la ceinture et s'il n'a rien perdu en cours de route. Il y a aussi le respect des procédures depuis l'enregistrement jusqu'à l'embarquement.

La modification comportementale que le maître du jeu essaie de mettre en place ou l'apprentissage de nouvelles figures comportementales dont il s'inspire sont au nombre de trois différentes théories dont deux sont étudiées depuis le milieu du XXe siècle, dès les années cinquante, par plusieurs laboratoires expérimentaux de manière clinique et thérapeutique.

1) Les différents conditionnements

Les sciences d'études psychologiques utilisent en principe deux processus d'apprentissage de comportements dans lesquels ne sont pas prises en compte les variables précédant la réponse, mais plutôt tous les produits qui suivent cette réponse. Ce savoir-faire est expérimenté en premier par Thorndike en 1911 en effectuant un apprentissage animal[215] et à partir de ses résultats, il formule la loi de l'effet en disant que tous les comportements sont appris selon les effets environnementaux. Un peu plus tard, en 1936, Skinner retravaillera sur ces deux méthodes[216]. Il s'agit donc de conditionnements opérants divisés en deux grandes parties : le conditionnement classique et le conditionnement opérant. Au-delà de ces deux méthodes, une troisième est appelée apprentissage par modèle[217] qui développe l'auto-efficacité par Bandura de l'Université de Stanford (1976).

---

[215] Marie-José MANIDI, *« Ergothérapie comparée en santé mentale et psychiatrie »*, *op. cit.*, p. 77.
[216] Burrhus Frederic SKINNER (1936, 1972, trad.), *« Par-delà la liberté et la dignité »*, éd., Laffont, 1971, Paris.
[217] Marie-José MANIDI, *« Ergothérapie comparée en santé mentale et psychiatrie »*, *op. cit.*, p. 78.

a) Le classique et l'opérant

L'expérience est menée en Russie par Ivan Sechenov, connu comme étant « le père de la psychologie russe. » Le conditionnement classique appelé aussi conditionnement répondant[218] a été développé par la suite par Ivan Petrovitch Pavlov en 1929-1930 de manière expérimentale avec des chiens. Ce comportement est issu d'une association de stimuli, c'est-à-dire de facteurs environnementaux susceptibles de stimuler le système du cerveau, mais aussi l'organisme corporel. Il expliquait que les comportements complexes sont susceptibles d'être réduits à une série des comportements conditionnés. *« Trente ans plus tard, Wolpe, en Afrique du Sud, publie en 1958* Psychotherapy by reciprocal inhibition *sur le déconditionnement systématique des troubles anxieux en se basant sur les théories du conditionnement classique. Isaac Mark (1967) développe la technique d'exposition prolongée aux stimuli anxiogènes. »*[219]

La méthode de conditionnement classique peut être expliquée par la formule suivante :

- Dans premier temps, il y a le stimulus neutre et la réponse neutre : SN + SI = RI (SN : stimulus neutre + SI : stimulus inconditionnel = RI : réponse inconditionnelle).

Autrement dit, dans l'expérience, il y a un stimulus neutre (SN) qui ne provoque aucun effet ou qui déclenche une réponse neutre (RN) et est associée à un stimulus inconditionnel (SI) qui en général, survient par hasard et sans aucun apprentissage, susceptible de déclencher une réponse inconditionnelle (RI). Cette formule explique clairement que le patient examiné manifeste automatiquement une forme d'émotion sans le vouloir bien sûr, par exemple le fait de pleurer après avoir reçu une gifle ou par exemple avoir le réflexe de saliver devant un plat du repas au moment où la faim se fait sentir.

- Dans un second temps, il y a le stimulus conditionnel et la réponse conditionnelle. Ici, la formule se représente de la

---

[218] Ivan Petrovich *PAVLOV « Conditioned réflexes »*, (trad. G. V. Anrep), Oxford: University Press, 1929, Londres.
[219] *Ibid.*

manière suivante : SC = RC (SC : stimulus conditionnel, RC : réponse conditionnelle).

La formule s'explique ainsi : le stimulus conditionnel (SC) qui était à la base le stimulus neutre (SN) provoque les mêmes effets que celui inconditionnel. Il s'agit donc de réponse conditionnelle (RC) pour désigner la réponse associée à un stimulus conditionnel.

La méthode de conditionnement opérant est à l'opposé du conditionnement classique initié par Ivan Petrovitch Pavlov. Le conditionnement opérant n'est pas lié à des réponses réflexes de base, mais plutôt à de multiples influences de l'environnement qui déclenchent soit positivement soit négativement le conditionnement.

Ces deux méthodes de conditionnement permettent de comprendre comment l'homme affronte les différents mouvements environnementaux pour pouvoir agir et analyser l'évolution de ses comportements.

b) La méthode d'apprentissage par modèle

L'apprentissage par modèle appelé aussi apprentissage social, apprentissage vicariant ou imitation de modèle. Il consiste à apprendre en marge du discours ou du geste du maître du jeu en le regardant faire, en l'écoutant ou en analysant ses actions. Le comédien ergothérapeute se met en action et le patient, par l'intermédiaire de l'observation, imite les faits et les gestes du directeur du jeu.

Ce mode d'apprentissage est très fréquent dans la vie réelle de tout le monde, car il englobe toutes catégories d'âges et toutes professions. C'est le cas pour les jeunes d'aujourd'hui qui cherchent à imiter des stars, des artistes, des comédiens, des acteurs ou bien même des mannequins, des images et autres.

Cette méthode intéresse aussi les comportementalistes, les environnementalistes, mais aussi les cognitivistes et les criminologues. Elle touche aussi les historiens américains qui l'appelaient auparavant l'étude de l'américanisation du monde occidental.

C'est la plus grande théorie qui tient compte de l'environnement à chaque imitation et évolution de comportement, mais aussi des effets sociaux de la personne. Dans certains cas, elle est considérée comme une régulatrice de comportements.

2) Le comportement inadapté

La science théâtrale dramatique considère comme comportement inadapté tout critère de rupture identifiée entre le patient et son milieu de vie et/ou son environnement. En général, il y a une inadéquation entre le comportement résultant du patient examiné et les contraintes sociales, culturelles et physiques liées à la production et à la contextualisation du comportement.

a) Les différents types de ruptures

Dans l'expérimentation du Monsieur W., le comédien retient toute forme de rupture empêchant l'évolution des comportements ainsi que le contexte psychophysique. Le patient souffrant de troubles mentaux et présentant des pathologies de la schizophrénie, son état de santé peut être identifié comme une rupture du fait de son incapacité psychique. Il n'est pas en mesure de gérer et d'assurer une continuité spatiotemporelle qui lui impose certains comportements afin de bien gérer et organiser non seulement ses séquences temporelles, mais aussi de bien assurer de façon ordonnée la succession de ces séquences.

Il y a encore la rupture liée au contexte social et relationnel démarquant le patient de sa classe sociale, de son niveau intellectuel, de ses besoins sociaux et affectifs qui provoquent un comportement inadapté ou bien même qui ne produisent aucun comportement – sans effets. Il serait jugé de façon abusive avec des interprétations négatives non seulement par ses proches, son entourage, mais aussi par la société en général : il est violent, c'est un attardé, il est agressif et autres. C'est pourquoi le patient ressentirait un sentiment d'isolement, une rupture relationnelle et un sentiment de rejet vis-à-vis de ses proches qui sont censés le protéger. *« La rupture avec le contexte culturel se réfère à l'image que la personne se donne à elle-même et donne aux autres, qui rend son rôle peu identifiable ou problématique par l'entourage. Le contexte culturel conditionne une grande variété de rôles depuis notre rôle sexuel [...] jusqu'aux rôles qui permettent d'identifier la personne dans sa spiritualité et ses valeurs les plus profondes. Les comportements inadaptés sont le résultat de cercles vicieux [...]. »*[220]

b) Nécessité de conscience au contrôle de comportements

Pour que le comportement soit adapté, il faut qu'il soit associé très étroitement à la conscience humaine. Parfois, des stimuli arrivent à changer de valeur suite à l'association avec des éléments affectifs, sans que l'individu soit en mesure d'identifier les associations réalisées. Par exemple les matchs de foot ou les campagnes publicitaires qui influencent les comportements ou les attitudes humaines, sans se rendre compte de l'événement et en l'absence totale de conscience sur l'origine de l'événement facteur du changement d'attitude.

Ce genre d'informations incite des polémiques quant aux manipulations que cela implique par le biais de messages subconscients dont l'être humain serait involontairement affecté et inconsciemment victime en tant que consommateur ou téléspectateur. C'est pourquoi Thierry Kosinski développait dans sa thèse l'idée que : *« Des études plus récentes suggèrent, au contraire, que les éléments capables d'influencer nos préférences ne seraient finalement pas ceux que nous ne pouvons pas identifier consciemment [...], mais plutôt, les éléments qui nous sont présentés et auxquels nous avons accès consciemment. »*[221]

B] Le processus thérapeutique

Après avoir étudié les comportements de Monsieur W. durant son voyage, il est maintenant indispensable de voir comment le comédien ergothérapeute va intervenir auprès du patient présentant des pathologies de schizophrénie et des comportements inadaptés au sens de la psychiatrie.

---

220 Ibid., p. 77.

221 Thierry KOSINSKI, *« Conditionnement évolutif : apports méthodologiques et réflexion cliniques »*, psychologie, Université Charles de Gaulle – Lille III, 2014, p. 24.

En principe, l'artiste intervient dans deux domaines importants : il participe aux processus de soins aigus et de soins de réhabilitation.

Le savoir-faire artistique et théâtral pratiqué au sein des établissements de santé se concentre essentiellement dans le cadre de soins de longue durée, de réinsertion, de réadaptation et de réhabilitation psychosociale. Ces concepts se situent aux interfaces des domaines sociaux, médicosociaux, mais aussi sanitaires. L'artiste souhaite insuffler un dynamisme porteur d'espoirs pour faire face aux handicaps d'origine psychique, mais aussi pour assurer un développement conséquent dans le domaine médical, social, et dans le champ médicosocial afin d'aider et d'encourager la participation sociale et la citoyenneté des personnes.

Le domaine d'intervention de réhabilitation recouvre aujourd'hui une série d'activités telles que les soins, l'accompagnement des personnes vulnérables dans le but de les inciter à reprendre leur autonomie et à pouvoir agir dans leur vie quotidienne et à renforcer leur relation avec leur environnement.

Certains professionnels du domaine artistique se posent la question de la limite de leur intervention. Si leur rôle est au centre de la personne malade et de toute activité lui permettant de reprendre sa vie et de surmonter l'ensemble des troubles psychiques sans en être forcément guérie, tout cela leur impose donc une intervention à la fois dans les soins, dans la remédiation cognitive, dans l'accompagnement, mais aussi dans la stratégie globale de compensation.

1) Le contexte d'intervention du comédien ergothérapeute

Les termes de réhabilitation, de réadaptation, de réinsertion, d'insertion ainsi que de réintégration s'installent progressivement dans la pratique artistique en soins psychiatriques pour répondre aux besoins et aux exigences des personnes atteintes de troubles psychiques.

Les spécialistes intervenant dans ce domaine assimilent la réhabilitation psychosociale et la réadaptation parce qu'ils constatent qu'il n'y a pas de raisons de se quereller sur des mots alors qu'en fin du compte, ils ont les mêmes processus de soins et ils envisagent les mêmes finalités. Certes, il y a l'articulation du champ de soins et du niveau social centré sur les particularités de la maladie mentale et qui prend en compte l'environnement économico-social, mais aussi familial et le contexte médicosocial qui impacte encore plus la science dramatique et psychiatrique.

Il faut encore repenser la notion du handicap que l'art dramatique associe à des critères qui vont au-delà des critères médicaux. Elle n'est plus liée à l'incapacité du patient, mais plutôt aux différents obstacles imposés par la société. Le handicap et la réadaptation sont deux termes utilisés dans la médecine physique dont ils ont ensuite importé les processus de soins en psychiatrie et en ergothérapie, comme il est bien indiqué dans les soins du centre de réadaptation sociale de Villejuif et celui de Ville-Évrard. Toutefois, ce concept reste encore problématique parce que, dans la pratique, beaucoup de professionnels ne sont pas du domaine et ils l'exercent sans formation. C'est pourquoi la pratique reste encore en situation critique du côté sanitaire et social sur la question de la prise en charge thérapeutique.

Il est donc question de savoir ce que les soins lourds et la réhabilitation psychosociale peuvent apporter de plus dans les lieux hospitaliers en résolvant cette problématique.

a) En soins lourds

Il est simple de constater que les soins de longue durée, en milieu hospitalier tout comme en institution thérapeutique à base de soins intermédiaires comme dans le cas de l'hôpital de jour ou d'Unité d'action temporaire, sont exercés par les équipes médicosociales en charge de soins thérapeutiques. Leurs missions principales ont pour objectif la diminution de la souffrance du malade soit par atténuation soit par compensation évolutive des troubles psychiques. En revanche, pour que les soins psychiatriques utilisent les différentes théories cognitives et comportementales, il faut que le comédien s'assure que le patient soit bien présent et que ses capacités de collaboration soient prises en compte.

Par exemple : dans l'appartement jugé insalubre et non aéré du patient schizophrène, un enfant asthmatique de moins de trois ans vit avec lui. Ici, il est question tout d'abord de prendre en compte la situation familiale du patient dans l'ensemble de ses soins. Mais ce cas-là dépasse l'équipe médicale soignante et pourtant elle est confrontée aux difficultés sociales du soigné qui sont susceptibles de porter préjudice à la santé et à la vie du patient lui-même, mais aussi à celles de l'enfant. La plupart des médecins disent qu'ils sont confrontés aux limites de leurs interventions, de leurs possibilités et qu'ils sont dans l'obligation de faire appel à d'autres professionnels comme ceux qui exercent dans le social et qui ont, à leur niveau, d'autres moyens et possibilités d'aider le malade, soit à diminuer ses difficultés, soit à résoudre le problème de façon définitive. L'équipe médicale peut aussi rallonger le fil d'appel en contactant d'autres spécialistes de médecine sociale comme les éducateurs pour la santé à proximité de la population.

b) En réhabilitation en milieu hospitalier

Du côté des soins de réhabilitation en milieu hospitalier, la personne est considérée de façon globale, sa vie, son milieu géographique et social, mais aussi le niveau de ses troubles psychologiques qui sont classés comme chroniques. Dans la plupart des cas, ce sont des patients atteints de troubles de schizophrénie. Dans ce cas, le traitement artistique et thérapeutique envisageable par le comédien en charge a pour but d'aider et d'entraîner le malade à acquérir des dynamismes neurocognitifs et psychosociaux d'une part, et, d'autre part, à reprendre les activités de sa vie quotidienne.

L'intervention du comédien peut être définie comme l'ensemble des actions mises en place pour assister les personnes souffrant de troubles psychiques dans un parcours de soins visant à faciliter et à encourager leur autonomie et leur indépendance dans la société.

2) Les axes d'intervention

Le professionnel opte pour une posture de retrait pour mieux observer et identifier les gestes et les comportements inadaptés du patient, mais aussi pour évaluer son niveau de collaboration indispensable. Il ne peut pas se limiter à ce seul niveau d'intervention parce que ses analyses et ses axes d'intervention sont multiples et repérés ou identifiés en quatre éléments principaux. C'est ainsi qu'il est essentiel de voir les points 1 et 2 sur le niveau 1 et les points 3 et 4 sur le niveau 2.

Avant d'étudier ces deux niveaux, il est nécessaire de parler du progrès réalisé par l'Association mondiale de réhabilitation psychosociale qui a édicté en 1996, avec la collaboration de l'Organisation mondiale de la santé, les principaux objectifs et les grands axes de la réhabilitation. Elles placent comme principaux axes d'intervention les éléments suivants : la réduction des symptômes de la maladie psychique ; la diminution des effets secondaires du traitement médicamenteux ; le développement de certaines compétences et dynamismes sociaux ; l'éradication totale de la discrimination véhiculée envers les malades mentaux ; le renforcement du niveau d'accompagnement des familles et des proches.

D'autres domaines d'intervention sont possibles selon ces deux institutions, et elles mettent au premier plan les domaines qui touchent le patient lui-même, en citant des actions de soins psychiatriques traditionnelles retenues comme des compléments ou en tant que valeurs ajoutées aux soins de base dans le secteur psychiatrique. Il est donc question de porter un véritable diagnostic de réhabilitation sur les bases suivantes : faire une évaluation fonctionnelle personnalisée sur les capacités d'autonomie soit sociales soit personnelles du patient ou sur ses ressources personnelles disponibles ; aider et/ou soutenir le développement ou la recherche des situations vulnérables de l'entourage et /ou de la famille ; fixer les objectifs à atteindre qu'ils soient sociaux, professionnels, éducationnels ou résidentiels ; programmer et faire le point sur la politique d'intervention.

L'ensemble de ces points touche évidemment la personne présentant les troubles et les symptômes de la schizophrénie puisqu'il parle de l'étude des comportements et des troubles cognitifs, ainsi que des techniques et des pratiques à mettre en place pour assurer la remédiation cognitive.

Ces institutions parlent aussi d'un second ensemble de mouvements de réhabilitation psychosociale qui évoque la société dans sa globalité, mais surtout les conditions d'organisation, d'attitudes et de comportements à l'égard de la personne souffrant de troubles mentaux. Mettre ces éléments en pratique en atelier dramatique améliore et réhabilite, petit à petit, la psyché du patient qui récupère ses fonctions psychophysiques grâce aux différentes interventions du comédien ergothérapeute.

a) Niveau 1 – points 1et 2

Cette partie étudiera les deux premiers points qui ont une structure d'évolution thérapeutique identique, mais le contenu de chacun est différent. Les deux axes principaux du processus artistique et thérapeutique sont les suivants :

Le comédien est obligé d'observer et d'identifier chaque détail des comportements inadaptés avec la participation du patient qui est indispensable : intensité, topographie, durée et fréquence des attitudes ou des comportements inadaptés. Lorsqu'il s'agit des soins aigus, l'observation constitue quelquefois l'essentiel de l'intervention du comédien ergothérapeute, surtout quand il ne reste que deux semaines d'intervention et que le malade décide de se retirer et de ne suivre aucun traitement en dehors de l'hôpital. Dans ce sens, l'observation est directement orientée avant le début de l'intervention vers l'amélioration des compétences sociales ainsi que vers celles de la vie quotidienne de la personne schizophrène.

Il est tenu d'analyser et de comprendre chaque problème qui parfois se divise en plusieurs parties. Le comédien ergothérapeute, avec l'aide du patient lui-même, analyse tout d'abord, l'interaction entre le contexte des troubles psychiques ou de la situation que vivent le patient et son organisation interne. Autrement dit, il analyse ce que le schizophrène perçoit de la situation et évalue son interprétation ainsi que ses anticipations. Ensuite, il cherche à repérer les comportements inadaptés ou toutes activités inadéquates et leurs conséquences produites sur le patient. Si par exemple le comportement inadapté est installé dans la vie du patient depuis un moment, les conséquences se développent progressivement et il se trouve dans une situation de production des mouvements et de comportements inadaptés.

b) Niveau 2 – points 3, 4 et 5 complémentaires

Cette partie aborde deux points principaux, complétés par un troisième complémentaire. Il est question :

- D'identifier en permanence avec l'équipe soignante et en collaboration avec le patient, les compétences essentielles à ce dernier, mais aussi au contexte, dans le but d'envisager un changement progressif des comportements inadaptés. C'est pourquoi il faut toujours chercher préalablement à connaître les ressources du malade et son contexte avant d'entrer dans la pratique. Sur ce point, il y a une petite différence entre les soins aigus et les soins artistiques et ergothérapeutiques parce qu'ici, le malade est bien en situation protégée. En revanche, il peut se trouver dans une autre situation dans laquelle ses ressources sont quasiment ou temporairement inexistantes. Quand il s'agit de soins de réhabilitation, ses ressources dépendent absolument du contexte, en effet l'ergothérapeute travaille en étroite collaboration avec le système et le réseau constitué par les proches et les familles ainsi que les professionnels.
- D'intervenir en situation thérapeutique sous forme de processus d'apprentissage en utilisant les techniques d'intervention parfois variées et souvent organisées de façon systématique, ce qui facilite bien sûr l'intervention.
- Dans ce dernier point complémentaire, le comédien évalue les objectifs thérapeutiques atteints en collaboration avec le malade. Dans le cas contraire, il doit mettre en place un changement de contexte dans sa vie quotidienne. Le patient arrivant en fin de traitement en soins aigus considère ça comme une rupture de vie. C'est pourquoi le comédien planifie un plan de réinsertion du patient de façon efficace, non seulement dans son milieu social, mais aussi professionnel et familial. Les comédiens ergothérapeutes sont appelés à être toujours présents et à être associés à chaque sortie du patient de l'hôpital psychiatrique. Du côté des soins de réhabilitation, des actions stratégiques d'insertion et de réinsertion dans les milieux sociaux et professionnels sont engagées en ateliers ou en structures associatives.

Section II – Les approches théoriques et les modalités de prise en charge du patient

Dans la deuxième partie de ce chapitre, le patient souffrant de schizophrénie sera au centre du programme IPT de Hans D. Brenner intégré dans le processus du traitement psychologique de la schizophrénie. Il est divisé en deux grands axes contenant chacun trois petits modules : le premier est consacré à la méthode de la remédiation cognitive et à l'entraînement des compétences sociales ainsi qu'à la communication verbale ; le second est centré sur les différents axes basés sur l'entraînement des compétences sociales ; le troisième est plus précisément consacré à la gestion des émotions d'une part, et, d'autre part, à la méthode de résolution des problèmes interpersonnels signalés avant la mise en œuvre de l'exercice.

Ce programme est apparu plus efficace sur le traitement des neurocognitifs, et aussi sur les méthodes d'activation du fonctionnement social et psychopathologique, au détriment de traitements usuels ou d'autres traitements qui ne font pas appel à l'usage des méthodes d'entraînement des compétences sociales et de remédiation cognitive.

Pour développer davantage cette section II étudiant les approches théoriques et les modalités de prise en charge du malade, il paraît indispensable de voir aussi les recherches sur le Programme du Traitement d'Intégration Psychologique du patient en ergothérapie *(Integrated Psychological Treatment),* en paragraphe 1 et en paragraphe 2, sur la prise en charge du patient.

Paragraphe 1 – Le programme du Traitement d'Intégration Psychologique du patient en ergothérapie

A] Le rôle du programme ITP dans l'entraînement des fonctions cognitives et des compétences sociales en ergothérapie

Avant de parler du rôle du programme IPT, il faut définir tout d'abord son champ d'intervention. Son travail se centre en principe dans la remédiation cognitive. Toutefois, il existe plusieurs types de remédiations cognitives, telles que les techniques de remédiation cognitive à base de système d'entraînement des fonctions neurocognitives, mais aussi les techniques de remédiation cognitive qui ont pour objectif l'amélioration et le développement des habiletés sociales. Toutefois, cette recherche s'intéresse aux premières méthodes, mais elle parlera aussi de quelques avancées sur les deuxièmes méthodes.

Ce programme expérimente ses recherches en utilisant la définition suivante : la remédiation cognitive est l'ensemble des techniques favorisant une activité d'apprentissage à l'égard du patient qui apprend à être très attentif, capable de résoudre ses problèmes, de traiter très rapidement les données et les informations qu'il a recueillies et de se les remémorer en cas de nécessité. Les artistes précisent que ce genre d'exercice traite les déficits cognitifs tels que l'attention et la mémoire. Ils jouent un rôle sur la rééducation des fonctions cognitives de neuroplasticité dans le but de réentraîner la partie du système nerveux dont les fonctions sont déficitaires, mais aussi sur des déficits sociaux. C'est pourquoi les ateliers théâtraux prennent toujours une forme particulière comme la réhabilitation psychosociale.

Le programme travaille aussi sur d'autres cibles de remédiation cognitive, comme la flexibilité, le processus d'organisation et de planification, la capacité d'inhibition, la mémoire de travail, le contrôle de moteur, la mémoire verbale, la mémoire spatiale, etc., et il intervient sur les fonctions exécutives.

La maladie de la schizophrénie connaît d'autres programmes avancés comme RECOS[222] de Nicolas Franck, professeur des universités et praticien hospitalier, responsable du Centre ressource de réhabilitation psychosociale et de remédiation cognitive du centre référent lyonnais en réhabilitation et en remédiation cognitive. L'idée de ce professeur est d'assurer une remédiation cognitive individualisée fondée sur des techniques

---

222 Victor ROLLAND *« Réinsertion sociale et schizophrénie : Utilisation d'un programme de remédiation cognitive par l'ergothérapeute »*, *op. cit.*, p.15. RECOS signifie *« Remédiation cognitive pour la schizophrénie ou trouble associé. »*

cognitives adaptées spécifiquement au patient. Ses exercices se pratiquent avec du papier et des crayons ou avec l'ordinateur, selon cinq modules : attention visuospatiale ; attention sélective ; mémoire de travail ; mémoire verbale et raisonnement.

Il y a aussi le Programme de Renforcement de l'Autonomie et des Capacités Sociales (PRACS)[223], développé pour garantir la vie du patient dans sa globalité grâce à des exercices d'entraînement psychoéducatif réalisés comme une alternative sociale. Ce dispositif est fondé sur deux types d'approches : d'une part, la remédiation cognitive et, d'autre part, la psychoéducation. Il a comme objectif principal de rechercher les problèmes et de trouver des solutions concrètes pour la vie quotidienne du patient, ainsi que de l'aider à réaliser ses projets personnels. Les ateliers de ce PRACS s'intéressent à quatre domaines d'intervention pour développer les compétences sociales du patient : développer ses capacités de communications et de loisirs ; savoir gérer son argent ; savoir gérer son temps ; et améliorer sa présentation.

Par exemple : dans un exercice de jeu de rôle, le patient souffrant de troubles de schizophrénie apprend comment gérer son planning, son agenda, comment résoudre ses problèmes. À travers le jeu, le patient développe petit à petit ses compétences pour améliorer les habiletés sociales dans une activité ludique. En effet le jeu de 6 et 9 permet au patient de se situer et de canaliser ses problèmes ainsi que d'analyser la situation, de comparer ce qu'il voit et ce que l'autre personnage voit, afin de se décider et de donner un sens à ce qu'il voit. C'est un jeu qui vise à semer le doute dans le regard et dans l'esprit du participant, mais cela va l'aider à réorganiser son schéma de pensée et son champ de regard. À partir de ce scénario, la personne schizophrène participant à l'atelier doit se pencher sur la situation et essayer d'analyser des hypothèses tout en proposant d'autres interprétations. *« Les patients doivent parfois essayer de comprendre ou de ressentir ce que sont les besoins d'autrui. Ce jeu permet donc de développer la capacité à comprendre les états mentaux d'autrui [...]. Cette capacité est appelée théorie de l'esprit. Selon Franck [...], cette capacité est très souvent altérée*

---

[223] *Ibid.*, p. 16.

dans la schizophrénie. Elle jouerait [...] une place centrale dans les interactions sociales.

Enfin, on peut citer les programmes mixtes. Il s'agit des programmes incluant une remédiation cognitive des processus neurocognitifs, un entraînement des compétences sociales et des techniques de résolution de problèmes. Ils ont été développés pour des personnes souffrant de schizophrénie. [...], les déficits cognitifs de base sont liés aux compétences sociales. Dans cette optique intégrative des déficits cognitifs et des dysfonctionnements sociaux, le programme IPT [...] a vu le jour. Celui-ci a été développé par l'équipe de Brenner en 1992. Ce programme est d'inspiration cognitivo-comportementale, il se base sur un concept simple : les déficits comportementaux observés dans la schizophrénie sont présents à différents niveaux et les déficits à un niveau interfèrent avec le niveau immédiatement supérieur. Le programme comprend plusieurs modules que nous présenterons dans [...] ce mémoire. »[224]

1) L'utilisation du programme ITP ou IPT dans le parcours de soins en ergothérapie

a) Phase de tri d'informations du dossier médical du patient

Selon l'ANAES, le recueil des informations permet d'identifier et de définir le problème du patient, mais aussi de valider et de hiérarchiser le modèle d'intervention.

Le recueil permet aussi d'évaluer les comportements, les attitudes et les capacités d'intervention du patient. C'est pourquoi le comédien thérapeute commence toujours par la prise de renseignements, soit auprès du patient lui-même soit auprès de ses proches ou à partir des données écrites ou orales. C'est à partir de l'ensemble de ces données qu'il va effectuer le bilan personnalisé en fonction des problèmes rencontrés. Il est encore possible d'extérioriser les besoins du patient et d'objectiver ses attentes.

---

[224] Victor ROLLAND, *« Réinsertion sociale et schizophrénie [...] », op. cit.*, p. 17.

La partie réservée aux informations elles-mêmes ou aux données du patient recueillies par le comédien ergothérapeute participant au dossier médical du malade fera l'objet de la deuxième partie du paragraphe suivant.

Sans s'attarder donc sur cette partie, les directions de cette recherche s'intéresseront à exploiter d'abord la partie consacrée aux différentes démarches de soins en ergothérapie dans le titre suivant.

b) Les différentes démarches de soins en ergothérapie

Le comédien en charge de soins artistiques, avec la collaboration de l'équipe médicale ainsi qu'avec celle du patient schizophrène, choisit collectivement l'approche thérapeutique de soins à mettre en place. Le plus important à retenir ici est qu'il est impératif de faire participer le patient lorsque celui-ci est en mesure de contribuer par ses efforts, surtout lorsque ses capacités de discernement le permettent.

Il y a ensuite la formulation par le comédien des objectifs, après avoir identifié le ou les problèmes dont souffre le malade, ainsi que sa motivation et ses ressources. Mais avant de commencer le scénario, les objectifs sont classés par priorités, selon le niveau de rééducation et/ou de réadaptation. L'axe principal est l'autonomie maximale du souffrant dans sa vie quotidienne et surtout l'amélioration du niveau de mieux-être dans le cadre relationnel. Une fois les objectifs identifiés, ils doivent être discutés et réorganisés par l'équipe, le comédien, le patient et ses proches.

Ensuite, il y a l'étape de la planification du traitement et la réalisation des soins envisagés. Elle est la phase de la mise en œuvre de tous les moyens possibles en vue de réaliser le plan d'action du traitement thérapeutique envisagé. Chaque activité choisie doit en principe être significative pour le schizophrène. Ces activités sont considérées à la fois comme un support de récupération de ses habitudes et comme celui de médiation dans la relation. Elles sont parfois réalisées de manière personnalisée ou effectuées en groupe.

L'avant-dernière démarche est celle de l'évaluation à la fin du traitement. Elle consiste à évaluer les résultats obtenus tout en prenant en compte les facteurs environnementaux avant de prévoir la fin du traitement. Le comédien entre en contact avec l'équipe soignante, l'équipe de la réadaptation et avec la famille du patient afin de conclure les résultats obtenus.

La dernière démarche à faire est le suivi du patient. Cette étape est insuffisamment développée sur le territoire français. Elle est généralement pratiquée en dehors de l'hôpital sous la qualité de soins externes, comme le suivi libéral ou le centre spécialisé.

En revanche, après avoir parlé de toutes les démarches possibles en soins psychosociaux, les équipes artistiques exerçant en ergothérapie ajoutent dans leurs démarches de soins certains points programmés par l'IPT en plusieurs temps

- Elles commencent par le premier point qui est l'analyse du ou des problèmes. Cette phase permet d'analyser la situation problématique, de situer les conditions du patient dans le temps et dans l'espace, de faire le point sur les comportements inadaptés et les comportements non problématiques, d'évaluer ou d'analyser la motivation et enfin d'observer les relations sociales présentes.

- Le deuxième point est l'analyse des éventuelles conditions socioculturelles de la personne soignée. La base de cette partie est de chercher à comprendre les problèmes actuels qui gênent l'épanouissement du patient. L'analyse s'effectue sur son histoire personnelle d'un côté, et, de l'autre, sur toutes les modifications récentes qui ont bouleversé sa santé.

Le troisième point consiste dans le diagnostic : *« Qui cherche à objectiver à travers l'emploi d'instruments appropriés, les variables de performance importantes ainsi que les domaines du comportement social, qui pourraient fournir des indications clefs en vue d'une sélection des méthodes psychothérapeutiques les mieux adaptées afin de favoriser et de contrôler un processus optimal de changement. »*[225]

- Le comédien ergothérapeute cherche sur le quatrième point l'histoire médicamenteuse du patient et son parcours thérapeutique.

---

[225] *Ibid., p. 13.*

Le dernier point est consacré à la mise en place des objectifs à atteindre tout au long des exercices et à la planification ou au déroulement de la thérapie. *« Le plan de thérapie est retravaillé et ajusté tout au long de la prise en charge. L'élaboration d'un tel plan s'effectue en deux temps : dans le premier temps, on propose et justifie des méthodes thérapeutiques pour chaque domaine problématique. [...] La prise en charge dépend uniquement de la motivation du patient pour sa thérapie. Le second temps permet d'élaborer un plan de prise en charge par rapport au temps et au contenu. [...] Les moyens mis en œuvre dépendent du problème rencontré [...]. »*[226]

Victor Rolland a fait une étude comparative entre la pratique de l'ergothérapie en psychiatrie et l'apport ou l'intérêt apporté par le programme IPT. Il explique qu'*« en effet, le programme envisage la schizophrénie comme un problème global. Ainsi, la pathologie n'est pas vue comme une "maladie", mais plutôt comme un dysfonctionnement biopsychosocial ayant des répercussions sur le fonctionnement micro et macro social. Ce modèle [...] est [...] très répandu par les professionnels travaillant en psychiatrie. Les ergothérapeutes se doivent d'avoir une vision globale de la pathologie et des répercussions pour que la prise en charge soit la plus complète possible. Ainsi, le modèle de la schizophrénie utilisé dans le programme IPT est très adapté au modèle utilisé en ergothérapie. »*[227]

2) Les modules de remédiations cognitives et d'entraînements de compétences sociales

Les patients présentant une schizophrénie ou d'autres troubles associés sont suivis soit individuellement soit en groupe au rythme de séances d'une heure chacune, toutes les deux semaines. Ces différents ateliers sont précédés d'une évaluation neuropsychologique permettant de déterminer les parties de fonctions cognitives défaillantes qui feront par la suite l'objet des ateliers et qui seront aidées et entraînées par des exercices soit à l'aide de papier-crayon soit de façon informatisée.

---

[226] *Ibid.*
[227] *Ibid.*

a) Le module des méthodes de remédiation cognitive

D'après plusieurs commentaires sur le programme IPT, celui-ci est divisé en cinq grandes parties scindées en modules. Dans le module 1, trois catégories d'exercices sont proposées dans les ateliers : exercices effectués sur l'attention sélective et qui s'appuient sur d'éventuels tris de cartes à symboles ; exercices d'activités verbales et de méthodes de manipulations de concepts et qui ont pour objet de simuler les réseaux sémantiques généralement motivés dans la vie quotidienne du patient ; enfin, il y a une activité de raisonnements logiques. Ici, le patient examiné devra participer à une animation de devinettes sur un objet choisi en cachette par un autre patient. Le premier patient a le droit de poser quelques questions sans pour autant voir la chose cachée.

Le module 2 envisage de développer très rapidement les capacités de perception sociale altérées chez le schizophrène. Le module s'appuie sur des analyses comparatives d'images mettant en évidence des situations sociales habituelles. La plupart de ces images sont détaillées avec peu d'éléments complémentaires. Au début de l'exercice, le patient aura à dresser un tableau ou une liste des éléments détaillés sur l'image avant de donner la réponse finale. Il peut se poser des questions sur la situation globale et donner des appréciations selon son imaginaire.

L'idéal est qu'à la fin de l'exercice, tous les participants se mettent ensemble avec le patient examiné pour rechercher un titre consensuel à l'image étudiée et faire une synthèse ou une proposition unique. C'est ce qui fait un travail communicationnel[228] ou sémantique dans les démarches de soins en ergothérapie.

Le troisième et dernier module de cette partie est consacré à la communication verbale. C'est le début de la méthode de remédiation cognitive à base de communication verbale. Ce module est centré sur des exercices d'écoutes, d'articulations de mots, de reformulations de phrases qui ont pour valeur de

---

[228] C'est un travail qui est relatif à la transmission de messages aux moyens de communication. Il englobe tout ce qui concerne les communications de masse en utilisant les nouvelles techniques communicationnelles.

stimuler les fonctions attentionnelles d'une part, et, d'autre part, les fonctions mnésiques. Cet exercice est complété par d'autres renforçant l'expression orale et la communication en public. D'autres expérimentations renforcent ou entraînent la compétence du patient en posant des questions sur des thèmes de son choix. Il y a encore une possibilité de discuter sur un texte lu en groupe et qui demande la participation de chacun pour faciliter le dialogue. En général, chaque séance finit par une conversation libre en groupe en vue de progresser et d'améliorer l'habileté conversationnelle de chaque personne. Cette dernière partie rejoint le système d'entraînement des compétences sociales.

b) Les modules fondés sur des méthodes d'entraînement de compétences sociales

Cette partie, qui constitue le module 4, est consacrée sur l'ensemble des méthodes d'entraînement et de développement des compétences sociales. Elle met en évidence des situations courantes de la vie quotidienne que le patient essaie de comprendre via des échanges sous forme de dialogues préétablis, mais aussi à travers des jeux de rôle.

Ce programme propose trois situations différentes sous forme de séries ou de trois catégories : il met en place des situations simples, positives et à faible risque pour le patient ; ensuite, l'exercice évolue vers une situation à risque plus élevé et il est fort probable qu'elle soit perçue négativement par le patient.

Une partie très complexe demande l'implication et la mobilisation des autres participants pour faire avancer la situation et encourager la réalisation du projet. C'est notamment le cas de l'organisation d'un projet ou d'un événement collectif ou encore pour répondre à des questions indiscrètes.

Le travail s'accentue au sein de l'activité, encourageant et stimulant les apports des nouveaux ateliers par la participation active des patients afin de motiver davantage le travail des jeux de rôle en fonction des besoins de ces derniers.

La partie du module des méthodes informatisées, appelée réhabilitation *« computérisée » (RehaCom®)* est un traitement centralisé et assisté par un ordinateur. Elle constitue une forme de prise en charge des personnes souffrant des problèmes de lésions cérébrales. Ce système prend plus de place dans l'expérimentation des personnes présentant des pathologies de schizophrénie. Il est pratiqué de façon personnalisée avec la machine, mais il prend en charge les patients qui ont des connaissances de base en informatique ou qui ont une autonomie suffisante pour être en face de l'ordinateur.

B] Théories d'apprentissage en ergothérapie

Ici, il est question de l'étude des différentes théories de transferts d'apprentissage. Ces théories consistent à identifier la capacité du patient à réutiliser ce qu'il a appris lors des ateliers théâtraux, dans sa vie ou dans un nouveau contexte. Certains artistes les définissent comme l'implication du patient dans la mise en relation, mais aussi dans l'adaptation des conditions d'apprentissage dans un contexte à la fois inhabituel et nouveau.

Le processus des théories d'apprentissage fait l'objet d'études selon plusieurs perspectives qui produisent des théories distinctes. Aujourd'hui, il existe deux grandes approches d'apprentissage : l'approche théorique des behavioristes ; l'approche théorique des cognitivistes, elle met en place le constructivisme et le socioconstructivisme.

Cela ne signifie pas qu'il n'existe pas d'autres théories, mais elles découlent d'un mélange de ces deux grandes approches.

Pour éviter de se répéter sur les deux grandes approches théoriques déjà étudiées dans la section I, paragraphe 2, il est donc nécessaire d'étudier d'autres modèles d'intervention utilisés en ergothérapie pour aider et pour faciliter très rapidement le transfert d'apprentissages cognitifs dans la vie quotidienne du patient atteint de troubles de schizophrénie.

1) Le concept d'autonomie et le concept d'indépendance

Dans cette partie, il y aura deux concepts à étudier dans la pratique du comédien exerçant dans l'établissement de soins ergothérapeutiques.

Il s'agit de l'autonomie et de la dépendance d'une part, et, d'autre part, de la dépendance et de l'indépendance.

a) De l'autonomie et de la dépendance en atelier dramatique – ergothérapeutique

Tout d'abord, le mot autonomie bénéficie de plusieurs définitions et surtout selon le domaine concerné. Elle peut être définie comme un état qui n'obéit ni à la règle d'autrui ni à la loi. Elle est aussi considérée comme un concept tant philosophique que juridique en vertu duquel la volonté de l'individu est considérée afin de créer des droits et des obligations.

En langue grecque, l'autonomie provient de deux mots : auto/autos qui signifie soi-même, et nomos qui signifie soit règle, soit loi.

En soins d'ergothérapie artistique, l'autonomie désigne l'état du patient capable de juger, de s'orienter, de se diriger, de se contrôler, de se gouverner selon sa propre loi.

D'autres spécialistes précisent qu'être autonome, c'est être capable de prendre une décision selon ses propres compétences, tout en tenant compte des enjeux sociaux, et de se rendre compte de toutes les charges qui pèsent sur lui pour l'aménagement et le développement de sa personnalité et de ses valeurs. Dans les exercices artistiques, les comédiens en charge de soins considèrent que l'autonomie demande l'implication de la conscience de soi. C'est pourquoi ils disent toujours qu'ils ne peuvent évaluer l'autonomie du patient qu'en le mettant en lien avec la dépendance. Lucile Pivot explique dans un article que : *« Sève-Ferrieu écrit que "à titre individuel, l'autonomie se manifeste dans la gestion de ses propres dépendances, interdépendances et capacités d'indépendance quand, en connaissance de cause, la personne fait des choix et pose ses actions." [...] De plus, l'autonomie n'est pas innée et se développe tout au long de la vie en fonction de l'éducation reçue et des événements rencontrés. C'est un processus en constante évolution qui se construit dans les interdépendances familiales, scolaires, professionnelles, culturelles... Selon Adant, "une des premières véritables manifestations d'autonomie se présente quand, entre deux et trois ans, l'enfant dit non et s'oppose ainsi par le langage à la volonté de l'adulte" [...]. Cette autonomie individuelle est en interaction avec l'autonomie collective et cette liberté est donc limitée à un cadre constitué de règles, d'interdits et de lois sociales qui doivent être intériorisés. Le pouvoir décisionnel de l'individu dépend donc de la connaissance et du respect de ces obligations. Ennuyer définit alors l'autonomie comme "La liberté relative de l'individu au sein d'un groupe constitué par la société." [...] »*[229]

Elle est donc prise en considération lorsque le patient est capable de faire des choix et d'agir en conséquence, de participer à ses soins, de s'adapter et d'interagir avec son environnement. Elle est un processus d'adaptation interactif de façon réciproque du malade ou de tout individu avec son environnement au sens large.

Le théâtre à l'hôpital considère d'une manière générale que : *« L'autonomie est donc la liberté de faire des choix en prenant en compte des éléments internes et externes et en agissant en fonction de ceux-ci. La personne doit être capable d'anticiper face à la situation présente afin de pouvoir agir ou réagir, et de mettre en place les moyens nécessaires au bon fonctionnement de l'action qu'elle doit mener. L'autonomie s'acquiert [...] "par l'apprentissage permettant la maîtrise et le contrôle progressif des situations et l'aptitude à produire des réponses [...] Elle présuppose une capacité d'analyse et de jugement sur ces situations afin de pouvoir faire un choix adapté. Une déficience psychique et/ou organique, comme la schizophrénie et les troubles cognitifs qu'elle engendre, peut porter atteinte à l'autonomie de la personne. [...] elles altèrent la pensée, la conscience de soi et les capacités d'anticipation, d'adaptation et de jugement de l'action conduite. Aussi, ces déficiences empêchent la personne de se représenter comme faisant partie de la société. [...] elles la limitent dans sa compréhension et son analyse des données d'une situation [...] de faire un choix. Cette partie théorique m'a permis d'explorer les différentes composantes du MOH et de définir les théories d'apprentissage sur lesquelles l'ergothérapeute peut s'appuyer pour accompagner une personne atteinte de schizophrénie. Le développement du concept d'autonomie permet de mettre en*

---

229 Lucile PIVOT *« Réhabilitation psychosociale et schizophrénie : transfert des apprentissages cognitifs dans la vie quotidienne »*, article HAL, Médecine humaine et pathologie, 2016, p. 32.

évidence l'importance de la connaissance de soi, de l'adaptation réciproque à l'environnement et de la relation aux autres pour permettre sa construction. »[230]

b) De la dépendance et de l'indépendance en atelier théâtral – ergothérapeutique

La dépendance est définie en sciences sociales comme une conception dynamique. C'est le cas d'une personne incapable, soit physiquement, soit psychiquement ou même socialement ou qui se trouve dans l'impossibilité soit partielle soit totale d'agir et d'effectuer sans l'aide de qui que ce soit, ses activités de la vie quotidienne et pour s'adapter à son environnement.

Définie dans la science biomédicale comme une conception statique, elle est identifiée par le fait d'être incapable de réaliser tout seul les activités personnelles ou professionnelles ou de la vie quotidienne de façon satisfaisante.

En art dramatique, le patient est suivi de façon à ne dépendre de personne pour assurer ou pour réaliser ses besoins, ses désirs, ses activités de chaque jour.

Toutefois, si le patient demande de l'aide sur des questions techniques ou dans un domaine qui n'est pas le sien, cela ne constitue pas un problème ou cela ne met pas en cause ses capacités ni son indépendance. En effet, en science médicale, mais aussi en art dramatique, l'indépendance du malade repose sur l'ensemble de ses capacités fonctionnelles d'une part, et, d'autre part, de ses capacités neuropsychologiques qu'en principe il acquiert pendant le développement et la croissance de l'enfant.

« Sève-Ferrieu écrit qu'"elle offre les moyens de ne dépendre de personne pour vivre son quotidien, en permettant de répondre aux impératifs de la vie quotidienne et de survivre efficacement." [...], Une personne est dépendante si elle a besoin de l'aide d'une tierce personne pour réaliser ses activités de la vie quotidienne. La dépendance désigne donc l'impossibilité partielle ou totale pour une personne d'effectuer seule les activités de la vie quotidienne. Cette approche est [...] ciblée sur

---

[230] *Ibid.*

l'individu et ses capacités en lien avec son environnement matériel qui peut être facilitateur ou contraignant pour la réalisation des activités de vie quotidienne. Cependant, l'individu est indissociable de son environnement humain. Il doit s'intégrer dans la société, faire et être en relation avec l'autre. [...] l'indépendance ne peut donc pas être dissociée de la dépendance. En effet, les êtres humains sont en interdépendance [...] dans leurs relations d'échanges où ils sont amenés à donner, mais aussi à recevoir. Selon Sève-Ferrieu, "ces interdépendances [...] sont le mode de relation entre les êtres humains et permettent leur structuration." [...] Les personnes schizophrènes sont concernées par le concept de dépendance, car les troubles cognitifs ont un impact sur leurs capacités fonctionnelles et relationnelles. En fonction de leur environnement humain et matériel, facilitateur ou non, elles sont plus ou moins dépendantes. Une amélioration de leurs troubles cognitifs [...] tendrait vers une amélioration de leurs capacités fonctionnelles et relationnelles et donc, une diminution de leur degré de dépendance. »[231]

2) Le choix de méthode appliquée

Tout au long de cette recherche et dans ce chapitre, il était question d'analyser la pratique des comédiens ergothérapeutes exercée auprès des patients souffrant des troubles de schizophrénie dans l'établissement de soins de réhabilitation psychosociale, d'insertion et/ou de réinsertion.

Lors des enquêtes, certains patients préféraient les méthodes cliniques et d'autres les méthodes artistiques. En revanche, il n'était pas facile de poser cette question aux patients en présence des professionnels, tant médicaux qu'artistiques. C'est pourquoi il a fallu mener l'enquête discrètement, sans blesser qui que ce soit. Le choix des méthodes quantitatives était finalement le seul possible à mettre en place afin de pouvoir analyser le patient et son discours. L'avantage de ces enquêtes et des différents entretiens a été de permettre de recueillir des informations qualitatives approuvant ou désapprouvant l'accompagnement du

---

[231] *Ibid., p. 31, s.*

comédien ergothérapeute mis en place pour aider les personnes souffrant de schizophrénie, afin de diminuer ou d'éradiquer les troubles cognitifs et leurs effets sur leur vie quotidienne.

Cette méthode quantitative aide à comprendre, grâce au questionnaire qui était posé de façon générale, le fonctionnement de la population participant aux ateliers, à s'interroger sur la pratique professionnelle et à faire ressortir tacitement des éléments de réponses aux questions.

L'avantage de la méthode clinique permet d'élaborer plusieurs hypothèses qui pourraient par la suite faire l'objet d'une autre recherche.

a) La population cible de l'enquête

Il était important d'interroger des professionnels ergothérapeutes, des patients participant aux ateliers, des proches des patients et le public assistant. Toutefois, l'ergothérapeute doit répondre à certains critères de sélection : être un ergothérapeute diplômé d'État, exercer dans les établissements de soins de réhabilitation psychosociale et de réinsertion sur le territoire français et enfin travailler avec les personnes atteintes de troubles de schizophrénie.

Le public était sollicité pour répondre à certaines questions, juste pour avoir un retour sur ce qui est fait lors des représentations et sur ce qu'il attendait comme effet.

Les patients et leurs proches présentaient une valeur particulière pour l'enquête parce que c'est pour eux que les résultats de la pratique théâtrale exercée sont attendus.

b) Le déroulement des enquêtes ou des entretiens

Certaines difficultés se sont présentées lors du déroulement des enquêtes puisqu'il était difficile de joindre au téléphone les participants et peu de mails ont eu du succès. Raison pour laquelle la présence sur les lieux est apparue indispensable. Certains patients, participants et spectateurs ont accepté de répondre à un questionnaire écrit. Ceux qui acceptaient de répondre de vive voix à l'enquêteur avaient un entretien d'une durée de dix à quinze minutes.

Paragraphe 2 – La prise en charge du patient

A] Quel est le rôle de la planification du traitement du patient ?

Tout d'abord, la planification du traitement consiste à la mise en place des objectifs à atteindre qui soutiendront le patient pour commencer à penser et à initier son changement vis-à-vis de l'apprentissage ergothérapeutique.

Il est indispensable de ne pas se passer de la planification du traitement puisque de l'analyse fonctionnelle à la planification ainsi qu'à l'application du traitement, il s'effectue généralement un ajustement, de façon circulaire, en cas de besoin, pour modifier un ou des objectifs lorsque cela est nécessaire. Par exemple, lorsque le patient apparaît très résistant au programme de changement appliqué et aux traitements artistiques. C'est encore le cas lorsqu'il s'agit du changement des objectifs généraux présentés dans le tableau numéro 2 qui planifie le mode de traitement en soins aigus sur une série de séances d'une semaine à un mois selon le degré de gravité des troubles constatés ou sur un mois à un trimestre en soins de réhabilitation psychosociale. *« [...] quelles sont les caractéristiques des objectifs : l'énoncé de l'objectif décrit le comportement cible qui peut être observé et mesuré soit par l'ergothérapeute soit par le patient lui-même. Des objectifs tels que "augmenter la confiance en soi, être moins agressif, être plus sociable, être plus autonome, être plus conciliant" ne sont pas des comportements cibles. Par contre, "[...] adresser la parole à l'ergothérapeute en la regardant, ranger sa place avant de quitter l'atelier, prendre des initiatives dans des activités faciles" [...] sont des comportements cibles observables. Au tableau 3, l'énoncé de l'objectif décrit les conditions de manifestation du comportement : lors de quelle activité ce comportement sera-t-il modifié ? À quel moment et à quel endroit le comportement se produit-il ? [...] Sur quels indices de la situation vous attirerez l'attention du patient afin que l'évolution puisse être observée et mesurée ? L'énoncé de l'objectif précise les critères de réussite [...], le seuil minimum à partir duquel l'ergothérapeute et le patient estiment que le comportement attendu est maîtrisé de façon suffisamment durable. Le critère de réussite est généralement fixé à [...] 100 %. L'objectif est, dans la mesure du possible, établi en collaboration avec le patient ou, s'il est fait hors de sa présence, l'ergothérapeute lui montre le programme thérapeutique et discute avec lui/elle de son application et des critères d'évaluation. »*[232]

1) Le thérapeute et son groupe de travail

La plupart des artistes aiment travailler en groupe. Ce dernier constitue l'enveloppe qui représente l'ensemble des individus. S'il n'y avait pas de groupe, c'est-à-dire d'enveloppe, il n'y aurait qu'un rassemblement humain. Forment un groupe, toutes les personnes qui présentent les mêmes objectifs, la même idée qui crée la relation entre les membres du groupe.

Ici, il s'agit d'un groupe multidisciplinaire à des fins thérapeutiques qui se positionne dans le domaine médical et qui vise les soins artistiques comme unique moyen de soins de réhabilitation psychosociale. En établissement de soins ergothérapeutiques il existe plusieurs sortes de groupes : *« Des groupes ouverts qui sont susceptibles d'accueillir de nouveaux arrivants ou d'en perdre, et des groupes fermés qui fonctionnent avec les mêmes participants pendant toute la durée fixée au préalable. [...] Pour qu'un groupe soit thérapeutique, il vise le changement et fixe un cadre avec des règles précises qui vont accompagner le thérapeute et les participants. Le thérapeute a pour fonction de réguler le groupe et de garantir le cadre. [...] Les groupes au SEA sont limités à cinq participants, mis à part le groupe théâtre et chant où il existe une coanimation avec deux intervenants. [...] Toute activité de groupe est suivie ou associée à un temps de parole, un échange qui permet l'émergence d'associations libres ou d'élaborations. Ce qui est produit lors du déroulement du groupe reste la propriété de ce groupe. Toute utilisation même partielle de cette production suppose l'accord préalable de tous les participants. Les objectifs thérapeutiques de l'activité en groupe sont de permettre à la personne de :*

---

[232] Sous la direction de Marie-José MANIDI, *« Ergothérapie comparée en santé mentale et psychiatrie »*, *op. cit.*, p. 90, s.

prendre sa place dans le groupe afin de renforcer son sentiment d'identité et d'estime de soi ; [...] ; gérer son angoisse [...] ; parvenir à s'amuser avec les autres membres du groupe ; se familiariser avec des lieux publics. »[233]

a) Le travail du comédien ergothérapeute

Les établissements de santé et de soins ergothérapeutiques mettant en place la pratique artistique et théâtrale comme soins de réhabilitation psychosociale, d'insertions et/ou de réinsertions proposent des activités culturelles et théâtrales organisées sous forme d'ateliers d'échanges.

Certes, les établissements de soins n'ont pas dans leurs organigrammes du personnel médical, des professionnels artistiques plus particulièrement spécialisés dans l'art dramatique – le théâtre. C'est pourquoi ils font appel à des spécialistes, intervenants extérieurs, pour diriger certaines activités comme le théâtre, la musique, le chant ou la peinture. Cette recherche parle du comédien ergothérapeute : l'artiste responsable de l'atelier sollicité pour intervenir dans les soins de réhabilitation psychosociale et d'insertion ou de réinsertion qui est assisté par l'ergothérapeute tout court, celui de l'institution en charge de soins. Le premier mène les ateliers de théâtre en collaboration avec le groupe de soins et le deuxième assure d'autres activités tout seul, telles que la gestion des ateliers de cuisine, de natation, de peinture ou des bains thermaux et de badminton.

Par exemple, les activités artistiques menées en groupes thérapeutiques pour de soins ergothérapeutiques.

- Il peut y avoir des activités d'expression graphique utilisant des techniques graphiques, des images, des peintures et des dessins pour inciter la créativité selon les thèmes proposés à la séance. L'objectif est d'offrir aux participants un support de communication et/ou d'échange sans avoir recours au modèle d'échange verbal. Ces médications facilitent le lien entre l'espace interne du patient et son monde extérieur.

- Il y a aussi l'exercice qui sollicite le toucher comme l'activité de modelage. L'exploitation de la terre apporte

[233] *Ibid.*, p. 297, s.

plusieurs bénéfices au patient comme celui de se modeler, de se chauffer à la température du corps ou de se malaxer. Elle a toutefois ses limites qu'il faut prendre en considération lors de l'exercice puisqu'elle peut être sèche et dure à l'air, elle peut être modifiable selon le temps et donc humide et malléable. Chez le patient, la terre peut représenter ses origines et exprimer des valeurs de vie ou de mort. Dans l'expérimentation de la terre, les mots utilisés sont spécifiques comme : couper, souder, coller, casser, lier, former, effondrer et taper, masser ou autres. Ces mots mêlés au travail de la terre peuvent initier des émotions, tant psychologiques que corporelles, indicibles que la plupart du temps le langage aura des difficultés à formaliser. La construction d'un objet par l'usage de la terre peut aider le patient non seulement à extraire ses émotions, ses souffrances ainsi que ses besoins ou, mais aussi à restaurer ou à restructurer d'autres émotions qui lui donneront envie de reprendre sa vie en main, et aussi le courage d'arriver à construire l'objet de base.

- Au-delà de ces activités, il y a celles organisées par le comédien ergothérapeute en utilisant le théâtre comme moyen d'expérimentation de types improvisations, par des scénarios, des travaux de mise en scène et des répétitions sur les mêmes sujets, avec les mêmes groupes. Avant de commencer, les participants s'exercent par un échauffement de la voix – par des cris et des exclamations de mots ou des phrases types – et du corps et enfin ils se mettent dans l'improvisation. Ils vont donc mettre en pratique des personnages imaginaires afin qu'ils suscitent leurs émotions et qu'ils provoquent ou facilitent leur réhabilitation psychosociale.

- En outre, des activités de chants sont menées par des chanteurs spécialistes pour chauffer la voix, mais aussi comme des exercices d'expression, ce qui est une autre manière de faire sortir sa voix sans crier pour ne rien dire. Le constat de ces ateliers montre l'envie active des participants animés par la volonté de chanter, de partager des émotions et de vivre des moments de loisir relativement forts. Mais il y a aussi l'envie de vouloir apprendre de nouvelles chansons et de chanter en groupe.

- L'activité de badminton fait partie des activités sportives travaillées en groupe dans les espaces réservés. Elle demande plus d'attention, de capacités cognitives et d'endurance, mais aussi de la concentration et l'aptitude à jouer en équipe ainsi que le respect des règles et du fair-play. Elle permet de mettre le corps en mouvement et de se confronter avec d'autres personnes dans les règles du jeu.

- *« Natation : se rendre à la piscine requiert une certaine motivation [...]. Cette activité confronte la personne à son corps (être en maillot) aux regards des autres. Le contact avec l'eau peut être plus ou moins agréable et évoquer des sensations diverses. L'eau porte, entoure, contient l'enveloppe corporelle. Il y a [...] d'autres personnes dans la piscine, le contact interpersonnel s'établit de manière indirecte, sans la nécessité d'un échange verbal. [...] Après le moment passé dans l'eau, la douche et le séchage et une sensation de fatigue plutôt agréable.*

- *Bains thermaux : en plus des bienfaits de l'eau et ce qu'il en découle, les bains de Cressy avec l'eau à 34° et ses bains hydromassants permettent d'apporter détente et sérénité dans le moment présent. Ces installations permettent aussi de retrouver son énergie et de soulager les douleurs. [...]*

- *Cuisine : l'activité est structurée en différentes phases : choisir un repas, s'organiser pour les courses, coopérer dans la confection du repas et [...] de partager le repas. L'acte de préparer et de partager un repas peut s'inscrire dans une triple dimension, le besoin vital, le plaisir et le partage et la communication. Il s'agit d'apprendre à faire la cuisine, de retrouver un rythme alimentaire et d'acquérir des notions de valeurs nutritives. »*[234]

b) Une évaluation de la prise en charge

Pendant la prise en charge, le patient suit le circuit de l'organisation de soins en ergothérapie et participe soit à l'ensemble des activités soit à quelques-unes avec ou sans motivation, mais tout peut charger en cours de route. Il lui est encore demandé de contribuer à sa réflexion dans les ateliers si son état de santé le permet.

---

[234] *Ibid.*, p. 300.

La phase d'évaluation permet tout d'abord de comprendre le changement du malade et de maintenir son équilibre en observant les informations fournies pour adapter l'activité théâtrale, mais surtout pour bien avancer dans les analyses et éviter que les remarques faites à l'apprentissage constituent ou se transforment en un auto-jugement provoquant un sentiment de rejet ou à un jugement à l'égard des autres. Il est important d'éviter les jugements surtout de valeur, puisque la plupart de temps ils provoquent des réactions de blocages et des sentiments d'échec. Le comédien, après avoir analysé et évalué la personne en question, l'oriente vers une phase de renforcement de compétences et l'aide à retrouver son niveau de vie dans une attitude bienveillante et grâce à des comportements favorisant ses actions. *« Lorsque la personne développe la capacité à s'ancrer dans le moment présent, elle peut [...] vivre pleinement son activité et développer le plaisir et la satisfaction éprouvée. L'affolement provoqué par la peur du jugement inhibe les compétences et la créativité. Il empêche la personne de retrouver l'estime d'elle-même. Le bilan permet de réajuster l'ensemble des objectifs et les modalités de l'intervention afin de poursuivre l'accompagnement. [...], nous proposons des bilans plus ou moins réguliers. [...] Si cela se révèle positif, nous faisons un bilan écrit dont le contenu est élaboré avec le patient et nous l'envoyons au médecin traitant. [...] Enfin, pour terminer, le bilan peut se dérouler soit dans notre centre, soit au bureau du médecin traitant ou encore dans une des institutions faisant partie du réseau. Ceci implique que le patient peut être confronté à plusieurs professionnels. [...] En tant que praticienne de la globalité de la personne appréhendée dans sa vie quotidienne, l'ergothérapeute est outillé tant par ses connaissances de la maladie et des handicaps qui en découlent que par ses capacités d'analyse de l'activité. Ses connaissances permettent d'aider les personnes qui en font la demande en vue de leur réhabilitation et d'une autonomie psychosociale. Cette politique [...] est au centre de l'éthique de l'ergothérapie communautaire et [...] elle peut prendre sa place parmi les réseaux de la santé et du social. »*[235]

---

[235] *Ibid., p. 31, s.*

2) Les expérimentations de Micheline et la conclusion du contrat d'activités thérapeutiques

a) Tableaux 2 et 3

Les tableaux 2 et 3[236] sont intégralement repris avec leurs textes explicatifs : Tableau 2 – Programme Thérapeutique de Micheline – Nom et prénom : Micheline …
Indication du psychiatre de l'institution : stimulation thymique de la patiente en prévision d'un retour à domicile. Date […] du programme : 4 septembre 2004. Décisions prises lors des réseaux thérapeutiques ou des réunions d'équipe […] 3 septembre : un programme thérapeutique stimulant est mis en place, dont l'ergothérapie. 14 septembre : la thymie de Micheline va mieux, les objectifs 1 et 2 sont atteints à 60 %. 28 septembre : réunion de sortie pour Micheline. OBJ 1 et 2 : 90 %. Travaillé sur l'objectif 3.

Prio-rité	***But***	***Objec-tifs géné-raux***	***Responsabi-lité, stratégies***	***Date de l'atteinte de l'objectif***
1	*Activité de la vie quoti-dienne et comporte-ments d'autono-mie.*	*Être active à l'atelier. Prendre des initiati-ves dans des activités faciles. Prendre des initiati-ves dans*	*Respecter la progression des difficultés. Mesurer la satisfaction et la maîtrise.*	*Le 3e jour Fin de la première semaine.* *Fin de l'hospitalisa-tion.*

[236] *Ibid.,*

		des activités comple-xes.		
2	*Habiletés relation-nelles*	*S'adres-ser aux autres patients durant l'activi-té. S'adres-ser aux autres patients durant la pause. Prépa-rer la pause et servir les autres patients.*	*Être attentive à thymie et aux effets secondaires des médicaments . L'ergothéra-peute sert de facilitatrice*	*Après la première semaine* *Durant la 2e semaine.*
3	*Identité person-nelle et capacité à exprimer ses rôles de mère et d'épouse.*	*Susciter des contacts avec ses enfants. Prendre des initiati-ves avec son mari.*	*Mesurer l'anxiété au travers de divers prétextes. Mesurer le plaisir, exploiter les pensées.*	*Durant la 3e sem.* *Dès la 3e sem. Lors des visites de son mari.*

TABLEAU 3 : Formulation d'un objectif de Micheline
Nom, prénom : Micheline ; Période : du 4 au 28 septembre 2004

Comportement-cible	***Prendre des initiatives dans des activités faciles***
Conditions de réalisation quelle activité	*Confectionner une couverture pour la poupée de sa fille.*
Difficulté estimée de l'activité	*Facile*
Quand ?	*Début de traitement (1re semaine).*
Où ?	*À l'atelier uniquement*
Facilitateur/soutien thérapeutique	*L'ergothérapeute : par des encouragements, des orientations, une analyse de la compétence nécessaire.*
Personnes impliquées directement ou indirectement ?	*L'ergothérapeute, sa fille et une patiente, voisine de table à l'atelier.*
Indices observés	*Maîtrise attendue et observée ; satisfaction attendue et observée*
Seuil de réussite	*Nombre de nœuds de l'analyse structurale que Micheline parvient à faire sans l'aide de l'ergothérapeute : 90 %.* *Maîtrise attendue 60 % et observée : 80 %.* *Satisfaction attendue 70 % et observée 80 %.*

b) Le contrat thérapeutique

Après les observations et les analyses effectuées par l'équipe en charge des soins artistiques en collaboration avec le médecin traitant et l'ergothérapeute assistant, il est procédé à la signature du contrat avec l'accord du patient.

Tout d'abord, en l'absence d'un texte législatif réglementant l'activité dramatique et artistique au sein des établissements de soin, il est donc impératif de prévoir un dispositif privé pour sécuriser cette profession. C'est pourquoi il est nécessaire d'établir un contrat engageant les parties concernées.

Le contrat présente les éléments suivants : les coordonnées des parties signataires et leurs adresses ; les objectifs généraux à atteindre avec les indicateurs du succès du traitement ; les comportements de chacun définis avec des termes précis et accessibles ; les ressources possibles susceptibles d'être mobilisées en cas de besoins ; le type de séances, les méthodes et les moyens à mettre en place ; le programme technique permettant d'atteindre les objectifs ; les lieux possibles pour effectuer les activités : ateliers intérieur ou extérieur ; les activités que le patient souhaiterait entreprendre durant la démarche ; ce que le patient souhaiterait développer ou améliorer et ce qu'il veut garder ; le groupe de travail et l'équipe d'intervention ; la durée approximative des séances ; le ou les maîtres du jeu et leurs spécialités ; les participants : familles, publics, amis, proches, etc.

Dans la plupart des cas, les patients acceptent de signer le contrat sans le lire ou le comprendre. Dans d'autres cas, le patient signe sans le vouloir vraiment ou par ignorance. Il revient donc à l'ergothérapeute de s'assurer que la signature du patient est posée de façon sereine sans vices de forme ou de fond. Il est tenu de procéder à une vérification et d'identifier l'accord véritable du malade. Il n'y aura jamais un bon déroulement du traitement artistique sans l'accord de deux parties, établi sur de bonnes bases et des négociations. *« Définir le problème et établir les objectifs ne sont pas suffisants pour assurer le changement des comportements inadaptés du patient de manière durable. Ils sont nécessaires pour savoir sur quoi portera l'apprentissage thérapeutique et comment le mesurer [...]. Le changement se base sur l'application de trois principes thérapeutiques qui vont varier en fonction du type de problème et qui s'accompagnent de stratégies d'intervention. »*[237]

---

[237] *Ibid.*, p. 93.

B] Le dossier du patient en soins ergothérapeutiques

Après avoir identifié quelques éléments indispensables pour la conclusion du contrat, cette partie est réservée à l'élaboration du dossier médical du patient en soins ergothérapeutiques en général. Elle va s'intéresser à l'essentiel puisque la question du dossier médical du patient est très vaste. Il est marqué par l'accroissement des informations publiées chaque jour et le développement incessant des techniques et des moyens qui modifient la stratégie politique de prise en charge, tant d'un point de vue thérapeutique que de celui de prévention et de diagnostic. Il est très difficile pour le professionnel médical de travailler en harmonie et de pouvoir assimiler toutes les données découlant du domaine médical en particulier et du domaine scientifique en général et surtout de pouvoir établir des notes de synthèse et de les insérer dans le planning de prise en charge.

C'est ainsi que l'Agence Nationale d'Accréditation et d'Évaluation en Santé (ANAES) qui a pour mission de promouvoir le processus d'évaluation de prise en charge des patients par rapport aux techniques et aux stratégies mises en place afin d'élaborer des recommandations professionnelles a développé l'idée de mieux comprendre les mécanismes d'évaluation et d'amélioration du système de soins et de la qualité de prise en charge à travers une base de données. Elle rassemblera toutes les informations du patient et les objectifs principaux pour aider les praticiens à faire des synthèses, des preuves scientifiques et pour conforter l'opinion des experts sur un problème clinique, mais aussi pour faciliter la compréhension du patient.

L'ANAES précise l'utilité du dossier médical du patient dans son document intitulé *: « Les recommandations pour la pratique clinique - Base méthodologique pour leur réalisation en France – 1999 »*[238]. Elle précise aussi que les recommandations professionnelles doivent concourir à un développement de la qualité des soins et à une meilleure utilisation des ressources. Il est donc impératif que le professionnel médical en ergothérapie

---

[238] Agence Nationale d'Accréditation et d'Évaluation en Santé (ANAES) (éditeur), 1999, 48 p., 24 réf., ISBN 2-910653-44-7, FRA.

élabore un dossier du patient en soins ergothérapeutiques. Ce dernier est indispensable à la communication des informations avec le patient d'une part, et, d'autre part, avec les professionnels habilités à en prendre connaissance.

Il a comme principe d'être un outil de traçabilité, de synthèse, de réflexion, de planification et d'organisation, mais aussi d'information. Cette pratique a poussé les établissements de soins à revoir leur organisation et les spécialistes à réfléchir sur leurs pratiques.

Le dossier du malade en ergothérapie est reconnu comme : « *Un outil de travail et de réflexion en vue d'une démarche de soins de qualité [...] ; recueille et analyse des données utiles pour l'élaboration d'un plan d'intervention ; facilite la coordination entre les professionnels qui interviennent auprès du patient ; permet d'évaluer les pratiques professionnelles et d'augmenter les niveaux de compétences [...] ; représente un référentiel en ergothérapie [...] ; fournit les données pour la recherche en ergothérapie ; répond aux recommandations sur la qualité des soins et aux critères pour l'accréditation [...].*

Le dossier du patient en ergothérapie est un document individualisé [...]. Il participe à une meilleure organisation des actions rééducatives et réadaptatives, en facilitant la communication entre les différents acteurs du dispositif. Dans ce sens, ce dossier est une donnée participative au projet d'établissement. Il est également un outil d'information et de communication pour le patient et son entourage. »[239]

1) La réglementation

En général, le législateur n'a pas proposé jusqu'à aujourd'hui l'obligation de rédaction du dossier médical du patient dans les soins ergothérapeutiques. Seul le décret n° 92-329 du 30 mars 1992 relatif au dossier médical et à l'information des personnes accueillies dans les établissements de santé publics et privés[240]

---

[239] ANAES, « *Le dossier médical du patient en ergothérapie* », Service des recommandations et références professionnelles, mai 2001, p. 9.

[240] Décret n°92-329 du 30 mars 1992 relatif au dossier médical et à l'information des personnes accueillies dans les établissements de santé publics

rend obligatoire la mise en place d'un dossier médical pour chaque personne hospitalisée. De ce fait, les dispositions réglementaires en vigueur dans la profession d'ergothérapeute n'imposent pas la création et la mise en place d'un dossier du malade.

Le professionnel ergothérapeute en général participe aux soins du patient selon le décret n°70.1042 du 10 novembre 1970[241] fixant les conditions de la création du diplôme d'État d'ergothérapeute et le décret d'actes 86.1195 du 21 novembre 1986 fixant les catégories des personnes habilitées à effectuer des actes professionnels en ergothérapie. *« Les ergothérapeutes contribuent aux traitements des déficiences, des dysfonctionnements, des incapacités ou des handicaps de nature somatique, psychique ou intellectuelle, en vue de solliciter, en situation d'activité et de travail, les fonctions déficitaires et les capacités résiduelles d'adaptation fonctionnelle et relationnelle des personnes traitées, pour leur permettre de maintenir, de récupérer ou d'acquérir une autonomie individuelle, sociale ou professionnelle. »*[242]

En soins ergothérapeutiques, il n'y a que le programme officiel des études d'ergothérapie qui précise dans l'arrêté du 24 septembre 1990 modifié par un autre du 21 juillet 1996[243] dans des modules spécifiques la présence du dossier médical de soins en ergothérapie. Ce dossier est apparu sous ces différentes formes :

« Le module 1 de méthodologie générale a pour objectif d'"acquérir une démarche scientifique adaptable aux situations

---

et privés et modifiant le code de la santé publique, *JORF* n°78 du 1er avril 1992, p. 4607.

241 Décret n°70-1042 du 6 novembre 1970 portant création du diplôme d'État d'ergothérapeute, *JORF* du 10 novembre 1970, p. 10417.

242 Décret n°86-1195 du 21 novembre 1986 fixant les catégories de personnes habilitées à effectuer des actes professionnels en ergothérapie, *JORF* du 23 novembre 1986, p. 14133.

243 Arrêté du 24 septembre 1990 relatif aux études préparatoires au diplôme d'État d'ergothérapeute, *JORF* n°223 du 26 septembre 1990 p. 11678. Arrêté du 24 septembre 1990 relatif aux études préparatoires au diplôme d'État d'ergothérapeute, complété par l'Arrêté du 11 mars 1968 sur la durée de conservation des archives médicales. Règlement des archives hospitalières. Paris : ministère d'État chargé des Affaires culturelles. 1968.

de l'ergothérapie et de la recherche" ; les modules 3, 4, 9, 10, 11, 12, portant sur la clinique, évoquent les évaluations et l'analyse des plans de traitement ; les modules de technologie 1 et 2 portent sur les techniques et outils d'intervention [...] et sur les moyens d'intervention en réadaptation ; le module 6 de méthodologie professionnelle doit permettre à l'étudiant d'analyser les actions et démarches proposées, d'évaluer les avantages et limites de l'ergothérapie, de conduire un traitement, de découvrir le cadre légal et [...] des actions de réadaptation.

Les objectifs généraux des stages cliniques en 2e et 3e année insistent sur les phases suivantes : recueil de données, analyse, élaboration des objectifs d'intervention, détermination des stratégies, intervention, évaluation. Chacune de ces phases correspond à des critères et objectifs spécifiques basés sur la relation, la communication, les évaluations, la résolution de problèmes, la démarche de soins, l'apprentissage et la pédagogie. »[244]

Il est encore indispensable de parler de l'arrêté du 21 juillet 1994 modifiant l'arrêté du 24 septembre 1990 précisant les modalités d'obtention du diplôme d'État qui oblige l'étudiant à passer une épreuve de mise en situation professionnelle, mais aussi de passer la soutenance d'un travail écrit choisi selon deux recherches : *« Les travaux écrits portent sur l'étude d'un cas clinique, d'une démarche de soins ou d'une thématique particulière de recherche en ergothérapie. Ce travail doit permettre à l'étudiant de synthétiser l'ensemble de la démarche ergothérapique, sur les plans théorique et pratique. La mise en situation professionnelle [...] du patient comprend : l'évaluation et le plan de traitement ergothérapique du patient ; l'exécution, la justification et l'évaluation des techniques ergothérapiques nécessaires à la mise en œuvre de la prescription médicale ; la prise en compte et l'énoncé d'éléments liés au patient et à son environnement [...]. »*[245]

Le dossier médical reste un document administratif et il est la propriété légale de l'établissement en charge de soins. Ce dernier

---

[244] ANAES, *« Le dossier médical du patient en ergothérapie », op. cit.*, p. 15.
[245] *Ibid.*, p. 16.

assure l'élaboration, la protection et l'archivage des informations formant le dossier, mais aussi contrôle l'accès au dossier.

Le patient a le droit d'accéder à son dossier et il peut demander à être assisté par un médecin, soit pour lui faciliter la lecture des informations scientifiques, soit pour le rassurer sur le bon fonctionnement de son traitement. Le malade peut aussi désigner un ayant droit ou une personne de confiance pour assister à la lecture du dossier et pour prendre connaissance des informations le concernant.

L'équipe de soins recommande à chaque ergothérapeute de mettre en place un dossier pour chaque patient et de le mettre à jour à chaque fois qu'il y a de nouvelles informations. Après l'élaboration du dossier, il est strictement recommandé de l'intégrer dans le dossier général du patient pour enfin former un dossier unique destiné à l'ensemble des praticiens de santé. Le dossier doit être personnalisé selon les modalités de l'exercice et de l'activité organisée pour répondre aux besoins médicaux et à ceux du patient.

Le document doit obligatoirement être précis et définir la personne qui remplit les informations, il doit être structuré et simple d'utilisation avec un langage bien précis, des vocabulaires compréhensibles, des informations spécifiques et il doit respecter la confidentialité des données du patient.

Une première partie du dossier du patient est consacrée aux informations générales. Il doit contenir les éléments suivants : renseignements socio-administratifs ; numéro de dossier ; nom et prénom ; date et lieu de naissance ; sexe ; adresse ; situation professionnelle et familiale ; numéro de téléphone ; couverture sociale ; numéro de sécurité sociale ; le consentement libre et éclairé du patient ; le nom de la personne de confiance ; la personne référente : père, mère, sœur, frère ou autres.

Une partie est réservée pour le motif de l'hospitalisation ou des renseignements généraux : motif de la prise en charge, diagnostic médical et type de pathologie présente. Il est précisé également l'urgence ou la nécessité d'entrer en soins ergothérapeutiques, la présence d'autres pathologies si cela est le cas et l'histoire de la maladie et les antécédents médicaux.

La liste n'est pas définitive, il y a d'autres éléments indispensables à la réalisation du soin, mais cette recherche ne peut pas tout citer. Pour mieux comprendre ce que contient le dossier médical, il serait donc indispensable de le définir de façon claire et développée au niveau des soins et de la prise en charge du professionnel ergothérapeute.

a) La définition du dossier médical en ergothérapie

Le dossier médical est défini comme le document rassemblant les données et toutes les informations utiles relatives au patient afin de pouvoir planifier, évaluer et élaborer la démarche de soins en ergothérapie. Il constitue un outil de traçabilité et de synthèse, mais aussi de réflexion facilitant le suivi de patient. Il est un support de communication, d'information et présente aussi un aspect éducatif. Il comporte des éléments socio-administratifs, médicaux, évaluatifs, préventifs, professionnels, familiaux, personnels et relationnels. Il précise l'évolution et le suivi des soins, le type de prise en charge et les méthodes engagées ainsi que la durée prévisionnelle du traitement. Il participe au dynamisme du plan d'intervention, il est accessible pour le médecin traitant, l'équipe de soins, et il concourt à la réunion de suivi des soins.

b) Objectifs envisagés du dossier du patient en soins d'ergothérapie

Le patient effectue ses soins dans différents domaines et le dossier a pour objectif de centraliser la démarche suivie par le malade, mais aussi d'inciter le professionnel à recueillir au maximum les informations du patient et à écrire noir sur blanc les besoins du patient dans la prise en charge. C'est aussi une façon d'engager l'institution dans le suivi et le contrôle du traitement envisagé.

Il permet à l'ergothérapeute de recueillir et d'analyser l'ensemble des informations utiles pour les démarches à venir et d'ordonner les programmes de soins. Il est le seul moyen permettant de contrôler la durée du traitement, de faire converger les informations et de centraliser les données qui méritent un changement, une évolution ou un développement sur la réhabilitation psychosociale, sur l'insertion, sur la réinsertion ou la rééducation du patient. Il vise un langage commun tant pour les professionnels intervenants que lors de la passation de service d'une équipe à une autre. C'est aussi une manière de répondre aux recommandations sur la qualité de soins d'une part, et, d'autre part, aux évolutions des pratiques professionnelles et de répondre aux critères d'accréditation. Il vise à mieux gérer et organiser les opérations et à optimiser les pratiques professionnelles.

2) L'évolution du dossier du patient en ergothérapie

Le dossier évolue en fonction des professionnels concernés par la prise en charge. Par exemple, le dossier est adressé :

« - Aux professionnels ergothérapeutes : en fonction des objectifs exposés en II.2, les premiers agents concernés sont bien les ergothérapeutes. [...].

- Aux autres membres de l'équipe de santé : le dossier du patient en ergothérapie est une base des relations interprofessionnelles, devant faciliter la transmission, la communication et la meilleure compréhension des rôles et fonctions ergothérapiques [...].

- À l'institution et aux organismes de prise en charge : une meilleure lisibilité des attributions professionnelles et des actions offertes aux patients fait partie des critères d'accréditation des établissements [...]. Les organismes de prise en charge, en respectant les règles de confidentialité et du secret professionnel [...].

- Aux patients et à leurs familles : la charte des patients hospitalisés les place comme premiers interlocuteurs de l'équipe médicale et pas seulement comme objets de soins [...]. La communication des données médicales est une obligation dans le cadre de la loi de réforme hospitalière et une condition à la participation du "patient-client" au service de santé. Ce document faisant partie du dossier médical est accessible au patient, dans les conditions prévues par la loi [...].

- Aux autres partenaires : cela concerne les thérapeutes ou les réseaux de soins et de santé sociale à la sortie du patient [...]

par l'intermédiaire de la fiche de liaison et du compte rendu de fin de traitement. »[246]

Pour avoir plus d'informations sur le dossier du patient en soins d'ergothérapie, le document de l'ANAES, *« Le dossier médical du patient en ergothérapie »* du Service des recommandations et références professionnelles, élaboré en mai 2001, apporte plus de connaissances sur les conditions, les modalités, et son circuit organisationnel.

En revanche, pour comprendre les conditions d'accès au dossier, il serait mieux de consulter l'œuvre intitulée : *« Le dossier médical du patient et ses modalités d'accès »*[247], qui s'intéresse à la gestion du dossier médical du patient en général puisque le dossier du patient en ergothérapie complète celui-ci et il est régi par le régime général de santé. Il indique toutes les conditions et la durée d'archivage, les modalités d'accès et de destruction et les motifs de communication aux ayants droit et autres.

Conclusion du Chapitre II

En guise de conclusion, notre travail a pu constater, tout au long de ce chapitre, que le théâtre franchit la zone de travail des ergothérapeutes à des fins de soins médicaux. Il est possible de voir également que leur travail initial consiste, selon l'ANFE et le décret du 29 juillet 2004[248], en une activité paramédicale participant au processus de santé du patient souffrant de troubles de fonctionnement dans sa vie quotidienne pour assurer d'une part, sa rééducation et sa réadaptation et, d'autre part, son intégration ou sa réintégration sociale. Il a de surcroît la possibilité d'intervenir dans plusieurs activités comme la psychiatrie, la traumatologie, la neurologie et aujourd'hui il participe aux assises théâtrales à finalités de soins.

---

[246] *Ibid.*, p. 22, s.

[247] Ahamed Youssouf HASSANI MZE HAMADI, *« Le dossier médical du patient et ses modalités d'accès »*, édition Édilivre, 2016.

[248] Décret n° 2004-802 du 29 juillet 2004 relatif aux parties IV et V (dispositions réglementaires) du code de la santé publique et modifiant certaines dispositions de ce code, op. cit.

Dans cette étude, notre travail consistait à comprendre comment l'ergothérapeute analyse les signes cliniques exposés par le malade et comment il est capable de remarquer toutes sortes de comportements problématiques lors de l'exercice.

C'est également possible de voir que le comédien ergothérapeute cherche avant tout, toutes les approches capables de déterminer les comportements douteux du malade en commençant par ses antécédents d'une part, et, d'autre part, par chercher à comprendre comment ils se déclenchent pour envisager les éventuelles conséquences.

Son intervention est donc sollicitée pour réactiver les différentes parties déficitaires et pour diminuer les facteurs favorisant l'inadaptation fonctionnelle. Notre travail confirme aussi que cet exercice est accompagné par le programme IPT[249] pour la *« remédiation »* cognitive tantôt à base d'entraînements des fonctions neurocognitives, tantôt à base de différentes techniques de remédiation cognitive qui développent les habiletés sociales. Il est possible de constater que d'autres programmes participent dans cet exercice comme c'est le cas du programme RECOS ou celui du PRACS.

En un mot, l'ergothérapeute a les compétences acquises, selon l'ANFE, et il a le droit d'envisager des activités de soins de types rééducation et réhabilitation psychosociale dans les établissements de soins.

---

[249] Victor ROLLAND *« Réinsertion sociale et schizophrénie : Utilisation d'un programme de remédiation cognitive par l'ergothérapeute »*, *op. cit.*,

CONCLUSION GÉNÉRALE

En partant de l'idée que les acteurs dramatiques travaillant à l'hôpital précisent que certaines personnes sont fixées et même emprisonnées dans leur rôle social du fait de la pression du milieu dans lequel ils passent leur vie quotidienne, notre travail a pu démontrer que c'est à partir de l'invention, du courage et de la création que le théâtre arrive à changer les conduites sociales des personnes pratiquant cet exercice et leurs comportements.

Durant cette étude, notre travail cherchait à savoir comment l'art théâtral pratiqué par l'ergothérapeute est thérapeutique et en quoi la pratique du comédien, de l'art-thérapeute ou celle du rééducateur ou de l'ergothérapeute se différencie bien qu'ils utilisent tous le même moyen, le théâtre.

Ainsi, il est possible de constater dans la plupart des ateliers que certains participants, enfants, adultes et personnes âgées, n'avaient pas le désir de participer à ce genre d'activités, mais les rééducateurs envisagent tout le temps, des méthodes pour stimuler les participants qui n'avaient plus de motivation d'épanouissements, de développements et de croissances et aboutir à de réels changements.

Cependant, cette étude montre encore que la création ou l'innovation à l'hôpital vise indirectement la question du droit d'auteur pour les malades mentaux puisque cette problématique n'a toujours pas eu de réponse du législateur.

Toutefois, notre travail a encore constaté que le théâtre à l'hôpital présente une grande différence entre le travail artistique appelé travail externe et le travail éducatif appelé travail interne. C'est pourquoi il est nécessaire de demander au législateur de définir et de séparer le travail de chacun pour empêcher toute sorte de conflits.

Il est essentiel de rappeler ici que cette étude affirme que l'artiste psychothérapeute au sein de l'hôpital renforce l'activité réservée aux actions pour la reconstruction identitaire du patient.

L'étude qui vient d'être présentée a, au bout du compte, posé de nouveaux questionnements, mais a aussi apporté des éclairages quant à l'objet et au sens attribué à la médiation théâtrale et à l'action ou à l'activité dramatiques culturelles destinées aux publics empêchés. Il est clair que jusqu'à aujourd'hui, l'atelier culturel, artistique et théâtral n'a pas connu d'études purement juridiques et qu'il a fait l'objet de peu d'analyses législatives et de littératures juridiques. La recherche effectuée dans le cadre de l'hôpital, plus particulièrement dans les services de soins psychiatriques, dans les maternités, dans des hôpitaux de jour ou en ergothérapie apporte de nouveaux éléments indispensables quant aux principes et aux réflexions menées via la médiation culturelle dans les milieux de soins hospitaliers.

Tout d'abord, avant de parler des principaux apports de cette recherche, il convient d'observer une par une les étapes de l'évolution actuelle du *« Programme Culture à l'Hôpital »* instituant le jeu dramatique dans les milieux hospitaliers.

L'histoire du *« Programme Culture à l'Hôpital »*.

Il était difficile de parler de droit dans un environnement où la loi ne s'est pas encore exprimée. C'est pourtant nécessaire. La Convention *« Programme Culture à l'Hôpital »* de 1999 et celle de *« Culture et Santé »*[250] du 6 mai 2010 ont ouvert la voie.

Le théâtre comme réponse apportée à certains malaises de la profession hospitalière

Il est certain que la pratique du théâtre à l'hôpital a répondu au malaise qui frappe la profession des soignants, car elle a permis plusieurs fois aux praticiens de soins de prendre du recul et de repenser autrement leurs pratiques pour mieux s'adapter à des situations gênantes et de prendre des mesures plus adéquates leur permettant d'assurer la prise en charge des malades. On a pu constater que leur participation à des ateliers dramatiques favorise de plus en plus la prise de conscience des obstacles qui les empêchent d'avancer ou qui leur imposent des agissements incohérents dans la situation ou dans l'environnement qu'ils fréquentent.

L'intégration des ateliers de théâtre dans les milieux de soins marque ouvertement une rupture dans la profession des soignants, car elle leur permet de se poser des questions sur la place qu'ils occupent aujourd'hui et sur les apports qu'ils

---

[250] Nouvelle Convention, *« Culture et Santé »*, signée le 6 mai 2010, entre le ministère de la Santé et des Sports et le ministère de la Culture et de la Communication.

contribuent à développer vis-à-vis des personnes auxquelles ils souhaitent apporter des soins.

On peut dire que la présence des soignants dans les ateliers dramatiques gêne certains patients puisque la *« blouse blanche »* ne favorise pas la décompression du malade et ce dernier n'arrive pas toujours à faire la différence entre le jeu de rôles mené par le comédien dans le cadre du projet culturel et les soins qui lui sont prodigués par son soignant. Cette présence dans l'action dramatique peut donc être considérée ou interprétée comme une forme de dérangement, d'ennui ou d'insatisfaction due à la force qu'ils incarnent lors de l'exercice dans la conscience du patient ou dans le mécanisme du jeu et dans le quotidien du malade.

Ils doivent rester strictement à leur place de soignants et libérer davantage le champ des ateliers théâtre aux artistes pour qu'ils puissent garder leur particularité. Certes, leur participation montre une volonté de pouvoir développer et contribuer à l'évolution de l'état de santé du patient, mais elle peut comporter aussi des risques à l'égard des patients. Ce projet crée entre autres un clivage entre les salariés et les comédiens dans la pratique d'art. C'est aussi le cas pour les différents acteurs de ce projet. Ils éprouvent cette même confusion et ne savent pas comment s'impliquer et trouver un système de financement qui corresponde à la manière dont la pratique artistique est mise en place. Les modalités d'octroi des subventions, quasi systématiques sur les grands centres d'accueils et de soins hospitaliers en témoignent. On constate aussi que les modalités de subventions et d'aides accordées ne font que multiplier les disparités régionales. C'est pourquoi ce travail demande de repenser les différentes modalités d'applications de la Convention nationale afin de respecter les prérogatives locales et de très vite les harmoniser dans l'ensemble des régions.

Il paraît donc indispensable, à l'issue de ce projet, d'ouvrir un autre métier au sein de l'hôpital qui aura pour mission les affaires culturelles et les études de projets, mais qui ne sera pas rattaché à un autre service, comme le font déjà certains établissements de santé. Ils attachent ce service à un autre sous la gestion d'un administrateur qui se sent très à l'aise dans les activités culturelles. Cette responsabilité ne doit en aucun cas être rattachée à un autre service pour éviter de mêler plusieurs affaires dans un même service.

Le fait que soignants ou thérapeutes de formation ou même artistes se revendiquent aujourd'hui comme art-thérapeutes sans qu'il existe des mesures réglementaires et législatives peut amener à ce qu'il y ait un peu partout des thérapeutes ne maîtrisant réellement ni le cadre et ni le fondement des techniques du métier d'art-thérapeute. Non seulement ces derniers connaissent un problème de statut, mais encore leur formation souffre d'absence de normes puisque chaque école a son idéologie et ses matières pédagogiques spécifiques dans sa formation. On constate qu'un artiste de formation n'exerce pas de la même façon qu'un ergothérapeute qui a bénéficié de la même formation.

On constate encore aujourd'hui que les comédiens-participants aux projets rencontrent des difficultés d'intégration en l'absence de textes législatifs et qu'ils ne savent pas exactement quel est leur statut. Ce même problème atteint et perturbe aussi les art-thérapeutes, car ils ressentent de leur côté aussi un problème de reconnaissance. Certes, il y a des universités qui délivrent des diplômes jusqu'au niveau des masters professionnels et aussi des certificats professionnels délivrés par des institutions privées. Malgré la reconnaissance de ces titres et de leur pratique du terrain, le métier d'art-thérapeute souffre du manque de reconnaissances officielles de la part de l'État.

L'activité dramatique : une perturbation dans un cadre institué

Le milieu théâtral est un espace tant physique que psychique qui favorise le lien immatériel et matériel et qui aide le développement de sensations et de resocialisations.

Le travail mené dans cette recherche constate une anomalie sur le plan de la philosophie principale et de la sociologie des organisations institutionnelles. C'est pourquoi on dit que le jeu de rôles dans les établissements de santé produit des perturbations. Certes, on a bien constaté que les activités qui se déroulaient pendant quelques minutes ou quelques heures, soit par semaine soit par mois, nécessitent absolument une réorganisation et une réadaptation internes des services de soins concernés. Les soignants qui participent à l'accompagnement du patient lors des ateliers théâtre acceptent d'avoir une surcharge de travail, mais le personnel restant se trouve alors en sous-effectif dans leurs services habituels. Ce travail montre que parfois, le personnel soignant se réapproprie cette activité théâtrale et l'insère dans sa logique de prise en charge du patient et contribue ainsi à la mise en place de ce projet.

De ce fait, il apparaît à ce niveau que le jeu du théâtre dramatique ne s'applique que sur des thématiques purement liées à la préoccupation soignante. Par conséquent, on voit que l'esprit philosophique et artistique de la politique du jeu à l'hôpital est dénaturé. Il n'est plus observé comme un processus de prise en charge globale de soins du patient, mais plutôt comme une prise en charge médicale. Ça ne doit pas être le cas. Non seulement il doit modifier le cadre établi par l'institution, mais il doit modifier aussi l'institution elle-même via son atelier et le profil des soignants participants. En général, après l'atelier, ces derniers reviennent à leur fonction, ce qui montre la polyvalence imposée au personnel. Dans le désir de bien mener les séances dramatiques, les personnels participants démystifient leur rôle principal et les patients se trouvent alors dans la confusion du temps dramatique, de sa nature et celui des soins médicaux. On peut dire que le théâtre joué dans les milieux de soins transgresse les rituels de l'hôpital. Ce dernier devient un espace purement citoyen, car les interactions des séances se déroulent dans les échanges d'individu à individu, avec des attitudes bien définies par des codes et des comportements spéciaux. Le problème ne se limite pas là cela : il touche même le monde extérieur, car le cadre mobilisé pour être l'espace de la séance théâtrale n'est toujours pas reconnu comme cadre social par l'ensemble de la communauté hospitalière. Que ce soit en psychiatrie, en hôpital de jour, en chirurgie ou en maternité, l'art dramatique est porteur de règles distinctes qui vont à l'encontre des cadres primaires inspirés par ces institutions.

C'est pourquoi cette étude demande concrètement qu'une solution soit trouvée pour éviter cette confusion persistante et permettre au personnel soignant et aux artistes de se différencier dans leur travail, d'être considérés, et de reconnaître au théâtre un statut et un cadre social à part entière au sein de l'hôpital. Cette séparation, en même temps de reconnaissance, permet à l'art de Molière de répondre aux exigences, aux attentes et aux besoins du personnel de l'hôpital tout comme à ceux du patient. Le fait d'inclure cet art dans les objectifs et la démarche citoyenne et de permettre l'accès à la culture des personnes en situation de fragilité et même hospitalisées ne semble pas satisfaisant du point de vue du praticien médical. En effet, c'est au côté de la prise en charge globale que le théâtre incarnera le mieux son dynamisme et sa place dans le processus de soins du patient.

Le théâtre invite à repenser la méthode de prise en charge des hospitalisés

Au cours de cette étude, on a pu constater que l'art dramatique en milieu de soins contient une philosophie artistique et sociale qui considère la personne hospitalisée ou tous les participants comme des individus ou des citoyens à part entière et non comme un sujet faisant l'objet d'études médicales et à qui il convie de prodiguer des traitements ou toutes formes de soins. C'est ce que les artistes essaient de transmettre comme thématique indispensable à leur action de *« démocratisation sanitaire »*. C'est pourquoi notre étude propose de se réinterroger sur le système de prise en charge des personnes malades, car c'est là qu'apparaît le malaise et de nombreux praticiens demandent que les limites de la prise en charge médicale soient bien définies. Toutefois, le débat est jusqu'à aujourd'hui très lent et accaparé par la confrontation des professionnels de soins et des professionnels artistiques. Pour apporter une meilleure réflexion sur ce sujet et aborder cette question sereinement, il conviendrait donc maintenant d'inviter le corps des juristes et celui des législateurs pour élargir le débat et repenser davantage cette question en termes de complémentarité.

Ce travail propose une avancée dans cette réflexion et demande que le théâtre contemporain – art de Molière – soit considéré en médecine d'une autre manière. En effet, la prise en charge ne doit pas effectivement se limiter uniquement à celle de soins médicaux, elle doit absolument avoir une autre dimension citoyenne et sociale pour laquelle l'activité dramatique apparaît particulièrement appropriée.

La désertification des ateliers théâtre

Cette étude a identifié un souci majeur et non négligeable : la désertification des ateliers théâtre. Certes, on parle aujourd'hui d'un *« Programme Culture à l'Hôpital »,* mais son évolution semble être lente. On peut même dire qu'il est jusqu'à maintenant en phase d'expérimentation, car ce ne sont ni tous les malades, ni tous les hôpitaux ou tous les publics qui bénéficient de cet avantage. Certains hôpitaux se voient pénalisés et ne bénéficient pas de cette nouvelle politique pour des raisons de clivages financiers et de faiblesses économiques. Tout d'abord, ces hôpitaux sont frappés par une réduction du nombre de lits et de personnels et actuellement le constat montre l'absence de certaines mesures d'intégration de la culture d'une manière générale ou du théâtre en particulier, au sein de ces institutions. On peut donc dire que le jeu de rôles est relégué au second plan par plusieurs dirigeants et acteurs hospitaliers.

Si ce constat n'est pas contredit par des mesures concrètes d'ici peu, la pérennité du jeu dramatique serait bien sûr mise en cause. En outre, il est absurde que bon nombre d'hôpitaux ne bénéficient pas encore de ce savoir-faire : c'est aberrant et désolant, car à plus ou moins long terme, ils ne connaîtront jamais ce dispositif puisqu'il est dégressif. On peut dire que le jeu de rôles connaît un risque d'abandon et apparaît comme déplacé. Il est même laissé en marge.

Nonobstant, cette recherche a rendu public ce qu'un jeu de rôles ou ce que le théâtre pouvait apporter à l'ensemble du processus de soins des personnes hospitalisées ou en difficulté. Mais il faut donc éviter de reconnaître aux ateliers théâtre une fonction thérapeutique qui n'est pas et essayer au contraire de l'intégrer dans le champ culturel de la prise en charge.

Réponses aux attentes du projet dramatique

On part de l'hypothèse que l'art dramatique et thérapeutique s'adresse effectivement à des personnes qui ont avant tout des difficultés de communication, d'expression, d'insertion ou de réinsertion et de relations. La recherche s'est intéressée à des personnes d'âges variés comme enfants, jeunes, adultes et personnes âgées, mais aussi à toutes formes de pathologies comme maladies incurables, difficultés psychiques ou psychologiques, exclusion sociale, traumatismes, anxiétés, angoisses, stress et handicaps ou autres.

Notre travail a mis en question le corps de l'homme, tout en cherchant son ressenti dans un travail collectif et individuel. Le corps indiqué ici est celui du physique, du mental et du spirituel. Ces trois corps sont analysés à la fois dans le réel et dans le ludique, dans le vécu et dans l'imagination.

La majorité des participants aux ateliers théâtre témoignent que l'action théâtrale s'avère bénéfique, d'une part, par la séparation ou la rupture qu'elle provoque entre le temps des soins médicaux et le temps du jeu des personnages incarnés et, d'autre part, parce que l'espace du jeu constitue une autre manière de s'exprimer ou de communiquer certains sentiments, émotions ou douleurs pour les personnes en difficulté et en souffrance. Par l'épanouissement et le changement de comportement qu'il provoque chez les participants, par le développement du narcissisme auquel il contribue ou par la reconstruction personnelle et identitaire ainsi que par la reprogrammation ou réappropriation du vécu qu'il favorise, le jeu peut être défini ou retenu comme un véritable espace de réinsertion, de réorganisation, de réintégration et de resocialisation du patient au sein de l'hôpital. En revanche, on ne peut toujours pas dire qu'il favorise un début de resocialisation sans que l'individu s'implique davantage dans l'échange d'une expression esthétique en groupe ou individuellement.

Néanmoins, il est démontré que la pérennité du jeu théâtral dans les milieux de soins dépend de la reconnaissance de son intérêt par le praticien ou le personnel. Mais cet intérêt doit aussi répondre à des besoins professionnels, ce qui ne sera admis qu'en reconnaissant et en intégrant officiellement et de façon pragmatique le théâtre dans l'ensemble de la prise en charge des patients.

Dans ce sens, cette étude propose de donner au jeu théâtral une place prépondérante dans les missions octroyées à la Direction générale de l'offre de soins (DGOS) dont l'idée générale aurait pour objectif de proposer un dispositif plus global de prise en charge qui intégrerait étroitement aussi bien la population que les villes et les hôpitaux.

S'interroger sur le statut de l'artiste et les missions accordées

Il est clair que le comédien est au centre de la réussite de la médiation théâtrale et artistique. Notre travail confirme expressément sa place qui est même un facteur incontournable au sein de l'atelier. Son statut de médiateur, de passeur ou de conducteur s'est confirmé tout au long de la démarche de cette recherche. Or, il n'y a pas de règles spécifiques caractérisant l'intervention du comédien professionnel dans les services de soins psychiatriques, de maternité, de médecine générale ou de chirurgie, comme ça a été le cas pour les art-thérapeutes, les ergothérapeutes, les psychothérapeutes ou les infirmiers (ères). Le comédien cherche sa place par la rencontre et/ou les échanges aboutissant à un travail constructif liant d'une part, l'artiste lui-même et, d'autre part, les participants. Le fait de transmettre, à travers la pratique artistique, des compétences susceptibles d'être réexploitées ensuite par le patient ou bien même par le professionnel soignant, constitue l'un des objectifs principaux de l'intervention de l'artiste dans tous ces services ou vis-à-vis des différents publics empêchés. Selon les différentes enquêtes menées par cette étude, on peut dire que l'artiste est investi d'une mission citoyenne même si cela n'est toujours pas clair ni défini par la loi.

Cette pratique théâtrale permet aux participants d'explorer lors des séances une palette d'expressions qui peut être considérée comme un facteur de stimulation des expressions individuelles ou collectives.

Les quelques artistes qui manifestent la volonté de participer à ce programme sont des précurseurs, ils ont un défi à relever qui pourrait se généraliser avec comme première étape le fait de considérer leur intervention à l'hôpital comme un travail utile à la santé des patients. Aujourd'hui, l'artiste n'approuve plus la création solitaire ou la création pour soi. Cette dernière est de plus en plus obsolète, démodée et désuète et n'apporte plus rien de nouveau à l'artiste. C'est pourquoi, dans cette insatisfaction, il éprouve le besoin de partager, de donner plus de sens à son travail – à son œuvre. Toutefois, cette réflexion ouvre encore un autre débat tant sur l'évolution du processus de création que sur le champ de la médiation théâtrale.

Se réinterroger sur le statut du comédien n'est pas anodin, car avant cette politique d'intégration de la *« Culture à l'Hôpital »*[251], celui-ci était reconnu pour son style spécifique qui interrogeait son public ou tout individu par le biais de ses différentes créations – ses œuvres. Or, les missions données à l'artiste envers des publics empêchés renversent la situation et entraînent une inversion des rôles régulièrement établis par le mythe du jeu. Il est aussi question de réfléchir sur la création commune de l'œuvre favorisant une modification de ses représentations habituelles à l'égard des personnes en difficulté.

Il est donc temps que le législateur se mette à réfléchir à la question du statut du comédien participant à ce programme afin d'éviter tout amalgame, tant dans ses missions que dans l'exercice de son art.

Repenser le statut de l'œuvre artistique à l'hôpital

Le statut de l'œuvre du patient produite en atelier d'art-thérapie constitue encore un sujet de discussion susceptible d'intéresser les juristes, car la plupart des écrits de la littérature ne considèrent pas ces œuvres comme de vraies œuvres d'art identiques à celles des artistes professionnels, même si beaucoup d'entre elles expriment des qualités esthétiques incontestables.

Durant cette recherche, il a été montré que l'œuvre finale n'est pas l'élément important ou l'objectif principal de l'atelier théâtre à l'hôpital, mais plutôt le cadre instauré par ce dispositif pour stimuler les émotions du patient et pour confier ses sentiments au directeur du projet. Toutefois, peu importe le statut de l'œuvre, celle-ci ne demande pas à être dévoilée dans n'importe quelle condition. C'est ici que le patient cherche à instaurer sa confiance.

Il est encore temps de repenser le statut de l'œuvre du patient, car rien n'indique qu'il est possible, en art-thérapie, de vendre ou de commercialiser l'œuvre finale des participants. Elle doit être plutôt conservée précieusement par l'établissement de soins dans une galerie puisqu'elle est l'élément principal sur lequel le malade dépose ses souffrances.

Elle est considérée aujourd'hui comme le fruit de l'*« art des fous »*. Actuellement, plusieurs collectionneurs s'intéressent à cet art pour extraire un style académique faisant l'objet de plusieurs imitations par de grands artistes de qualité et commercialisé

---

[251] *Ibid.*

généralement sous l'image de l'art brut ou sous le nom d'art naïf. On constate que la plupart de ces œuvres sont commercialisées dans les réseaux sociaux ou dans les journées portes ouvertes des institutions qui détiennent ces œuvres. Pourtant, il paraît évident de comprendre que les personnes présentant une pathologie de schizophrénie ne sont pas capables de mettre leurs œuvres, que ce soit de la danse, des peintures, des marionnettes ou une œuvre dramatique, sur le marché des réseaux sociaux et qu'en général, cela n'est pas de leur initiative. Ils ne sont pas les responsables directs de cette commercialisation. La plupart des patients découvrent que leurs œuvres sont en vente sans leur accord[252] et bien qu'ils reconnaissent leur savoir-faire, ceci ne plaît absolument pas aux patients participant à ces projets.

L'accord d'un mineur ou d'un patient placé sous tutelle est donné soit par ses parents soit ses représentants légaux.

Il faut rappeler quand en cas d'achat d'une œuvre le propriétaire n'acquiert que le support matériel, mais les droits de la propriété intellectuelle tels que les droits patrimoniaux et le droit moral appartiennent toujours à l'auteur de l'œuvre (cf. articles L.121-1 à L.122-12 du Code de la propriété intellectuelle).

Le droit moral est perpétuel, inaliénable et imprescriptible. Il est lié à l'auteur et il ne peut y renoncer ni le céder à autrui c'est pourquoi après son décès, *« ce droit persiste au bénéfice de ses ayants droit pendant l'année civile en cours et les soixante-dix années qui suivent »*[253] selon l'article L.123-1 du même Code. Au-delà, l'œuvre tombe dans le domaine public, elle sera à la disposition de tous et peut être exploitée librement tout en respectant le droit moral qui perdure.

Cette recherche a bien mis en évidence que le rôle que joue le soignant est d'accompagner le malade dans l'ensemble de la démarche esthétique ainsi que dans celle du soin. Il ne doit en aucun cas être considéré comme coauteur de l'œuvre.

---

[252] V. titre : *« b) Le conséquences juridiques des œuvres produites dans l'atelier théâtral »*, p. 102, s.

[253] Code de la propriété intellectuelle, version en vigueur au 24 mars 2019, consulté le 24 mars 2019.

Ce travail encourage à prendre en considération le théâtre dans la prise en charge globale du malade, non seulement parce que c'est une réalité confirmée par cette étude, mais aussi parce que c'est l'un des moyens qui permettrait de rassembler en masse les salariés sur ce projet.

En définitive, ce travail voudrait que les perspectives de cette réflexion soient élargies en étudiant davantage de nouveaux terrains comme les établissements scolaires, les établissements pénitentiaires, les zones des publics vulnérables, les quartiers sensibles et le milieu du travail. Il serait également souhaitable de voir en profondeur la valeur escomptée de l'action dramatique sur des publics en difficulté, non pas de leur point de vue, mais plutôt de celui de ceux qui sont indirectement touchés par ce programme en faisant allusion aux médecins du travail, aux brancardiers, aux surveillants des établissements scolaires et pénitentiaires, aux membres des familles et aux travailleurs sociaux dans les quartiers.

Ce travail propose également la mise en place d'un encadrement législatif protégeant l'intégration de l'art de Molière au sein de l'hôpital, car cette activité connaît des codes de déontologie qui ne répondent pas aux besoins et aux objectifs définis et qui sont rédigés dans une forme non appropriée à la rédaction juridique. L'élaboration d'un texte d'initiative législative, comme la majorité des textes juridiques ou des droits, est encadrée par des normes et un certain nombre de règles de fond et de forme caractérisant sa « recevabilité »[254]. Le texte doit être cohérent pour qu'il soit efficace. La démarche normative demande dans chaque phrase une cohérence juridique, de veiller à ce que le texte soit compatible avec les différents textes existants déjà et surtout d'éviter toute discordance entre le texte élaboré et le développement des motifs présentés.

Il faut éviter les redondances normatives et l'auteur doit s'assurer que le texte adopte les formulations et les terminologies générales existant déjà dans le secteur juridique concerné. Le dispositif doit être lisible et compréhensif pour remplir sa

---

[254] Bruno BAUFUMÉ, *« Rédiger la loi, guide de rédaction des propositions de loi et des amendements »*, Éd., Septembre 2007, p.13.

fonction sociale de code de conduite et répondre à la problématique posée.

Il faut éviter à tout prix que chaque jour la multiplication des codes de déontologie se fasse sans respecter les normes des dispositifs juridiques.

Il est également indispensable que le législateur définisse tout d'abord explicitement le statut de l'artiste à l'hôpital, mais aussi celui de l'œuvre du patient effectuée dans l'atelier théâtral, culturel et artistique.

Par conséquent, notre travail propose comme statut de l'artiste, en prenant en compte son niveau d'intervention, celui des ergothérapeutes puisqu'ils utilisent le même moyen d'exercice, ils ont les mêmes activités et parfois des méthodes semblables bien que leurs analyses et leurs finalités ne soient pas les mêmes.

En ce qui concerne l'œuvre effectuée par le patient en atelier de soin, elle doit avoir le même statut que celle des artistes puisque ce n'est pas la folie qui crée, mais plutôt la conscience du patient. Certains artistes disent que les patients improvisent, mais ils oublient que l'improvisation fait partie des méthodes créatives de la science dramatique ou de l'art en général.

Au-delà de ces réflexions, pourquoi ne pas repenser les modalités de financement accordé aux activités théâtrales et aux différents projets culturels pour faire en sorte d'éviter la désertification de l'art dramatique dans les centres de soins ?

On constate actuellement que la crise sanitaire, Covid-19, est venue frapper ces deux secteurs fragiles, la santé et la culture, déjà en proie depuis longtemps à d'importantes difficultés financières. Les hôpitaux souffrent d'insuffisance de personnel et les patients ne bénéficient pas de temps de soins satisfaisant.

Actuellement et dans les mois à venir, les artistes, plus particulièrement ceux du spectacle vivant, ne pourront plus assumer leurs charges. Certes, elles sont reportées, mais pas annulées et, au-delà, ils ont encore des achats de matériel et des frais de production à supporter. Pourtant durant cette période ils n'ont pas eu la possibilité de se produire sur les scènes.

Pendant cette période de Covid-19, les artistes devaient accompagner le corps médical pour diffuser des informations adaptées aux circonstances sanitaires et aux différentes participations citoyennes aux actions de solidarité, mais à défaut de financement leur accompagnement était quasiment absent.

Revoir les mesures de financement du secteur culturel permettra aux artistes de renforcer leur rôle d'acteur de prévention et de promotion de la santé, d'éducateur thérapeutique ainsi que leur qualité de prise en charge des patients.

BIBLIOGRAPHIE

Ouvrages généraux

- Jean ANOUILH, *« Antigone »,* éd. La Table Ronde, 1946, version, 2008.
- Aristote, *« La Politique »*, traduction de J. Tricot VRIN, 1995.
- Patricia ATTIGUI, *« De l'illusion théâtrale à l'espace thérapeutique, Jeu, transfert et psychose »,* L'espace analytique, Collection dirigée par Patrick GUYOMARD et Maud MANNONI, *Éditions Denoël*, 1993.
- André BRETON, *« L'Art des fous, la clé des champs », Les Cahiers de la Pléiade,* n° 6, France, 1948-1949.
- Anne BRUN, *« Médiation thérapeutique et psychose infantile »,* éd. Dunod, Paris, 2007.
- Mylène COSTES, *« Atelier culturel et hôpital psychiatrique : enjeux et retombées d'un dispositif de médiation culturelle au sein du programme "Culture à l'hôpital" »,* Sociologie. Université d'Avignon, en France, 2010.
- Catherine COURTET, Mireille BESSON, Françoise LAVOCAT et Alain VIALA, sous la direction de, *« Corps en scène »,* éd. CNRS Éditions, Paris, 2015.
- Françoise DECROISETTE, *« L'Histoire derrière le rideau, écritures scéniques du Risorgimento »*, sous la dir., Collection, Le Spectaculaire, Presses Universitaires de Rennes, 2013.
- Sigmund FREUD, *« Formulations sur les deux principes du cours des évènements psychiques »*, dans Résultats, idées, problèmes, P.U.F., Paris, 1984, pp. 136-137.
- Erving GOFFMAN, *« Asiles. Études sur la condition sociale des malades mentaux »*, Paris, éd. de Minuit, 1968.
- André GREEN, (1980), *« La Mère morte »* dans *Narcissisme de vie, narcissisme de mort*, Paris, Minuit, coll. « Critique », 1983.
- Ahamed Youssouf HASSANI MZE HAMADI, *« Le Dossier Médical du Patient et ses Modalités d'Accès »,* édition Édilivre, 2016.
- Jean-Pierre KLEIN, *« L'Art-thérapie »,* PUF, Paris, 1997, coll. Que sais-je ?
- François LAMY, *« De la connaissance de soi-même »,* Paris 1701 (1re éd. 1694), T. II.
- MOLIÈRE, *« Le Médecin malgré lui »*, acte III, scène V., édition de Georges Couton, Coll., folio classique, *éd.*, Gallimard, 1971 et 1978 ; 1999 et 2013. Version consolidée au 23 octobre 2019.

- Ivan Petrovich *PAVLOV, « Conditioned réflexes »*, (trad. G. V. Anrep), Oxford: University Press, 1929, Londres.
- Harvey PHILIP D, Sharma TONMOY, *« Comprendre et traiter la cognition dans la schizophrénie : manuel du clinicien »*, Londres, Martin Dunitz, 2003.
- Jules ROMAINS, *« Knock ou le Triomphe de la médecine »,* écrite en 1923, Édition Gallimard, 1924.
- Marcel SASSOLAS (dir), *Malaise dans la psychiatrie. Changements dans la clinique, malentendus dans les pratiques,* Paris, Érès, 2004.
- William SHAKESPEARE, *« Hamlet »*, éd. Aubier, 1988.
- Burrhus Frederic SKINNER, *« Par-delà la liberté et la dignité »,* (1936, 1972, trad.), éd., Laffont, 1971, Paris.
- Sophocle, *« Théâtre complet »*, traduction, préface et notes par Robert Pignarre, *éd*, GF Flammarion, Paris, 1964.
- François TRAN-THONG, *« Stades et concept de stade de développement de l'enfant dans la psychologie contemporaine »,* sixième édition, Paris, Librairie philosophique Joseph VRIN, 1976.
- Donald Woods WINNICOTT, *« jeu et réalité, l'espace potentiel »,* Gallimard, 1971.
- Donald Woods WINNICOTT, *« Le développement affectif primaire »,* dans De la pédiatrie à la psychanalyse, (1969), Payot, 1989,
- Donald Woods WINNICOTT, *« L'angoisse liée à l'insécurité »*, 1952, *in De la pédiatrie à la psychanalyse*, Paris, Payot, Coll. Science de l'homme, 1969, dernière édition 1989, traduit en anglais par J. Kalamanovitch.

Monographies et thèses

- Agence Nationale d'Accréditation et d'Évaluation en Santé (ANAES) (éditeur), 1999, 48 p., 24 réf., ISBN 2-910653-44-7, FRA.
- ANAES, *« Le dossier médical du patient en ergothérapie »*, Service des recommandations et références professionnelles, mai 2001.
- Léa ANDREOLETY, *« La pratique du théâtre avec un public atteint de déficience intellectuelle »*, sous la direction d'Alice FOLCO, Université de Stendhal (Grenoble III), année universitaire, 2014-2015.
- Commission culturelle du CHS Rennes, *« Écrits et mises en forme... Place et intérêt de différentes formes d'écrits dans la relation à autrui »*. Les Actes de la journée d'étude et de rencontres, mardi 13 novembre 2007, Centre de formation, Rennes.
- Alice DUVAL, *« Une expérience d'art-thérapie à dominante marionnettes auprès d'enfants présentant des Troubles Envahissants du*

Développement », Université François-Rabelais, UFR de médecine – Tours & AFRATAPEM, Association française de Recherche & Application des Techniques Artistiques en Pédagogie et Médecine, Mémoire de fin d'études du Diplôme Universitaire d'Art-thérapie de la faculté de Médecine de Tours, année 2011.

- Muhammad HAMIDULLAH, *« Le Noble Coran, les sens approximatifs de ses versets en Langue française »*, aux éditions, Lies ! Stiftung, 2e éd., mai 2014, Sourate 12 : 4.

- Bernadette JOST, BROSSARD Gilbert, *« Marionnette et Thérapie »*, INEP – Marly-le-Roi, mars 1979, nouvelle saisie 2011.

- Thierry KOSINSKI, *« Conditionnement évolutif : apports méthodologiques et réflexion cliniques »,* psychologie, Université Charles de Gaulle – Lille III, 2014.

- Stéphanie MAUREL, *« La marionnette dans la prise en charge orthophonique de la personne âgée dépendante », sous la direction de* Madame A. Osta, Orthophoniste, Université de Nice – Sophia Antipolis, Faculté de Médecine, École d'orthophonie, Mémoire présenté pour l'obtention du certificat de capacité d'orthophoniste, Nice -2011.

- Victor ROLLAND, *« Réinsertion sociale et schizophrénie : Utilisation d'un programme de remédiation cognitive par l'ergothérapeute »,* sous la direction de Sabine LIONNARD-RETY, Université Claude-Bernard Lyon 1, Institut des sciences et techniques de réadaptation, Institut de formation en ergothérapie, Mémoire pour l'obtention du diplôme d'État en ergothérapie, 2012.

- Philippe SCIALOM, *« Jouer, comme au théâtre »,* www.guide-psycho.com

- *« Théâtre Action et Champ psychiatrique »*, Rapport d'une rencontre autour du projet *« Terra Incognita.europe »*, organisée par le Réseau Art et Santé, coordonné par Culture et Démocratie ASBL, la Compagnie Acteurs de l'Ombre et le Centre de théâtre-action dans le cadre de la 13e édition du Festival International de Théâtre-Action (FITA 2010), le 23 octobre 2010, au Théâtre Le Moderne à Liège.

- Nicolas THOUMY, *« La comorbidité entre troubles du spectre de la schizophrénie et troubles anxieux, revue de la littérature »*, directeur de thèse Docteur Clélia QUILÈS, Université de Bordeaux, Médecine humaine et pathologie, 2016.

TABLE DES MATIÈRES

Structures éditoriales du groupe L'Harmattan

L'Harmattan Italie
Via degli Artisti, 15
10124 Torino
harmattan.italia@gmail.com

L'Harmattan Hongrie
Kossuth l. u. 14-16.
1053 Budapest
harmattan@harmattan.hu

L'Harmattan Sénégal
10 VDN en face Mermoz
BP 45034 Dakar-Fann
senharmattan@gmail.com

L'Harmattan Cameroun
TSINGA/FECAFOOT
BP 11486 Yaoundé
inkoukam@gmail.com

L'Harmattan Burkina Faso
Achille Somé – tengnule@hotmail.fr

L'Harmattan Guinée
Almamya, rue KA 028 OKB Agency
BP 3470 Conakry
harmattanguinee@yahoo.fr

L'Harmattan RDC
185, avenue Nyangwe
Commune de Lingwala – Kinshasa
matangilamusadila@yahoo.fr

L'Harmattan Congo
219, avenue Nelson Mandela
BP 2874 Brazzaville
harmattan.congo@yahoo.fr

L'Harmattan Mali
ACI 2000 - Immeuble Mgr Jean Marie Cisse
Bureau 10
BP 145 Bamako-Mali
mali@harmattan.fr

L'Harmattan Togo
Djidjole – Lomé
Maison Amela
face EPP BATOME
ddamela@aol.com

L'Harmattan Côte d'Ivoire
Résidence Karl – Cité des Arts
Abidjan-Cocody
03 BP 1588 Abidjan
espace_harmattan.ci@hotmail.fr

Nos librairies en France

Librairie internationale
16, rue des Écoles
75005 Paris
librairie.internationale@harmattan.fr
01 40 46 79 11
www.librairieharmattan.com

Librairie des savoirs
21, rue des Écoles
75005 Paris
librairie.sh@harmattan.fr
01 46 34 13 71
www.librairieharmattansh.com

Librairie Le Lucernaire
53, rue Notre-Dame-des-Champs
75006 Paris
librairie@lucernaire.fr
01 42 22 67 13

www.ingramcontent.com/pod-product-compliance
Lightning Source LLC
LaVergne TN
LVHW011252061026
849535LV00005B/1237
* 9 7 8 2 3 3 6 4 3 1 2 2 2 *